U0663229

徐树铮

董 尧◎著

北洋风云人物

中国言实出版社

图书在版编目(CIP)数据

徐树铮 / 董尧著 . -- 北京 : 中国言实出版社，
2015.11

（北洋风云人物）

ISBN 978-7-5171-1655-4

Ⅰ . ①徐… Ⅱ . ①董… Ⅲ . ①徐树铮（1880 ~ 1925）—
生平事迹 Ⅳ . ① K825.2

中国版本图书馆 CIP 数据核字（2015）第 269144 号

责任编辑 张国旗
责任校对 宫媛媛

出版发行 中国言实出版社

　　地　　址：北京市朝阳区北苑路 180 号加利大厦 5 号楼 105 室
　　邮　　编：100101
　　编辑部：北京市海淀区北太平庄路甲 1 号
　　邮　　编：100088
　　电　　话：64924853（总编室）64924716（发行部）
　　网　　址：www.zgyscbs.cn
　　E-mail : zgyscbs@263.net

经　　销 新华书店
印　　刷 北京温林源印刷有限公司
版　　次 2016 年 1 月第 1 版　　2020 年 4 月第 3 次印刷
规　　格 710 毫米 ×1000 毫米　1/16　21.5 印张
字　　数 349 千字
定　　价 45.80 元　　ISBN 978-7-5171-1655-4

目录

第一章
醴泉村的奇人

冬。1901年。

西风冽冽，枯树摇曳。

著名的古战场徐州地方，昨晚落了第一场小雪，今晨出现在人们面前的，便是一片银色世界。

城南五十里，坐落在南北古驿道上的曹村集镇，鸦雀无声，冷冷清清，独有一位潇洒的青年人，漫步在村头的雪地上，等候北上过路的马车。

他叫徐树铮，萧县醴泉村人，刚刚二十岁。是个十二岁中秀才，十六岁补廪生，十七岁南京考举名落孙山的学子。自从南京败北，他便冷于功名了，要走向茫茫大海般的社会，去施展他的抱负。

徐树铮缓慢地踱着步子，心里波涛般地翻腾："社会——是个什么东西？是它最后吞食了我，还是我最后驾驭了它？"

昨天深夜，他立在门边望着飘飘飞扬的雪花，便兴高采烈地想："我要迎着飞雪冲出去了！飞雪将淹没这个世界上的所有污浊，我徐树铮将还世界一个洁白纯净！"

母亲把他唤回屋里，一边轻轻地弹着他身上的雪粒，一边说："灵，落雪了，天气更冷了，怕是没有过路的车了，你明天就别走啦。"树铮望望体弱的母亲，说："娘，不怕。择好的日期还是不用更改了。你该知道，我决定了的事情，是从不悔改的。"娘叹声气，再不出声——

　　四十六岁的岳氏夫人，是一个颇知书识理之人。丈夫徐忠清，虽然头上有一顶拔贡的功名，却冷于仕途，只在乡里守着一个塾馆，为人教理子弟。夫妻身边有三个儿子、四个女儿，树铮最小，也是他们最疼爱的一个。"天下父母疼小儿"，这也是人之常情。何况，大儿树衡、二儿树簧都已长大成人，终日东奔西走，独立生活了；四个女儿也先后走了三个，只有小女儿患了先天性的软骨病，是母亲的一块心病。

　　要说岳氏钟爱小儿树铮，却还有一个微妙的原因：据说，岳氏怀着树铮就要临产的时候，竟然出了这样一件奇事——

　　那夜，岳氏在睡梦中，忽然听得门外有木鱼声，且越敲越响。岳氏忙去开门，却见是皇藏峪瑞云寺的住持性空法师上门化缘。徐家乐善好施，远近闻名。当年瑞云寺遭了大火，变成一片废墟，徐忠清就拿出三年的积蓄，帮助重修寺院，再造金身。如今性空上门来了，自然有求必应。只是，岳氏明明记得，在瑞云寺大火之前，性空法师早被一只恶狼吃了。吃他的那只狼，是深夜趁着法师出来小解闯进禅堂的。狼饱餐之后，发现门已闩死，便无法出去。又值那年寺院萧条，僧侣多云游他乡，再无人开门。日久天长，狼竟被饿死了。因而，当地流传着"吃了和尚饿死狼"的故事。岳氏一见性空，惊恐万状，忙说："法师不是圆寂了么，今日怎么……"

　　性空双手合十，念了一声"阿弥陀佛"，然后答非所问地说："夫人有大喜临门，贫僧特来致贺。"

　　岳氏说："如今年景失收，战乱连连，生活艰难，家事也不顺心，有什么喜事敢劳动法师大驾？"

　　性空说："徐门将有贵人出世，老僧这里有灵芝一枝，权作贺礼。愿贵人长命百岁，事事如意！"

　　岳氏接过灵芝，忙致谢说："法师一生好善，乡里有口皆碑。不想竟然为恶狼所害，众乡亲都为法师悲伤。今天，法师还来寒门祝贺，徐氏一家永不忘法师盛情。"

　　"这就不必了。"法师说，"万般世事，都是该来的而来，该去的而去。归根到底，还脱不了一个空字。老僧从不把生死放在心上，功名利禄更与老僧无缘。若不是觉得徐家好善积德，老僧是不会出来送灵芝的。承蒙夫人惦记老僧的生死，我也不得不再多说几句了。其实，世事万端，无不空空，生即死，死即生；有即无，无即有；世人切不可贪婪功名利禄。夫人再得贵子，只怕难懂这些。老僧也就不愿再说别的了。"

岳氏还想再说什么，性空已飘然而去。岳氏再追，只觉腰疼梦醒，遂生下一子。因为这个儿子是随"灵芝"而来，忠清便为他取了个乳名叫"灵"。

说来又奇。这孩子一落地，便不哭不闹，只圆睁着两只小眼睛，审视面前的这个新世界，似乎什么都明明白白：有人站在面前对他微笑，他也微笑；人点头，他眨眼；人说话，他动嘴；人发怒，他便瞪眼睛。岳氏对儿子的机灵，十分欣慰，但也觉得他太机灵了，只怕成人之后不安分，惹是非……

现在，儿子要外出，岳氏的心自然放不下来。她能够为儿子准备的东西都准备好了。已是深夜，她还是冒着雪出去找新婚不久的儿媳夏红筠。

"红筠，你该劝劝树铮，让他别外出了。听说到处都不平静，兵荒马乱的，上哪里去呢？"

比儿子大两岁的媳妇夏红筠，颇有点羞惭地说："娘，我怎么好劝他呢？由他去吧。"她低着头，又放低声音说："他还劝我呢，说'男儿志在四方，总不能困在家中一辈子！'还说'你也是大家闺秀，读过不少书，该是知书达理，可不能只把目光放在咱这片小院子里。'娘，你说……"

岳氏听明白了，知道儿媳是劝过儿子，只是没有劝转。便又叹着气说："也是个理。男孩子大了，总不能老圈在家里。由他闯去吧，能不惹祸，就是祖宗的阴德了。"

岳氏最怕小儿子外出——早两年，树铮曾只身跑到了清江浦，求着父亲的一个朋友找到了一份事情做。岳氏硬是放不下心，闹着丈夫忠清把他找回来，并且匆匆忙忙为儿子完了婚，希望能定定他的心，谁知还是定不了。

红筠见婆婆还是不放心，又说："娘，你别担心了，这次他不是去别的地方，是去济南。到济南去找我哥哥，我哥哥会帮助他、照顾他的。"

岳氏心里一轻。她知道，红筠的哥哥夏仲陶在济南做事。"有熟人照顾，又是这么近的亲戚，一定会帮助的。"她这样想。

树铮一边踱着步子，一边又惦记起母亲来了："母亲太辛苦了，她把心血都付给了儿女！"

一辆马车满满地装着柴禾飞奔而来。驾车人只在村头打了两三声响鞭，车便向北方飞驶而去。

徐树铮呆呆地抽了一口气。"人家不载人，有什么办法。"

一只飞鹰从西北碧蓝的天空冲了过来，在村庄上空急急打了个转，又向西北去了。徐树铮的目光随着远去的飞鹰，一下子触到了那脉绵绵延延的山岭。由此想起了这座山的悠久而优美的传说——

那座山的古老名称，叫黄桑峪，因山峪多产桑而得名。桑可养蚕，蚕会结茧，茧可缫丝，丝可织锦卖银。大山给这里的穷苦百姓带来了生路。穷人是最不忘情的，滴水之恩，涌泉相报！这便是山峪称"黄桑"的由来。到了楚汉相争的时候，项羽彭城得胜，刘邦狼狈逃窜，逃到黄桑峪，便被追兵赶上。他不得不潜进一个石洞，这才保住了性命。项羽毕竟是个有勇无谋之辈，只知东杀西拼。结果，乌江一败，便淹没于历史，刘邦成了汉家开国的皇帝。刘邦在黄桑峪躲过难，黄桑峪自然和皇家攀上了亲。献媚之辈便把"黄桑峪"更名为"皇藏峪"。自那以后，有人以刘邦平步青云为意，取寺名做"登云寺"。后来，大夫们嫌俗，说："当年我主身藏山谷，天空便出现朵朵瑞云，且经久不散，何不叫它为'瑞云寺'！"就这样，一峪一寺，使穷山风光起来。自汉至唐，自明至清，代代香烟袅袅，晨钟暮鼓，善男信女，不远千里而来。地方人，自然以此为荣。只是近年战乱、天灾，峪、寺都又冷清了。望着远山，徐树铮挺起胸脯，笑了。

"刘邦当年斩蛇起义时，不过是一位小小的泗水亭长。他能有天下，还不是闯出来的！若是贪恋小沛而终老，怕终生连个七品芝麻官也混不到。我徐树铮经纶满腹，早有'神童'之称，难道不如一个小亭长吗？！"他觉得离家出走，是他的一条光明大道，他要毫不犹豫地走到底！此时，他再看看生育他的那片小小村庄，竟觉得像一只鸟笼，"我终于飞出来了，要在这无边无际的长空翱翔！"

他的妻子夏红筠踏着积雪赶来了，怀里还抱着一个花布包裹。"红筠，你怎么来了？"树铮迎上去。

"娘放心不下，让我再给你送几件衣物，说北边准比这里冷，怕你冻着了。"说着，便羞怯地低下头。

树铮知道红筠说的是借口话，其实是她心里不安，有意挽留他——昨晚，红筠在婆婆面前虽然说了一些"男儿志在四方""济南有哥哥关照"的话，但心里还是有另外想法："新婚燕尔，外边又兵荒马乱，她怎么舍得让他出去乱闯呢！"树铮去抚摸她抱着包裹的手，疼惜地说："瞧你手冻得，冰块似的。不让你送，你非送不可。我外出没有事，你在家冻病了，我怎么能安心？"

"不怕。冻不病。"红筠说，"我只怕你。落了头场雪，还会有二场、三场。偏偏挑选这个时候出门，能不叫人挂心！树铮，改改日子再走不行吗？"

"别改了。"树铮说，"已经定了的事情，就得毫不犹豫地去做。我希望你能体谅我。"

红筠用羞红的双眸望望丈夫，说："我什么事情不体谅你了？"

"没有不体谅我的地方。我只是……"树铮说，"其实，我也舍不得离开家，更舍不得离开你。可是……"

"别说了，我懂。我是你的妻子，我能不懂？"说着，又低下头，眼圈儿更红了。

树铮拿出手绢为她轻轻地擦眼角。说："红筠，不是说好了么，你怎么又伤心了？别，我走后，一旦有事情做了，我一定回来接你。到那时候，咱们朝夕相处，再不分开。"

红筠笑了。她接过丈夫的手绢，又朝丈夫身边轻轻偎依着，低声说："刚刚还'男儿志在四方'，怎么又卿卿我我的了！""你个坏红筠！"树铮轻轻扭了一下妻子的香腮。南方一阵铜铃声，一辆马车冲过来。

红筠把包裹交给丈夫，一边说："树铮，你记住，对我哥哥，不必抱多大希望。他是个心胸不宽的人，没有气量；再说，他也不是个有地位的人。万一谋事不成，你就早早回来。"

"知道了。"树铮接过包裹说，"好好保重自己的身子。家中事全靠你了，娘身体不好，四姐半瘫，你都得操心。""你只管放心走吧，该怎么做，我会做好的。"徐树铮上了马车，挥手告别了妻子，付了车资，上道北行，直奔徐州。马铃叮咚，车身颠荡，徐树铮坐下好久，才稳下神来。

那时候，交通艰难，只有去府城的大道上早晚才有马车来往。那马车，车厢车轮皆为木制，长长的车身，中间有个方斗，斗上冬天围布帐，夏天蔽天棚，两只大马驾着，坐五七个乘客，一日能走七八十里路，车资一块银元。有点家资的人才敢坐这样的车，而贫困之家外出多靠步行。

徐树铮刚刚稳神，车上一位老年乘客便笑着搭讪起来："徐秀才，你要进府城？"

徐树铮笑着，点点头。"老人家也进府城？"

老人也笑笑点头。"你还认识老朽么？"

徐树铮举目一看，此人高高的身条，穿一件长袍，戴一项毡帽，身边放一个马扎，手中拿一根长竹竿的烟袋，脚上穿一双轻便的牛毛窝鞋，颇有些儿经济行当的司爷气派。徐树铮虽觉面善，一时竟记不起在什么地方见过了，只好说："学生眼拙，一时记不起了。"

老人轻轻摇着头，口里缓缓地说出几句话："中炮七路马过河，车高左炮对屏风……"

徐树铮想起来了，原来是早年在徐州风景区云龙山上摆棋摊的孙老先生。忙说："抱歉，抱歉！学生当时只是一股初生犊儿之性，论棋技，当然还得甘拜下风，只怕拜老先生为师还欠资格呢！"

"不！"老者说，"我佩服你，你是个高手；不是瞎闯，是技高一筹。"

原来这位老先生在云龙山下摆过多年棋阵，自称"徐属八县无对手！"那一年，徐树铮转学到徐州，与几位同学去游云龙山，有人提及这个孙姓棋手，徐树铮以为他是个江湖客，便不屑去结识他。可是，心里却不平，一是自己也觉得棋艺不一般，想出出风头；另外，那天也巧，他们无意中竟走到老者面前。徐树铮搭眼一看，那老者布的棋盘，不仅将自己的老"帅"用钉子钉死了，两侧还写了一副咄咄逼人的联语：

　　棋坛英豪，四海无敌！

徐树铮一看，便很不高兴。"有多大能耐，竟敢出此狂言？"他停步细观，明白了：原来这老者摆的是一个"中炮七路马过河"的江湖阵。心想："你这阵只能哄哄村间小儿，略知棋理的人也不屑一顾。"他转身想走。但转念又想，不能走。"听说这老家伙海口夸得极大，并且说'徐属八县无对手'，我得看看他究竟有多大本领？"

徐树铮一来觉得自己棋艺不凡，识破了这个小小的布阵，一定能够胜他；二来也是少年气盛，常在大庭广众下显示自己，莫说一个江湖佬，一些地方上颇有名气的儒士，也常常对他赞不绝口——

徐树铮走上前去，先向老者要来锤子，也将自己面前的老"将"钉死，然后开局。

那老者原以为这学生只是初生犊儿不怕虎，但见他也钉上老"将"了，便知有三分来头。忙说："罢哩罢哩。我这把年纪，怎么好和你相争，胜了也不服众家。"徐树铮说："你若是败了呢？"

老者哈哈笑了："我在云龙山下二十年了，尚未见对手。你还是免了吧。"

徐树铮硬是不同意，非决战不可。并说："老先生，你请！"

老者见徐树铮非战不可，便施小小一计，以卒吃了对方的车。本想诱徐树铮吃他的炮，徐树铮却不吃，笑道："老先生想等我的车吃了你的炮，你转身再来个马踩车，长驱直下。我偏偏来个车四进二，你……"

老者知道棋阵被识破了，忙将"帅"拔起，甘拜下风，并声声称树铮为"少年棋圣"。

此事一晃便七八年过去了。大约是老者败得太奇，所以对对手记得准。此次邂逅，又是一路同行，话自然多了起来。老者对徐树铮的棋艺又大加赞扬，并说："凭你的精灵，我可以说你日后是个办大事的人！"徐树铮谦让着，心里还是乐滋滋地想："我此番外出，就是想有一番作为。"

路长车慢，正是聊天的好时机。那老者一边赞扬徐树铮的才华，一边还是说："学生呀，如今这世道，竟是乱呀，世界也不好闯。慈禧皇太后尽是用坏人，弄得朝纲不正，洋人入侵。这不，刚刚同八国联军签订了卖国的《辛丑条约》，割了大片的中国土地还不说，还得赔款四亿五千万两白银，还得允许外国人在中国横行霸道。你说说，中国人能睁眼么？"

"是呀！"徐树铮说，"中国人得争气，得夺回失去的权力！"

"谁夺？"老者说，"朝上朝下，个个昏庸无比，谁去夺回失地？"

"中国如此地大物博，人杰地灵，总有能人的。"

兴许是老者看准了徐树铮气质不凡，也许是当年一败心有余悸，有意奉承他，忙说："学生，像你这样有才华又敢闯荡的人，中国不多呀！不是我说句奉承的话，我看你是个办大事的人，中国会在你手里富强！"

这虽是一句奉承话，徐树铮听了，心里却十分高兴——

徐树铮痛恨帝国主义的侵略。为了表明自己反帝国主义侵略的决心，他要效法抗英英雄林则徐。因而，把自己的别号叫作"徐则林"，并且写出长幅，悬在自己的书房。文为：

> 居恒窃念，儒者读书，要以致用为宗。频年朝政日非，丧师割地，为国大辱。

现在，听了老者的话，更加坚定了信心。"我要把中国变个模样！"

树铮说："学生不敢说办什么大事，但学生决不甘于当亡国奴！"

"学生，不是我老汉发狂，有个古老的传说，我看可以应到你身上了。"

"不知老人指的什么传说？"

"贵乡萧县，可是一块宝地……"

徐树铮怕他说出一套不堪入耳的俗话，忙道："是的，萧县古称萧国，已有近三千年历史。当年刘秀被封为萧王，封地就是这里。"

"不，不是说这些。"

"那你指什么？"

"萧县风水好，是能出七十二个人王天子的地方。"

"这是夸张。"

"不是夸张。"老者说，"萧县县城曾叫龙城，有龙山、凤山，注定有七十二个人王天子在这里出世……"

"怎么一个也没有出呀？"

"后来被一个南蛮子把风水破了，本该出的七十二个朝廷，结果只出了七十二个园匠。没听说么：岱山的萝卜茂山的葱，黄里的白菜出山东！萧县世世代代成了蔬菜之乡。"

那老者虽然说的俚语戏言，徐树铮却听得认真，并且觉得事出有因，不可不信，便说："那蛮子也十分可恶，怎能干出这等坏事？"

那老者见徐树铮半信半疑，又说了话："说来，那蛮子的本领也算不得高超，破人家风水不到家。你刚才说的那刘秀不就当了皇帝？你是读书人，懂历史，刘邦也得算咱地方人，不是成了大皇帝？徐州府四周就出了十七八个诸侯王。萧县还得算帝王之乡。"

老者说得真真假假，徐树铮并不计较。可是，萧县是帝王乡，徐树铮十分心动。他觉得当今皇帝是不行了。"要是有道，为什么能败到这步田地？一个《辛丑条约》，主权失去大半，国人都得跟着欠债，这不是亡国象征？再说那满朝文武，更没有一人是国主之才。说不定萧县出朝廷，真的要从我徐树铮开始，坐它七十二代……"徐村铮这么想着，便把一个笑脸给老者，然后说："风水其实是不可靠的。就说那凤阳县吧，十年倒有九年荒，竟出了一个朱元璋；沛县丰邑就是龙凤地么？水旱蝗荒，十年九灾，不是出了个刘邦么？叫我看，生在什么地方不要紧，得会闯荡。俗语说得好，'成者为王败者寇'！难道刘邦、朱元璋一出家门就想着会当皇帝么？不是。但是得有一条，要顺乎民心。就是古人说的，'得人心者得天下'。"

老者听得徐树铮言语，十分敬佩，觉得他有诸葛孔明之才，虽未出茅庐已知三分天下。不仅知，还有雄心治理。自然免不了又奉承他几句。直到天色将晚，马车到了徐州城边，他们才下车分手，互道了"后会有期"，各奔东西。

徐树铮在徐州一条小街上觅了一家客栈住下，他无心再游串，因为曾在徐州读过几年书，不想再游了。一宿睡得也很舒适，只是反复几次思考老者路上说的"出朝廷"之事，竟做了一个"出朝廷"的美梦。醒来，不免淡淡一笑。

次日起来，洗漱完了，吃点点心，便匆匆赶去车站，购了北去济南的火车票——

谁能想到，此番出山的这个普通学子，居然成了军阀大混战期间能够左右风云的人物。他依靠自己的才华，依靠皖系军阀这股强大的势力，或在台上摇旗呐喊，发号施令，搅得大半个中国浑浑浊浊，腥风四起；或在各派之间纵横捭阖，推波助澜，使成千上万无辜者人头落地，家破人亡。那段漫长的时期，皖系军阀的重大措施，无不出自他手。他想让中国平静，中国便会相安无事；他要中国乱，中国便会干戈四起。史家称他是军阀大混战中的"小扇子军师"，是"合肥（段祺瑞）魂""北洋怪杰"。在北洋政府里，徐树铮先后出任过陆军部军学司司长、陆军部次长、国务院秘书长、西北筹边使、西北边防军总司令等职，被授予"远威将军"称号。

此是后话，且容慢慢道来。

第二章
段祺瑞慧眼识秀

徐树铮初到济南，是 1901 年初冬。

泉城济南，虽然天气渐寒，依然是家家泉水，户户垂杨；大明湖的荷花和垂柳萧疏了，那派一城山色半城湖的秀丽景色还是那么诱人。徐树铮沿着潺潺的流水，穿街走巷，终于找到了他的内兄夏仲陶。

这位夏仲陶，眼下是山东省武备学堂的学员。是一位性格内向、呆气颇足的人，虽然只有二十三四岁，却一派横秋老气。他把树铮安置好，进餐以后便开门见山地说："又铮（徐树铮字又铮），济南谋事，实属不易。这武备学堂，也不可随便就读。去做什么呢？我实在爱莫能助。"

徐树铮一听此话，心里便不甚愉快："我到济南来，岂止是为一区区武备学堂学员，一个廪生还不至于去当兵吧？"他淡淡地一笑，说："仲陶兄不必为难，谋事在人，何必勉为？我只想出来见见世面，开阔开阔眼界；若论就事，老家徐州也并非不可为。"

"这样，我倒可以陪你在济南观光一番。济南还是个秀美的城市呢！趵突泉就是一个奇观，还有千佛山、大明湖……"

"观光的日子会有的。"徐树铮打断内兄的话，"你不必为陪我游山玩水而缺课了，我这两天想独自去访访朋友，还要办点别的事。你只管安心学业吧。"

夏仲陶正怕误了功课，更怕徐树铮缠着不放。现在徐树铮要自己走动了，倒也如他的意。他还是说："你的朋友，一定是名流、学士。若有朋友要来，我这里可以款待。我也想结识一下他们。"徐树铮说："等我见了他们再说吧。"

徐树铮哪里是会朋友，济南他也没有什么朋友。他只想看看世界，了知时局。现在，他手中还有些银钞，天天在街市上行走，到处打听一些事情——

这一年，也算是国难当头吧。八国联军占领了北京，中国的中枢神经失灵，北半个中国早已名存实亡；南半个中国也因群雄争霸而兵荒马乱，经济萧条；山东处在中间状态，两年前兴起的义和团运动，也被巡抚兼武卫右军总指挥的袁世凯给镇压下去了。而今，袁世凯以巡抚的特权正在野心勃勃地对武卫右军用"固其心，精其技"的西洋办法来加以训练，还专为此亲自编写了《训练操法详晰图说》。他要将其训练成既有近代化军事操典素质又有效忠朝廷的忠君思想的一支部队。这支部队后来果然成为北洋军阀的基础军。袁世凯雄踞要津，手有重兵在握，成了国中举足轻重的人物，连逃亡中的西太后的供应饷银、缎匹，也得赖袁。朝廷重臣李鸿章也略带奉承地说："幽燕云拢，而齐鲁风澄。"所以，李鸿章刚刚断了气，朝廷便宣诏任命袁世凯为直隶总督兼北洋大臣。只是袁世凯感到"直隶不如齐鲁牢固，北洋大臣有名无实"而不去就任，还是坐在济南府，经营他的武卫右军。

徐树铮济南闲游数日，便对袁世凯产生了特别的好感，觉得他是个伟大的人物，有心胸，将来能成就大事。一天深夜，徐树铮与内兄对饮，乘着酒性，便大谈起贤能治国之事。"清朝是无可救药了，必有能人出来，才能挽狂澜，建新序，使国家由弱变强，重建国威。""现在，还看不到有什么能人，会有如此本领。"内兄摇头叹息。"有！"徐树铮说，"当今山东巡抚袁世凯，就能担此重任。""袁项城？"夏仲陶心里一惊，"此人能力、势力均可担此重任，他对朝廷还是极忠心的。不过，听说，早年维新派要变法，本来是把他当成可靠的同盟军的。哪知道，事未举，他就向慈禧和荣禄出卖了维新派，结果变法失败。这样的人能推翻朝廷？"

"出卖变法？有待考证。"徐树铮说，"即便有此一事，水能载舟，亦能覆舟！我看袁世凯行。我得设法拜见拜见此人。"

"你要见袁世凯？！"夏仲陶觉得这是绝对不可能的，便劝阻道，"树铮，灭了此念吧。莫说面见袁世凯，只怕连书信也达不到他手。巡抚衙门，紫禁城般的戒备。不易进呀！"

徐树铮没有听从内兄的劝阻。"中国人想见中国人，还能难到什么程度？我看易见。"徐树铮之所以横下一条心，是因为别无高策，更加上年轻气盛，初生的犊儿不怕虎。"只有这样做，才会寻到自己的出路；只有靠上袁世凯，才会有腾达之日。"决心下定，徐树铮不再外出了，他闷在内兄为他安置的又小又闷的陋室中，苦思投袁的门路——要有一个打动袁心的见面礼！

二十一岁，徐树铮早已自认成熟了。他从书本上知道中国历朝历代，有许多人早成大器。"大器晚成有什么可取？夕阳无限好，只是近黄昏。"

人到暮年，哪里还经得起起伏回旋？"壮志凌云在少年！"过去，老爹言传、身教给他的，是伦理，是道德，是仁义礼智信。"半部《论语》治天下！""学成文武艺，货与帝王家！"徐树铮十二岁起，对于这些论调就感到陈腐："我学的文武艺，为什么非要货与帝王家不可呢？帝王家又怎样报谢于我？南京考举，我算得奇才，为什么竟名落孙山？帝王不器重我，我为什么要投靠他呢？"他不想为朝廷闯天下，他想走一条自己愿意走的路，干一番自己愿意干的事业。在济南，他的思想开阔了许多。他觉得，之所以有如此众多的帝国主义国家欺负中国，是因为中国的拳头太小、身体太弱了，没有足够的护国武装。而没有足够护国武装的根源，在于政治落后，在于掌权者昏庸。他要将自己的思绪写出来，将自己的谋略写出来。"我的意见一定会得到巡抚大人的赞同和青睐的！"徐树铮用三昼夜的时间，写出一篇洋洋大观的《国事条陈》。然后，他信心百倍地揣在怀中，朝着山东省巡抚署的大门走去。

一介白衣，要进堂堂的巡抚衙门，谈何容易！中国所有的衙门，历来都是庄严、威武的，威武到阴森可怕的地步。徐树铮在那座有两个巨大的石狮子把守的大门外，说破了嘴皮，结果连门洞也不许他靠近。他不乞求了，他发怒了。他对守门的兵卒大声说道："你们为什么不让我见巡抚大人？我有重大国情要向巡抚大人陈述。我有良好的治国策略要向巡抚大人陈述。你们必须让我进去！"

一个背着洋刀、气势汹汹的武卫军走出来。他一把抓住徐树铮的衣领，怒目喝道："你想死是不是？活得不耐烦了是不是？滚开！再不滚开，我就以'大闹官府'之罪把你送进班房！"说罢，一挺手脖，就把徐树铮推出几步之外。

徐树铮打了几个趔趄，几乎倒在地上。

常言说得好："秀才见了兵，有理说不通。"何况徐树铮碰到的还不是一般的兵，而是堂堂巡抚衙门的看门狗。他稳稳神，舒舒气，暗自愤恨地想："有朝一日我徐树铮得了地，非杀了你们这些看家狗不可！我要让所有的衙门都不留看家狗！"恨归恨，巡抚衙门他是进不去了，最后不得不悻悻转回。

往回走的徐树铮，头垂下了，力气也不足了。刚刚还觉得怀中揣着的是一件价值连城的强国大计。转眼间，它就变成了废纸。徐树铮把手插进衣衫内，摸摸他花了三十六个时辰才撰写出来的那篇《国事条陈》，又想想刚刚受到的、平生以来最大的侮辱，他真想拿出来，把它撕个粉碎。"什么国家大事，鸟！关我个屁。朝廷被人杀了，大臣通通死光，难道我徐树铮就没有饭吃？回家，老老实实做我的庶民去。"

徐树铮回到住处，躺倒床上，想安安静静地养神。可是，他怎么也静不下来，又总是忘不了他的条陈。"我不能轻易改变主意。我的《国事条陈》肯定是一个治国安邦的良策妙法。倘若袁大人看到了，他一定会接受，一定会召见我。我不能因小失大，不能就此罢休。"信心不灭，思路也宽了。他想起了历史，想起了古人圯桥授书的故事，想起了韩信能忍受胯下之辱。"门卫的几句恶语算什么，我难道就怕了吗？"想到这里，徐树铮一骨碌从床上爬起，整衣掸冠，想再去闯巡抚衙门。

徐树铮毕竟是公子哥儿的生活过惯了，何况还有一顶"廪生"的帽子。虽然这顶帽子并不值几文，那也是经过几年寒窗，喝了不少墨汁才换来的。有这顶帽子，人就有了超过一般平民的优越感；同时，也就失去了一般平民的坦诚和勇敢。徐树铮不愿再听到那下人的恶言恶语，不愿再看到那副凶恶而丑陋的脸膛。"士可杀而不可辱！"他不愿受那个辱。

醴泉村的徐家，毕竟是书香门第，破院落中出了拔贡，出了秀才、廪生，徐树铮是略知些官场内幕的。仔细想想之后，也觉得那些看门狗并不十分过分。"看门狗不看门还干什么呢？狗仗人势也不是袁家开创的。古今中外都如此。巡抚衙门不小呢，谁想进这个衙门就进去了，那衙门还成其为衙门吗？衙门没有人护卫，国家没有人护卫，岂不不分内外、一切都乱了，外辱也无人敌了？"想到这些，他谅解了门卫对他的阻拦，谅解了门卫对他的恶举。"不能亲自进去就暂时不进吧。等到可以进的那一天兴许我还不进去呢！"他静心地坐下来，想思谋一个可以将条陈呈递到袁世凯面前的门路。

……

一切办法都不可行，徐树铮决定冒险了！他在市面上买了一件官场上通用的封套，署上袁世凯亲戚、候补道徐彦儒的名字，托武备学堂的公差将他的条陈送到巡抚袁世凯面前。不想这一举竟起了作用——

袁世凯拆封时还在疑虑不定："我这位彦儒翁很少致函的，今天为何……"他拆封看时，原来是一篇《国事条陈》。他冷呵呵地笑了："国事，难道我这个封疆大臣都不知道国事，而要领教别人的高见？"他不屑一顾，便扔在一旁。捧着香茶，就地踱着步子。转念又想："既敢送到我面前，或有卓见，不可等闲视之，说不定会有良策，会是一个奇人大才？"袁世凯正想笼络人，求才若渴，他得去求！

袁世凯重又拿起条陈，仔细阅读。这一阅读，他有点儿惊讶了："此人不凡！"徐树铮那些对国事的见解、治国的意见，都颇与袁世凯一致。特别是当他读到"国事之败，败于兵将之庸塞，欲整顿济时，舍经武无急务"等句，他拍案叫绝起来："良策。良策！"当他在条陈篇外的附笔看到徐树铮简短的自我介绍时，更是欣喜难抑："原来是一位二十一岁的廪生！好苗子，好苗子。我要见见他。"

袁世凯浏览了一遍条陈，不免有些惊讶："此人所言，正是我久已所思。所见不可忽视！"他把条陈从头又细看起来。

袁世凯是河南项城一个军阀官僚家庭的子弟，读书不成，便以军功谋出路。先后得到清朝重臣吴长庆、李鸿章的赏识，不几年，便由一名幕僚跻升为驻朝鲜总理交涉通商事宜的专员。中日甲午战争前夕，奉调回国，留京在督办军务处候差。甲午战后，他利用朝野上下要求改革军制的潮流，参照外国兵法，提出一套仿效西法练兵的主张。袁世凯的活动得到亲贵重臣奕䜣、奕劻、荣禄和李鸿章的支持，不久（光绪二十一年十一月）即被派到小站接管了胡燏棻的定武军，在那里认真编练，然后又到淮、徐、鲁、豫和锦州、新民等地扩充。最后，把定武军扩编为有七千余人的新建陆军。袁世凯以这个用洋枪洋炮组成的队伍作基地，继承了曾国藩、李鸿章的衣钵，拉一批政客、武夫结为死党。这些人中间，武的有王士珍、段祺瑞、冯国璋等；文的有徐世昌、梁士诒、唐绍仪等人，队伍发展到九千余人。镇压了义和团之后，又发展到两万余人。而今，他正春风得意，雄踞济南，连北洋大臣的显赫权位都不去接受，而是一心扩大势力，建立自己的北洋军。正在这时候，徐树铮的《国事条陈》出现在他面前，他怎么能不欣喜？

袁世凯没有直接找徐树铮，因为他的母亲病故了，他要回原籍奔丧。袁世凯离开济南的时候，找到幕僚中一位叫朱钟琪的道员，对他说："朱老先生，我想拜托你一件重要的事情，请你代我去看一位学子，同他当面谈谈治国安邦的事。这里有他一篇条陈，你可以先看看，一定要以礼相待。"

这位朱道员业已老朽得不堪一提了，又自恃文才，孤芳自赏，很有点儿目空一切。在袁世凯幕府中虽然也有些年月了，却坐着冷板凳，一直未被器重，身份也总是道员。他很想改变这种处境，虽然有时主动在袁巡抚面前献献计谋，终因所谋平平，而不曾受到青睐。而今，见巡抚如此高抬一个年轻人，要向他寻求治国安邦的事，还要以礼相待，心里便有些不快："何等学子，竟享如此厚爱？"但是，袁世凯托自己办事，这毕竟也算一份"宠爱"，使他"若惊"起来。他连忙恭手搭躬，满口答应："一定照大人意思去办，不辜负大人一片爱才之心。"徐树铮的条陈他只翻了翻便丢在一边。

徐树铮被召进巡抚衙门了。那位道员坐在太师椅上只欠欠身，便算完成了以礼相待的承诺。随后便有人献上茶来。

徐树铮落落大方地坐下，对着这位老朽一打量，心里也有些不悦："堂堂巡抚衙门，竟乏朝气之辈，让一个冬烘接谈治国大事。"他捧起茶杯，目不转睛等待问话。

朱道员本来就心怀蔑视，又见徐树铮一副年轻气盛之态，更有些反感。但是，又不便太轻慢，因为这位年轻客人毕竟是巡抚大人所请。所以，他不得不恭维几句，然后才连讽带嘲地说："秀才是从徐州来我齐鲁谋事的吧？徐州，不是个好地方，本朝乾隆爷就说那里是'穷山恶水，泼妇刁民'。不知秀才对此话有何感观？"

徐树铮一听，便知道这位老朽是在挑衅，是在侮辱徐州人。便冷笑着说："普天之下，尽属王土！徐州亦朝廷子民。徐州人从未听到乾隆爷说过此话，只怕是老先生有点'醉翁之意不在酒'吧。"

"这……这……"朱道员立时感到尴尬，但还是壮着胆子说，"'穷山恶水'，恐为讹传。这'泼妇刁民'恐怕……"

徐树铮说："华夏之土，无不富饶。徐州人十分热爱自己的家乡。正因为是一片沃土，徐州历史上便是帝王之乡。老先生恐怕不会不知道汉高祖刘邦是何处人吧？"

"齐鲁出圣人。帝王之师在山东！"

"仅师而已。徐州确确实实出过人王地主，还不止一个！"

"治国之道，《论语》早已道尽。秀才所陈，不知是循《论语》而述之，还是另有高见？"

"《论语》可以治秦汉，可以治唐宋，虽仍可治大清，但毕竟时至今日，历史数千年，当今世界又远非秦汉，更非唐宋！八国外夷吞我京华，便是一例。仅只《论语》，恐……"

"秀才除条陈之外，若再无他见，便请先回吧。待巡抚大人回来，我一定如实禀报。"

"不必了。学生不日即将离开济南。"说罢，拂袖而出。

投袁的念头破灭之后，徐树铮在济南一时无事可做，便终日游山玩水。不久，便结识了许多文友。他们一起论文谈诗，弹琴作画，生活得倒也开心。光阴似箭，不觉间，这一年也就快要结束了。徐树铮坐吃山空，从家中带出的盘费，渐渐也就花光了。他不愿对内兄说明。内兄一是不知，二也无力资助。西风落叶，水滴结冰，天气渐渐寒冷起来，徐树铮衣食都碰到了困难，他想尽快回家去。前天，他给父亲写了一封信，要父亲"寄来路费，以便返里"。昨天在大明湖荷花厅文友聚会时，徐树铮便因囊中羞涩而情绪不振。朋友们想助他一臂，又怕他不受。于是，便想了个折中的办法——

"则林兄，听说你最近将要返里。年终岁尾，家人盼归，这是人之常情。弟等十分同情。只是此日一别，相会无期，令人不安。我们想了个主意，今日之聚会，以秋海棠为题，请兄作诗以为留念。若作得好，我们便请兄天天赴宴；若作得不好，兄定要请我们吃酒。"

树铮对诗文，功力独厚。因为与文友们相处日短，还不曾大露锋芒。今日朋友们以诗相求，他自然乐于接受，并想大显身手。于是立即展纸、挥毫，一蹴而得《济南秋海棠咏》七绝二十首。也是徐树铮心情忧郁，有感怀才不遇，正可借景抒情。所以，诗写得句句情深、行行意真，每首都展示着他不一般的襟怀和抱负，令文友们赞不绝口。于是，大家集资，说是宴请，实则给予资助。对于朋友们的盛情，徐树铮还是诚心地领受了。然而，那总不是长久之计，何况家中又一时未将路费汇到，徐树铮还是处于"在陈之厄"，他不得不去巷头街口，摆摊写卖起春联来。徐树铮文好、字好，又是仪表俊秀，所摆摊处，顷刻间便吸引了许多过往行人。他们围过来观看，看中了，纷纷出钱购买。一时间，巷堵街塞，车马难行。

也该着徐树铮时来运转。此时，一队人马由远及近，渐渐来到他面前。前导兵卒，老远声张"让开！"人多让不开，兵卒便挥起马鞭一边乱打，一边大喊："总办大人到，总办大人到！"

人们一听"总办大人到"，便连忙往后退去。一条巷洞这才闪了出来。兵卒前拥后推，中间是一匹枣红高头大马，马身上坐着一位身材魁伟、气宇轩昂的非官非民人物。由于兵卒口喊"总办大人到"，人们自然猜到这位大人便是山东武备学堂的总办段祺瑞。段祺瑞来到人群中间，朝众人注目的地方一打量，见是一个白净书生正在聚精会神地挥毫写字。他想："这般寻常事，怎么会吸引这许多人注目？必有奇处。"他跳下马来，缓步来到年轻人面前，认真打量起来。

有人凑到徐树铮耳边，低声告诉他，"年轻人，武备学堂的总办段大人来了。你不见过段大人？"

徐树铮只管笔走龙蛇，墨点梅花，并没有把段祺瑞放在眼里。有人为他悬起心："段祺瑞可算得山东当今一霸，谁敢怠慢了他？只怕年轻人要遭祸殃了。"

段祺瑞一见年轻人没有恭维他，陡生不快：偏偏脑袋，歪歪鼻子，露出了不耐烦。可是，他见那年轻人一手龙飞凤舞的好书法，却喜出望外了。徐树铮一纸写完，段祺瑞拍手称贺："好字，好字啊！"

徐树铮放下笔，这才朝段祺瑞拱手、微笑。但并未答话，却又展纸，提笔写起字来。

段祺瑞一见年轻人如此潇洒，不卑不亢，竟然敬慕起来。便说："年轻人，我也想求一幅墨宝。不知可否赏光？"

徐树铮这才微笑着说："大人有此雅兴，学生以字换钱，岂有不可之理？"

"润资自然照付的，"段祺瑞说，"若是称心，还当厚赠。"

徐树铮重新展纸、磨墨，一边便动了思索：段祺瑞的声名，徐树铮是略知一二的，他不仅是袁世凯的红人，也是军政界炙手可热的人物。"若能在此人面前表现一番，获得他的好感，定会有助于前途。"此时，他又想起那位既朽且骄的冬烘朱道员，正愁着怒气无处发作，才华未被人识，他恨不得一股脑儿都在笔底向这位总办流露出来。然而，自己是在写对联，只么星点儿天地，那里有许多时间和可以说清道白的可能，大不了一首七绝也就墨满联卷了。正在他心情焦急之际，忽然想起日前大明湖文友作诗一事："现成的《济南秋海棠咏》二十首，皆为表述心迹而成，何不录出一首，以表达怀才不遇之情？"这么想了之后，他便将笔酿润停当，略思章法、布局，便倾其功力，在那方寸天地之上，龙凤舞起来：

依稀昔梦小娉婷，消受词人供养瓶。
顽艳一痕难再惹，余花谁与问飘零？

写完，放下笔，又朝段祺瑞拱拱手，道声"献丑！见笑！"

段祺瑞虽然一心好武，但在文墨上也是个颇有功力的人。一见这年轻人的墨、诗俱不凡，便倍加喜爱，又见那诗意乃是诉其胸有大志、无人赏识的，便认定是一位落魄的才子，是在借诗寻路。油然产生同情和爱怜之心。遂有心同他攀谈几句。

"年轻人，你这笔字已属难得；这诗，更是情真意切。堪称诗书双绝。请问：这诗是借古，还是出自心志？"

"闲来无事，偶尔戏作，其间自然含有自我。"徐树铮知道自己的诗起了敲门的作用，便自谦而又落落大方地说，"雕虫小技而已，献丑了。"

"啊！好诗，好诗！"段祺瑞说，"听口音，年轻人不是山东人吧？因何流落济南街头？"

徐树铮简单地报了家门，而后说："济南访友不遇，待家中汇来路费即返。"

段祺瑞放下诗联，这才对年轻人仔细打量起来，但见他四方脸膛，宽宽额角，大大眼睛，高高鼻梁，两腮润红，双眉浓浓，头戴破旧八角毡帽，身穿灰布夹长衫。虽穿着已不适时令，但气质不乏高雅。便说："年轻人，想请你到我学堂小叙片刻，不知尊意如何？"徐树铮写诗明志，正是想着能够得到段祺瑞青睐，以便与之长谈，或可借重。听了段祺瑞的问话，忙点头答应。匆匆收拾纸笔，便跟着段祺瑞去了。

段祺瑞，安徽省合肥大陶岗人氏，自幼受过较严格的家教，祖上期望通过他诗书传家。谁知他心不在书，后来便跟随老爹在军营中长大成人。哪里知道，在他幼小的心灵上，便对军队——政权——能人和势力的关系发生了浓厚的兴趣。兄弟三人，他居长。他瞧不起种田的老二段碧清，认为他"胸无大志，他一生最大的抱负，只不过求个温饱"。他瞧不起开矿挖煤的老三段子猷，认为他"大不了弄一笔家产，铜臭熏天"。段祺瑞有雄心，他要干一番轰轰烈烈的大事，要成为名垂史册的英雄豪杰。

也该当段祺瑞发迹有路，闯荡兵营不久，便投靠上了袁世凯。那时候，正是袁世凯野心勃勃笼络天下能人，以丰自己羽毛之际。看到段祺瑞有气量、能办事，将来会助他一臂之力，便把他拉到身边，不仅放手重用，还把义女张佩蘅给段祺瑞作继室。段祺瑞成了袁世凯的干女婿。所以，袁世凯做了山东巡抚，段祺瑞便做了山东武备学堂的总办。据说，段祺瑞幼年时，曾有能人为他算过命，说他"是一副将相相"。所以，段祺瑞虽然作了武备学堂的总办，成了袁世凯麾下的红人，可是他心里却不满足。"袁项城上头不是还有皇上么，他充其量只能算相。我在他身边，那充其量又能算什么呢？"段祺瑞不甘心，他不想做"相"以下的官，不愿听别人的指挥。他要自己培养势力，有一天，自己起来，实现"相梦"。

徐树铮跟着段祺瑞进了武备学堂，来到客厅，段祺瑞脱去长衫、马褂和毡帽，然后和徐树铮对面坐下。侍从献茶，段祺瑞端起黄铜锃亮的水烟袋，但他没有去吸烟。段祺瑞招手把一个侍从唤来，在他耳边低语几句，这才转身与徐树铮攀谈——徐树铮一进院子，就感到庄严之中透着一股阴森气。坐在客厅里，略觉轻松些。他一面应酬着与段祺瑞对话，一边窥视这个陌生的厅堂。这是一座颇为古朴、典雅的客厅，墙壁粉白，正面悬着巨幅中堂，是沈铨的工笔《孔雀图》，两旁的楹联为：

　　日暮长廊闻燕语，轻寒微雨麦秋时。

乃翁同龢所书。
左侧壁悬着郑板桥的《墨竹》，配着郑板桥自书的楹联，联文是：

　　花笼微月竹笼烟，百尺丝绳佛地悬。

右侧壁悬着唐寅的《秋山图》，楹联联文是：

无边落木萧萧下，不尽长江滚滚来。

乃郑孝胥书。

字画均称上乘，装裱亦工精、典雅。左壁画下放两盆金菊，右壁画下铺一张古琴。正面紫檀木的条几上，一端放着文房四宝，一端放着大瓷画瓶，瓶中插着几卷字画。条几前放着镶贝的檀香木八仙桌，两旁摆着同色太师椅。八仙桌下边点燃着松香，轻烟袅袅，香气淡淡。身临其间，目睹其景，徐树铮感到段祺瑞果然厚爱他。

徐树铮久怀凌云之志，今日能有机会同段祺瑞对面畅谈，又是受到邀请，自然谈锋尤利，吐词惊人。段祺瑞边听边点头，有时击掌而起，颇有相见恨晚之感。以致，越谈越投机，越谈越觉话多。

谈话间，有人送上礼品：棉衣一套，另有白银二十两。段祺瑞立起身来，十分坦诚地说："秀才身处不测，段某甚表同情。初次见面，略备薄礼，不成敬意，还望秀才笑纳。"

徐树铮一见衣、银，甚为高兴——他抛头街心，书联卖字，就是为的衣、银。有了衣银，急难才可以顷刻解除。不过，徐树铮并没有立马接受，他觉得应该显示一下做人的骨气。"这段祺瑞见面就赠厚礼，必是把我当成'打抽丰'的寒士了。这礼我万万不能收。若收礼，人品便低了，仕途也被堵死。段祺瑞会认定我是鼠目寸光的小人。"徐树铮立起身来，淡淡一笑，双手拱起，对段祺瑞说："大人厚爱，学生深表谢意。学生目下虽然处境困难，但是，无功受禄，那是万万不敢当的。"

"绝无他意。"段祺瑞说，"聊表敬佩而已！"

"大人若专为此事请学生到府上来，学生便告辞了。"说罢，起身要走。

段祺瑞见徐树铮如此清高，知道他不是等闲之辈，便急忙拉住，说："徐秀才，段某此为，自然并非单单出于怜悯之心，实在是还有要事相商。秀才这样坚辞，我也只好敛口了。"

徐树铮虽然态度傲慢，举止非凡，却是为进而退。一见段祺瑞来真格的、要逐客了，忙顺水推舟说："承蒙大人厚爱，恭敬不如从命。大人厚礼，学生就收下了。至于说与学生相商要事，实在不敢当。大人若有见教，学生愿洗耳恭听。"

段祺瑞笑了："这才叫开诚布公！坐下，坐下咱们好好谈谈。"二人同坐，侍人添茶，他们重又畅谈起来。段祺瑞被徐树铮的谈吐所动，徐树铮为能在总办面前畅抒胸怀而喜——

徐树铮昨天还为自己的闯世界而灰心，今天，他高兴了，他觉得有了今天的机遇，他会在外面世界闯出名堂，道路对他是宽广的。此刻，他又想到了离家时那一瞬间发生的事情：本来，父亲不主张他跻身官场。父亲认为：官场有官场的优越；官场也有官场的风险污浊。能把知识传给子弟和学生，也就足矣。所以，父亲不让他到济南，还对他说："当今中国，北方大乱，京华无主；南方英雄争霸，火光不泯，齐鲁居中，虽暂时太平，终要为战火所涉。你还是安心在家读书为好。"父亲要他"好好想想，不可轻举妄动，以免一失足而千古恨"。徐树铮志坚难改，第二天就恭恭敬敬地给父亲呈上一首表明态度的七言绝句。父亲拆开一看，诗为：

> 平章宅里一阑花，临到开时不在家。
> 莫道两京非远别，春明门外即天涯。

父亲皱眉思索，虽觉诗意大有伤离情怀，但也充满着凌云壮志。知道劝是无益了，索性让他走出去。

现在，徐树铮的美梦有实现的希望了，他坚信自己"走出来，是一着绝对正确的棋！"

徐树铮对国事的见解，竟与段祺瑞不谋而合。这在一般的军政界人士，并不稀奇；而今，是出于一位不出乡里的青年学子，这就不一般了。段祺瑞最欣赏的历史人物是诸葛亮，欣赏他不出茅庐便知三分天下，徐树铮何止"知三分天下"，更是对国事了如指掌，见地也超越常人。以致这个几乎目空一切的武备学堂总办对比他小十五岁的乡村学子佩服得五体投地！他不得不以求教的口吻问徐树铮："据秀才所见，吾人应如何治理国家，才能使国家兴旺久安？"徐树铮激动了，他知道自己的抱负有用武之地了。段祺瑞所问，正是徐树铮《国事条陈》所阐明的问题。朱道员不欣赏它，那是他朱道员孤陋寡闻，胸中无大志，有眼不识泰山。现在，段总办欣赏徐树铮，能心平气和地和他对面坐下畅谈，说明他有眼力，是个办大事的人物。徐树铮感到良机就在眼前，于是，不紧不慢、有条有理地把自己的《国事条陈》重述下去。

徐树铮口若悬河，抑扬适度，脸呈兴奋，眉现深邃。说到要害处，还故意重复其意。他着意展示自己的才华……

徐树铮早就梦寐着有一天他会展翅高飞。早在十一岁时，他就以盆松为题，写了这样一首言志的五绝：

> 众鸟安所托，欣欣此生意。
> 移植岩谷间，大材宁可器？

现在，"大材宁可器"了，他能不兴高采烈！

一个高谈阔论，一个眉飞色舞。小客厅顿时充满了欢乐和和谐。徐树铮成功了，他觉得应该适可而止。于是说："段大人，不是学生狂言，照学生看来，国事之败，败于兵将之庸塞，欲整顿济时，舍经武便再无急务！"

段祺瑞最迷信武力，又正办着武备学堂。徐树铮所言，句句触动着他的神经。他失态了，忘乎所以了：解开胸前的钮扣，松散脑袋上的发辫，卷卷袖子，端起壶来，亲自为徐树铮添了茶。又迫不及待地说："听了秀才一席话，真是'胜读孔孟十年书'。秀才所见，段某极表赞成。"他把身子朝徐树铮探过去，又问："敢问阁下，愿就事否？"徐树铮见问，激动万分，简直要扑身跪谢。可是，他却不动声色地说："事值得就则就。"

"好！我就喜欢这样不卑不亢的态度。请秀才在我这里暂住，日后觉得事情可就，便就；不可就，则请自便。如何？"

徐树铮这才点头应允。

——不想徐树铮这一出山，徐段这一结合，竟在沧海横流、风云四起的中国，推波助澜，祸上加灾，干戈大作，厮杀不止，弄得国无宁日，人心惶惶……

第三章
因祸得福走扶桑

　　徐树铮投到段祺瑞门下的时候，中国发生了一件大事：清政府的都城北京被英国、美国、德国、法国、俄国、日本、意大利和奥匈帝国八个帝国主义国家的军队占领了。执政的慈禧太后带领着假执政的光绪皇帝和亲贵大臣，急急忙忙逃往西安。京城蹲不住皇上，中国失败了。外国人明白，他们打败中国可以，派人当中国的皇帝不行。何况，他们根本就不是来争当中国皇帝的。皇帝值几个钱？他们打败中国的目的，是掠夺金银财宝，掠夺为掠夺金银财宝的保护权。失去京城的清政府，不得不同侵略者，包括八个主要国家和西班牙、荷兰、比利时三个协同国家，签订一个《辛丑条约》，割地、让权、门户大开之外，赔偿白银。赔款按每个中国人一两计，共四亿五千万两白银，三十九年还清，另加四厘年息，总共为九亿八千万两。九亿八千万两白银，每一个中国老百姓要承担二两呀！

　　丧权辱国，全中国的黎民百姓，无不感到天昏地暗、日月无光！帝国侵略者的目的达到了，由德国陆军元帅瓦德西统领的十万侵华军和俄国单独调集的十七万侵占东三省的步骑兵，大多撤回自己的国家去了。留下的少数侵略军，只驻扎在京津、津榆铁路线。清政府的各级官僚，还是各就各位。

　　也就是这一年，代表清政府与外国签订《辛丑条约》的北洋大臣李鸿章死了——有人说，李鸿章该死了：这个人三十年前接受了直隶总督兼北洋大臣之后，兵权很大，可是，他不打仗，尽和外国人签订丧权辱国条约——

《烟台条约》《中法新约》《马关条约》《中俄条约》等，都是他签的。最后，他七十八岁时又签订了《辛丑条约》。在中国历史上，像他这样签署这么多丧权辱国条约的人，还找不到第二个呢！

李鸿章临死前向朝廷提了个要求，就是要袁世凯来接替他出任直隶总督兼北洋大臣。朝廷答应了他。李鸿章刚死，诏书便到了济南。

袁世凯正在山东巡抚任上招兵买马，训练他的武卫右军。接到诏书，他犹豫起来："放弃山东，到直隶去？"直隶，京都要地，别人走门子往里挤还挤不进去，袁世凯却不想去。他闷在巡抚衙门里思索许久，还是拿不定主意，他只好同心腹商量。

袁世凯的心腹共有三个人，一个是王士珍，一个是冯国璋，再一个便是段祺瑞。这三人被后人称作"北洋三杰"。如今，王士珍、冯国璋都不在他身边，在济南的，只有段祺瑞。他命人"快快去把段总办请来"。

段祺瑞不费多大力气便得了徐树铮，徐树铮一出山便表现了身手不凡，段祺瑞自然十分高兴。办了几件事后，他便不再冷眼看待徐树铮了：不是段祺瑞去陪他，便是段祺瑞把他邀到客厅相陪；公务之外，渐渐地琴棋书诗都共赏起来。段祺瑞的生活规律：每天早晚要念佛，午后要睡一个时辰。除这两件事外，他几乎和徐树铮形影不离。段祺瑞虽然性情暴烈，极易发怒，但徐树铮在他身边两月，却未见他鼻子歪——段祺瑞怒时，最大的特征是歪鼻子。这是他的生理特征了。当初随爷爷在军营，正事不干，终天斗鸡走狗。爷爷一怒，一巴掌打去，把鼻子打歪了。以后虽经治疗，却毫无效果。现在，身边人见他鼻子歪，便神经紧张。因为轻则怒骂、打罚，重则杀头或赶出。所以，跟随他的人最怕他歪鼻子。近些时来，他的鼻子没有歪过，眉宇间还总呈现着微笑，身边的人生活得也很轻松。

昨天夜里，济南地方忽然落了一场冬雪。段祺瑞早晨起来，推窗外眺，只见漫天盖地，一派银光，雪花依然鹅绒般地飘飘洒洒。平时嘈杂的院子，一下子平静而整洁起来。段祺瑞心里高兴，一见大雪，精神大振："好大的一场冬雪！"他伸伸臂，又弯弯腰，竟朗朗有声地诵起诗来：

忽如一夜春风来，千树万树梨花开。

声音未落，猛听得有人在窗外念出上句：

北风卷地白草折，胡天八月即飞雪。

"谁？"段祺瑞警觉起来。他临窗外望，见窗下梅旁立着一个人，通身上下，已素无杂色。段祺瑞再看看，心里十分高兴："是他！徐树铮！""又铮，又铮。"他高声喊着，"你这么早便起来了。"

徐树铮立在雪中，指着在雪中怒放的腊梅说："这样好的雪，这样好的梅，不来光顾一番，岂不辜负了上苍的美意！"

"快快进来，我正有事要找你。"

徐树铮披着满身雪花，走进段祺瑞卧室。

段祺瑞不念佛经了。他一边洗漱，一边说："如此瑞雪，真该对饮唱和一番。还有，早想邀约几位丹青高手，和他们快活一阵子。今日有雪、有梅，更为别致。"

徐树铮笑了："老总有此雅兴，树铮也愿凑个热闹。只怕……"

"不能了。"段祺瑞说，"昨晚巡抚大人要我急去见他，他又临时出去了。今早是要去衙门的。"

"何事这么急？"

"我也说不大清楚。"段祺瑞说，"只知道前天有诏书到，是要大人督直隶兼北洋大臣的。只怕要说的，便是这件事。"

"既然诏书已到，那就奉诏进京罢了。还为何急着再议？"

"你还不了解袁大人的心性。"段祺瑞洗漱已毕，一边端烟袋，在徐树铮对面坐下，一边说，"袁大人有袁大人的思索。你说'舍经武无急务'，很对。那是从国强民富、安居乐业说的。对于袁大人这样一个人，同样是'舍经武无急务'，但是……你该明白这话的意思吧。"

徐树铮眉头微微皱了皱，心里打起了转转："袁世凯他'舍经武无急务'？嗯，我明白了。他感到自己手里武力不强，翅上羽毛不丰，在朝廷的天平上还不压重。因而他是想抓一抓武力再说。"

徐树铮只管沉默，不愿对段祺瑞的话做出明白的反映。此时段祺瑞也不想让他说长道短，只对他说："你在这里陪我早餐吧。吃点东西之后，咱们一道去见袁大人。"

"这……"徐树铮不知是因为受宠惊讶，还是感到事关重大，迟疑着说："二位大人面谈大事，树铮在旁多有不便。我看还是老总自己去为好。"徐树铮知道自己尚无身份，怕再吃袁衙门的闭门羹。

"你想多啦。我领你去，袁大人一定欢迎。你不是曾经向他呈递过《国事条陈》么？早几天，我还在大人面前提到过你和那篇条陈的事。他说他印象很好，是要见你的。也不清楚怎么就把这件事丢下了？你不是正好可以当面再旧事重提么？"

徐树铮想了想，觉得是一个好机会，便答应道："树铮倒是可以随老总同去的。只是，对国家大事，只可谓管见。言谈中有不当处，还请老总及时拨正。"

"那是自然的。你也别害怕，袁大人和咱们一样，也是有七情六欲的普通人，不是圣人。我了解他，他心宽着呢。言差语错不碍事，过点火也没关系。"

"那我就先告辞。老总走时，着人招呼一声就行了。""不在此早餐？"

"谢老总厚意。树铮最喜饮食时寂静。""那你就自便。"

风息了，白雾般的云朵还压着屋脊。地皑皑，天茫茫，雪花还在飘。气候并不严寒。

徐树铮回到屋里，心情有些激动：到济南来的第一个目的，就是想投袁世凯门下。结果碰到了钉子，花费巨大心血写成的条陈，被一个老朽一言而毁之。见袁世凯的心思轻而易举地破灭了。他曾经蔑视过袁世凯，"袁世凯算什么？连什么叫'礼贤下士'都不懂，他能办成什么大事？"到段祺瑞门下，他只敬重段祺瑞。"萍水相逢，见才而爱，这才称得起豪杰心胸！"徐树铮在段祺瑞面前，不谈袁世凯；段祺瑞向他谈袁世凯时，他从不妄加评断。现在，他要跟随老总去见巡抚了。无论昔日留下什么印象，现在都不必计较。将要相识，将要叙谈，将要对国事、对时局品评一二。这是事实。应该如何对待？徐树铮觉得"不能只是随机应变，有问才答。必须胸有成竹，必须有自己的见解。要让袁世凯知道我徐某人不是个庸才！让他知道昔日拒我于门外是错误的，应惩治那个待人不恭的老朽。"想到这里，他又轻轻地摇头："你徐树铮是太没有心胸了么？人家瞧起瞧不起你，得凭你的真才实学，得凭你的建树。有能耐，真豪杰，便在人家面前表现二三，不怕他不另眼相待！"想到这里，他重新把《国事条陈》稿子找出，又认真地斟酌一遍。对于当前形势的见解和意见，周密地思索了一番，列了几条目，这才匆匆吃饭。

落了一夜的大雪，似乎把袁世凯纷乱的思绪给净化了。早晨起来，他就让侍从传话，"署中、家中一应事务，务必在近日内清理完毕，以便应诏赴新任。"

段祺瑞领着徐树铮走进客厅时，他正在朝一个精致的景泰蓝花瓶中插蜡梅。干枯的枝头上，几朵透明的黄花。花瓶在锃亮的檀香木方盒上，虽觉单调，但还不失高雅；映着院中皑皑的白雪，那花也显得分外精神。袁世凯对花的兴致并不浓，也缺乏理花的技艺。往天，都是佣人给他添换些四时应景的花草，也多是为了点缀一下客厅或书房，袁世凯极少欣赏它们的天姿；有时心慌意乱、喜怒无常，最先遭殃的十有八九是花瓶和花。像今天这样自己剪梅、自己插瓶的事，并不多见。因此，段祺瑞便先打趣起来："大人怎么今日忽然对花厚爱起来了，好雅兴呀！"

"知道你们要来了，用这个办法欢迎，似乎更好些。"袁世凯笑了。

徐树铮是初见袁世凯，自然不便妄动。相见之后，应酬礼仪完了，他腼腆地坐在段祺瑞身边，窥视着这位红得发紫但又捉摸不透的人物。

段祺瑞和袁世凯寒暄几句，便指着徐树铮着："大人，你看他还是个白面书生，却是一位神奇的才子……"

袁世凯微笑着，点点头说："我知道，这些天，若不是琐事缠身，我早该让你把他领过来。"他转脸对徐树铮说："怎么又腼腆起来了？你还是很有胆量的么！连我的亲戚都敢冒充，对不对呀！"

徐树铮知道袁世凯说的是假借徐彦儒之名递交条陈一事，便忙解释说："学生欲见大人心急，又无良策。不过，我只想把对国事的管见早日呈达大人面前，绝无他图。"

袁世凯仰起脸，哈哈哈地笑了。"冒认官亲，该当何罪？不过，对于你这样的才子，还是应该恩外加宽的。就凭你那个敢冒，我就喜欢得不得了。要不然，就是一个统领，我也得杀他的头。"说着，他让段祺瑞坐在自己对面，然后把徐树铮拉到身边，让他坐在段祺瑞原先坐的位子上。又说："怎么样，今天不但不杀头，你还成了我巡抚府的座上客！"

"承蒙大人厚爱，学生感激万分！"徐树铮重又施了礼。

袁世凯说："听说你一夜便能写出二十余首《济南秋海棠咏》，很了不得！我特为你备了一瓶梅。今日，咱们就对着梅雪尽兴一番，我还真想再见到你的《济南咏梅》诗呢！"

"学生应该请教大人指点文章。只是大人国事在肩，日理万机，树铮不敢过于打扰。待学生明日写出，再呈指教。"

袁世凯对诗文本来也平庸得很，有时只是附庸风雅；至于流传出来的一二首所谓诗、词，大多是经过文案润色再三的。倘若真是当面要他论章评句，那真是勉为其难。所以，他并不想让徐树铮当场作出诗来。见他如此推辞，便说："也好。诗词这东西，大半要先有了饱满之情，然后还得字酌句斟。文章千古么！好，明天写就明天写。只是你别把此事忘了就行。"

"一定遵命！"徐树铮谦恭地说，"只怕文不成文，有辱大人耳目。"

"随你写。作文写诗哪有遵命的。遵命是写奏折，是写谕书、文稿。作文写诗，不必拘谨。"说罢，这才转脸同段祺瑞谈话。

徐树铮暂时被冷落了。他索性窥视起袁世凯的客厅来。一边看，一边又和段祺瑞的客厅加以对比。这里，更加阔绰、高雅了。桌椅条凳，一色乌黑明净的福建漆器，镶嵌着闪光的彩贝；那雕花，尤其精细、剔透玲珑、形象逼真；唯独八仙桌上那套茶具，竟是雪一样白的景德镇瓷，茶在杯壶中，殷红可辨。奇特的是，袁世凯客厅的条几上没有文房四宝和书画，却放着两尊古代武将的砖雕像，两像之间放一把龙泉古剑，红丝剑缨垂在几下。客厅正中悬一幅《出征图》，由于画面古老，款章已经识辨不清楚了。两旁对联为宋人黄庭坚墨迹：

运筹帷幄之中，决胜千里之外。

徐树铮暗暗地笑了："一派穷兵黩武之气！怪不得他对我条陈中'舍经武无急务'之语如此器重！这个袁世凯……"徐树铮知道对联上这两句是当年刘邦称赞张良的话，被记在《史记·高祖本纪》里。"雄心还算不大，不敢妄想当皇上，只想作人臣。"客厅里，有一件东西使徐树铮感到惊讶，那便是他在街上写给段祺瑞的《济南秋海棠咏》之一，竟悬挂在客厅右壁。虽然位置不大显眼，却占了一片洁白的地方，并且是这侧壁上唯一的点缀。"这是为什么？形式、内含与客厅的气氛都那么不协调，为什么袁世凯把它张挂在这里？"

袁世凯同段祺瑞的谈话大约是完了，他站起身来，这才转脸对徐树铮说："听说你还有个名字叫'则林'，是吗？很有意思。真是'林则徐'——

'徐则林'。好名字。"

"那是学生一时狂想!"徐树铮说,"林则徐堪称国家栋梁、民族英雄,学生怎敢类比?""比,有什么了不得!"袁世凯说,"连比都不敢,还能成什么大器?"他望望徐树铮,又说:"你那篇条陈就很不一般。我很欣赏它。已经交给人好好研究去了……""是不是交给那位朱道员了?"徐树铮耿耿于怀。

"朽木不可雕也!"袁世凯又笑了,"今天不谈这些了。有件事,我想问你个意见。姑且作为个人私事,你不必有什么介意。""学生初出茅庐,有何能耐参与大人的要事?""过谦也不好。"

"那么……学生只好从命了。"

原来,袁世凯正在为奉诏事犹豫不决,直隶总督兼北洋大臣,自然要比一个山东巡抚显赫得多。朝廷有诏,奉诏上任,天经地义。然而,如今的中枢,空洞而杂乱。老佛爷和朝廷虽然从西安回京城来了,可是一个《辛丑条约》几乎把所有的皇权都交给了外国人。朝政虚弱,各派自拉势力,直隶乃京畿护卫,为各派争夺之冲。袁世凯自感羽毛不丰,不想离开山东根据地。他进山东虽然只有两年,他的队伍——新建陆军当时只有七千三百多人,到改为武卫右军时,人马发展到两万人。山东对他有恩呀!他想再用两年时间,把兵马再扩大两倍。到那时,他便可以左右京师了。袁世凯把他的想法隐隐约约地对徐树铮说了一遍,然后说:"以你之见,该怎么办为好呢?"

徐树铮心里一惊,却没有直接回答,转脸望望段祺瑞,求援似的说:"段大人,您看此事该怎么办?"

"我的意思都向巡抚大人说了。大人是要你说个意见。"段祺瑞说,"该怎么办,你说。"

"学生阅历菲浅,胸中无数,还是请大人自酌吧。"

"我说过了么,今天不是官场论政,是私下里谈心。芝泉(段祺瑞字芝泉,因是合肥人,官场也多称他'段合肥')是我的干女婿,自家人;你又是芝泉的贴心人,有什么要顾虑的呢?说错了,也是咱们自家里的事,与朝廷什么关系也没有。你只管放心地说。怎么想就怎么说。"袁世凯很坦率,说的话一派真诚。

段祺瑞在一旁也说:"袁大人诚心待你,你就当诚心待袁大人。怎么想就怎么说，不必有顾虑。"

徐树铮心里热腾腾。也是他初生犊儿不怕虎，更加上自己有才，也想表现一番。于是，他壮着胆子，说出了自己的想法：

"山东，没有经历战争，洋人尚未插足，袁大人在这里的兵力大，威望高，发展下去，山东自然能够成为一片立足之地。不过，据学生所见，山东毕竟是中国的一隅。以一隅而牵动全局，并非易事。朝廷有诏要大人督直隶兼北洋大臣，虽局面很难，却可左右中枢。控山东而天下远，握中枢而天下归！大人若只安于作齐鲁之首领，踞山东也是个办法。但能否久安长治，令人费思。大人应有鸿鹄之志，鹏展凌云：踞直隶督署，统北洋军机，'会当凌绝顶，一览众山小'，齐鲁岂不仍是大人根基？"

徐树铮说得头头是道，袁世凯听得津津入迷，段祺瑞惊得惴惴不安。巡抚客厅里，顿时充满了剑拔弩张的气氛——

徐树铮分析过袁世凯，从袁世凯对待维新派那个事件来看，他认定袁世凯怀有野心。虽然未必到篡朝，也可知他不甘人下。八国联军入京，袁世凯是有力量勤王的，他却不动声色而热衷于在山东灭义和团，借洋人入侵之机壮大自己。此时的袁世凯，最大的盼望是控制京师，独揽军权。他之所以还犹豫，是怕目的不达而齐鲁又丧失。徐树铮想：只有激他迈进一步，实现梦想，才能获得袁世凯欢心。

袁世凯对徐树铮的高谈阔论，听起来虽然都是自己日思夜虑再三的问题，今天从一位学子口中说出，他还是感到如贯耳之沉雷。边听边暗暗点头："好一个'鹏展凌云'！好一个'会当凌绝顶'！学子所见不短！"他站起身，对着徐树铮眉开眼笑。连连说："这么说，我是要弃山东而就直隶了？"

"大人自作定夺。学生只不过管见而已。"

"有分量的'管见'。芝泉，你看呢？"段祺瑞对于徐树铮的谈论，早已由惊讶到惧怕继而妒忌了。"一个初出茅庐的年轻人，又不曾与巡抚有过交往，怎么就如此深刻地了解他？所提意见又那么气魄不凡，正中他下怀！久而久之，我段某在袁大人眼中的地位不是要被他取而代之？"段祺瑞感到徐树铮不是凡夫俗子。袁世凯要他表明看法，段祺瑞便转着弯说："树铮所见，故有道理，只是立马北上，恐有失此而不顾彼之险。可否缓一步，静观四方？"

袁世凯发家心急，不愿久等，怕夜长梦多。所以，他对段祺瑞的话不乐意听。缓缓气，踱一圈，又说："事情就这样定了吧。开春以后，咱们北上直隶。把山东交给别人好了。"他又对徐树铮说："当初，我见了你的《国事条陈》，就觉得你是个人才。若不是家丧，你是到不了芝泉身边的。"

"大人若喜欢树铮，他自然可以随时过来。"

"不可，不可！"袁世凯忙摇摇头，"你我是什么关系，我怎么会从你身边要人呢！若是那样，你和他一起过来不是更好吗？不过，我得说个明白：你可千万不能亏待他。我有难事时，你得让他过来，帮我出出主意。"

段祺瑞说："那是自然的。就怕主意出不好。"

又寒暄多时，大家共同吃了午饭，段、徐才离开巡抚衙门。

段祺瑞从袁世凯那里回来，胸中像堵了一块东西，感到闷得慌。挺挺胸想吐出去，又吐不出。他脱去长衫、马褂，又扔了毡帽，还觉得闷，渐渐地，不由自主地鼻子便歪了起来。

"我不该把徐树铮带到袁项城那里去！"他猛地这样想。他觉得，在袁世凯与徐树铮谈话之前，他已经把利害说清楚了，他是主张让袁世凯去就任直隶总督的。袁世凯总是犹豫不决。徐树铮一番高谈阔论，他竟五体投地，答应北上。这是为什么？段祺瑞约略体察到"袁世凯要与我争人才了"。徐树铮跟段才两月有余，凭他那个机灵、聪明，袁世凯是会喜欢他的，何况他的《国家条陈》早为袁世凯所欣赏；段虽靠袁，也不忘培植自己的势力。他觉得徐树铮是个人才，有大用，不能放走他。"只要徐树铮在我手下，奇计出千条，得有我段芝泉之功。若是徐扎到袁怀里，说不定我要听他左右呢！"段祺瑞狠了狠心，决定不惜一切也得留住徐树铮。

有一天，段祺瑞备了丰盛的家宴，独请徐树铮一人，要实施他"捆住徐树铮"的第一步计划。段祺瑞简装便服，脑袋上的发辫盘在后勺，那副宽宽的额头，由于兴奋，总是呈现出亮光。家宴桌上，放有两双盅筷，是按照长幼排放的。原来，段祺瑞要在这个家宴上收徐树铮为弟子。"只要他递个'门生'的帖子，谁也别想把他从我这里拉走！"

徐树铮似乎也觉察到这顿饭不易吃。他走进小客厅，没有入座，便说："老总，您是不了解树铮性情，我从不在外人家里吃饭，更拙于应酬。大人有事只管吩咐，这饭么……"

"照你这么说，饭更得吃。"段祺瑞觉得有理由留住他，"头一件，这里不是'外人家'；第二件，桌上只有你我二人，根本就无需应酬。你来了也有许多日子了，还不曾好好谈谈心；再说，我还有家事相托。你不必再推辞了。"

徐树铮受恩于段祺瑞，他怀有知恩当报之心。听了段祺瑞的一番话，觉得也不应该再说走的话了。正是他想入座的时候，定神看看餐桌、盅筷的摆设使他锁起眉来："段祺瑞摆了这样一个家宴，一长一幼。这么说，段祺瑞是必坐在长者位上，而我徐树铮要坐在幼者位上了。这是什么意思？"徐树铮站着不动，面色冷了起来："我不能入这个席。"他微笑着，说："树铮今天心情欠舒，有什么事老总只管说。饭就免了吧。"徐树铮话音深沉，面色也深沉。

段祺瑞一见徐树铮变了脸，便明白了三四分："年轻人不愿意作幼辈！"他虽然心中不快，却也不便勉强。只好故作惊讶地说："树铮，你不要误会。这是家人摆的，我没有在意。你不必介意，我来挪动挪动。"说着，便把原来放在长幼位子上的盅筷改放在宾主位子上。但他还是说了一串解释的话："我这个人，从来不大讲究礼仪什么的。人对我、我对人都如此。跟袁大人也这样。其实，论年岁，巡抚大人只比我大六岁，每次我在他家里吃饭，也都是这个坐法，坐也就坐。我可不计较。"

徐树铮心里想："你段祺瑞是巡抚大人的女婿，大人的子女均称你为'姐夫'，你的张夫人也把巡抚府第当成'娘家'。袁大人自然以翁婿礼待你。咱们什么时候有这种关系？"不过，他还是笑着说："树铮也不是个拘于礼俗的人。自幼家教极严，想更新立异，总也无可奈何。至于今天之事，树铮并未介意，老总不必放在心上。为此，我也首破素志，便在老总这里作客。"

段祺瑞知道徐树铮不会给他递个"门生"的帖子，也就作罢，只在家宴上恭请徐树铮为家庭教师，专教其长子宏业学业。从那之后，段、徐之间似乎多少留下了隔阂。

光绪二十八年（1902年）六月，袁世凯北上直隶，实受直隶总督兼北洋大臣职。不久，段祺瑞也北上保定，任陆军第三镇统制官。徐树铮水涨船高，升任镇部一等书记官。

天下最难测的，是人心。天下最难满足的，也是人心。人心这东西怪着呢！未入官场之前，徐树铮的雄心，只是入官场；入了官场之后，他就不满足于入了。凭着他的才能，他就攀比起来："段祺瑞怎么样呢？气势汹汹，腹中空空，不就是凭着手中权，发号施令么！一介武夫而已。袁世凯，堂堂的北洋大臣、直隶总督，连天时地利人和都不知，自己进退都失着，这种人也高谈'治国',也'一呼'要别人'百应'？把他头上的顶子摘去,他便是草包一个！"徐树铮觉得他的才智和勇敢都超过这些人。"我头上有了顶显赫的帽子,我比他们谁也不会差。"可是,他也感到想得太空了,"谁给你那顶帽子？谁给你地位和权力？"

徐树铮身在"段营"心在"权",他要实现他年少时所作的《对月》诗中的抱负:

冠冕一朝悲毁裂,龙蛇无数起飞鸣。

袁世凯到直隶总督任后,着魔一般地发展自己的武力。他兼任着北洋大臣,名正言顺,时时上书朝廷,请求"大练新军"。朝廷也想维持摇摇欲坠的统治,便答应了袁世凯所奏。当年(光绪二十八年)九月,编练新军的上谕终于发布了,命令各省督抚"将原有各营,严行裁汰,精选若干营,分为常备、续备、巡警等军,一律练习新式枪炮,认真训练,以成劲旅"。袁世凯手下有强大的武卫右军,他便把直隶作为大本营,以右军作为核心,大抓北洋常备军的训练。朝廷又恩准他创设军政司,来具体管理编练事务。军政司下设参谋、教练、兵备各处,袁世凯总制全军,段祺瑞等分任总办,编练新军的锣鼓便紧密地敲打起来。袁世凯又编造理由,请朝廷批准,从直隶善后赈捐项下拨款一百万元作为募练新军费用,派心腹王士珍、王英楷到直隶所属正定、大名、广平和赵州等地选募壮士六千人到保定训练。徐树铮胸有谋算,他要在编练新军中捞一把,他虽然任有官职,仍然律己甚严,与新兵共起居,"时与兵士同操作,同跑步,艰苦卓绝,志趣异人"。这样做,更受到段祺瑞的嘉许。

徐树铮一心发展自己,段祺瑞虽然器重他,但他并不满足。他心里明白,一个小小的廪生,在袁世凯、段祺瑞这样人的眼中,算个屁！何况自己又无显赫靠山。别看中国人对洋人那么帖耳俯首,中国有点儿身份的人对于中国没有身份或身份低的人,厉害着呢！徐树铮要把自己的根基扎在深处,他要去日本,要到东京的士官学校去镀镀金。

不过,除了官派之外,那个地方没有钱是去不了。徐树铮不可能为官方所派,他自己一时也筹不到去东京的川资和学费,于是他假借段祺瑞的名义致书另一个镇统制官吴凤岭,说"家中来信,欲置田产,尚缺数百元",向吴挪用。吴凤岭和段祺瑞是有极厚交情的，吴与徐树铮又是同乡，曾相叙过，也知他是段的贴心人，当即照办，给徐树铮银元五百。次年，吴、段在直隶藩台宴席上相会，无意间提及借银置田事。段莫名其妙，面有愠色，只好说："购地一事，我实不知；借银，更未曾用。待我回去问树铮再说。"

纸是不包不住火的。段祺瑞对徐树铮假名借款的事，弄清楚之后，甚为不满。"今天可以以我的名义借款，明天岂不可以以我名义借兵，后天……"这可是大事。他坐在客厅里鼻子都气歪了。想了半天，决定把徐树铮叫来，当面指责他一番，以免此类事情再发生。段祺瑞怒气冲冲地站起身来，冲着门外大叫："来人！"一个内侍匆匆走进："大人，您……"

"去，到书记官的办公处，把徐书记官请来。"段祺瑞怒气冲冲地说，"就说我有急事，请他马上就来。"

"是，大人。"内侍后退着，走出会客厅。然后，匆匆朝徐树铮那里走去。

徐树铮预感到了将要发生的事情。他知蕃台大人既然宴请段祺瑞，必请吴凤岭。段、吴见面，必提借银一事。徐树铮明白，段平时虽然轻薄钱财，那多是为了收拢人心，沽名钓誉。而今，这件事对他，不但无益，反而有损声名，恐怕他不会那样大方了。"也好，果然段祺瑞因五百银元动了怒，我便即刻偿还清楚，而后远走高飞。总不至于找不到栖息处！"他想到了袁世凯，也想到了吴凤岭。"他们还是略知我徐某一二的。"

正是徐树铮嘀咕不安的时候，有人来请。他心里一惊，但还是和往常一样，匆匆朝段祺瑞客厅走去。

徐树铮进来的时候，段祺瑞神态颇为平静。他正在吸烟，神态悠闲自在。一见徐树铮出现在客厅时，连忙起来，放下烟袋，缓步来迎。"树铮，我有急事，一定要同你商量，快进来，快坐！"

徐树铮有点莫名其妙，他认为段祺瑞又在歪鼻子呢。段祺瑞鼻子不仅不歪，还满面带笑。"难道吴凤岭没有出席藩台大人的宴席？出席了，难道他们在藩台的宴席上未曾提到借钱一事？果然不提，也就罢了，我速速筹集，奉还吴大人。"徐树铮坐下，还是不安地说："老总，您有事？"

"你坐下。"段祺瑞坦然地说，"这一阵子不见你，心里空空落落的。要说有啥事呢，也没有。只想见见你闲聊聊。"

徐树铮有点儿愕然，"难道他真的没有事？只为闲聊聊？"便笑着说：

"树铮倒有点事，早想向老总禀报一下，只是没有找到恰当的时机。索性今天谈谈。"徐树铮想争取主动。

"有这个必要吗？"段祺瑞已经看出徐树铮的心事，便想回避——

段祺瑞容人的肚量很小，谁要是因为小事惹烦了他，他便要大动干戈地报复。地位和权力欲，使他的性格在扭曲中扭曲。在发迹的道路上，他渐渐认识到升腾的道路有许多条，忍小而求大便是其中重要的一条。当年，老爹告诉他"小不忍则乱大谋"的古训，他只淡淡地一笑。"忍，那是懦夫的行为！"他在初入军营时便不能从忍。后来，他渐渐感到了忍的价值。由于能忍，同时也感到目光远大。他能于街头一眼发现徐树铮，而且会盛情厚待他，就证明他段祺瑞有眼力。而今，事过一年，徐树铮把件件事情都办得妥妥帖帖，有时办得竟超出了他的意想。蛊惑袁世凯北上就任直隶，徐树铮的见解就比他段祺瑞的高明；段祺瑞不得不从实践中认定徐树铮有奇才。段祺瑞派人去找徐树铮之后，他端起铜制的水烟袋，一边喷吐着云雾，一边便强忍着自言自语："树铮不就是挪借了五百大洋么？五百大洋又算得了什么呢？皇上买平安，一个《辛丑条约》本息就是九亿八千万两白银，还得落个'丧权辱国'的骂名。我段祺瑞因五百大洋失去身边一个人才，那太不值得！"段祺瑞冷静了，他告诫自己："徐树铮是人才，比五百大洋价值大！"因此，他改变了初衷。

徐树铮却不想改变已经决定了的事。他还是如实地说："前些时，内人夏红筠意欲东渡就读，我手中一时拮据，便以老总名义在吴统制吴凤岭大人那里暂借五百元，以作应急。内人因琐事缠绕，一直未能成行，我正想拜托老总将此款还给吴大人。此事是以老总名义，实属不妥。"

段祺瑞笑了："噢，五百大洋，不就是借五百元么？那吴凤岭怕是早忘了。要说奉还，也无需你破费，我不过出张支票就完了。你既有急用，就留在身边吧，不介意的话，就算我资助红筠求学如何？吴大人那里，以后就不必再提此事了。"

徐树铮听段祺瑞如此说，虽然感到意外，但还是深表谢意地说："承蒙老总厚爱，我代贱内向老总深深致谢！"说着，起身鞠了一躬。

段祺瑞一见徐树铮施了大礼，便说："树铮，你这不是见外了么？万万不可。"人情既送了，段祺瑞便想不如把人情送到底！于是，又笑笑说："树铮，这许多天，我在想一件事，今天还未决定，想同你商量一下如何？""老总只管吩咐。"

"不是吩咐。"段祺瑞说，"是想要你照办。""那就照办。"

"我想让你去东京留学。东京的陆军士官学校，还是当今的名牌呢！不知你乐意去吗？如果你乐意，我自然为你去办官费。"

徐树铮有点儿惊慌起来——本来想着这回有一场冲突，假借名义借款事熄灭了，徐树铮对段已感激不尽，不想，他又给自己一个梦寐以求的机会去日本学习。他感到事情来得太突然，突然得不知如何对待是好。他迟疑着，惊慌着，竟没有表示态度。

段祺瑞不急不躁地立起身来，转过背去，语气有些忧伤地说："树铮，平心而论，我是一刻不愿让你离开我的。有你在，我心里实实在在，觉也睡得甜，碰到什么大事都不慌神。你要是真的走了，我会咋样？"他声音有点哽咽。"不能让你走呀！"他转脸对徐树铮说："人是应该有远虑的。将来中国之事，项城必挑大任，你我都必须倾尽心力。可现在，又不可避免地要论资排辈。更可恶的是，崇洋媚外成风，又不能不崇。树铮，我送你去日本士官学校，你得理解我的心呀！你想，你几年后回来，资深根固，就可以大展鹏翅，作为一番。你说对不对？就这样定了，你我都别犹豫了。"

徐树铮虽然觉得段祺瑞高妙地收买他，但他却觉得这种自我"出卖"十分值得。"只有这样，我才能首先自我翅硬起来。后来怎么样，后来再说。"他站起身，恭恭敬敬地给段祺瑞鞠了躬，然后说："树铮得到老总如此厚爱，终生不忘。今后有生之日，便是报效老总之时！"

段祺瑞忙去阻拦："何必如此，岂不见外了。"

不久，徐树铮便离开段祺瑞，告别家人，东渡日本。

——此去五载，为他在北洋群魔中争雄打下了坚实的基础，从此他成了天下共知的"北洋怪杰"！

第四章
奇才初展："请立共和"

徐树铮离开中国去日本留学之后，中国的北方、南方都发生了极大的变化。

北方，清朝的北洋大臣袁世凯，在保定，经过两年的编练新军，再加上各省督府的常备、续备、巡警等军，实际上已经控制了整个中国主要的兵力。到光绪三十年（1904年），他在保定建立的北洋常备军"已相当强大。他在保定选募的六千精兵，编成北洋常备军左镇，后来改为第一镇；他把山东、河南、安徽招募的新军编成北洋常备军右镇，后来改为第二镇；再从河南、山东、安徽招募新军，编为北洋常备军第三镇；把山东带来的武卫右军及各标营合并，编成北洋常备军第四镇；在山东武卫右军先锋队十二营的基础上，再调其他镇的兵及炮营，又补充山东新招募之兵，编为北洋常备军第五镇。到了光绪三十一年，袁世凯把他的兵力再度组编、扩大，改名北洋陆军，共编六个镇。这六个镇是：由铁良任统制的第一镇，驻京北仰山洼；由王英楷任统制的第二镇，驻永平及山海关附近；由段祺瑞任统制的第三镇，驻保定；由吴凤岭任统制的第四镇，驻马厂；由吴长纯任统制的第五镇，驻山东济南、潍县；由王士珍任统制的第六镇，驻南苑。至此，北洋军阀的武装已有九万人，成为清王朝新军的主要武装。

袁世凯羽毛丰满了，朝廷也不得不另眼看待他了：除了直隶总督兼北洋大臣之外，朝廷又给了他参预政务大臣、督办山海关内外铁路大臣、政务大臣、督办天津至镇江铁路大臣、督办商务大臣、督办电政大臣和会办练兵大臣等八个大臣的头衔。声势显赫，权倾内外，远远超过了当初红极一时的曾国藩和李鸿章。朝中其他大臣均感到了不安，连御史王乃徵也在奏折中骂他是"爪牙布于肘腋""心腹置于朝列""党援置于枢要""欲举吏、户、兵、工四部之权一人总摄，群情骇异，谓疑于帝制自为，倚信至斯，可谓古无今有"。

袁世凯虽然兵多势大了，但袁世凯毕竟入不了清廷的"家庭"，他充其量只能是爱新觉罗氏的一个卒子，生杀予夺的大权仍在清廷手中，朝廷可以随意调动袁世凯的职务。1908年慈禧病逝，醇亲王载沣摄政，朝廷便借口他有"足疾"而"罢黜"他回原籍休致。袁世凯一度倒了下去。

再说中国的南方：南方的广东省香山县出了个能人叫孙中山，毕业于香港西医书院，一度行医。1894年赴京上书李鸿章，主张革新政治，被李鸿章拒之门外。他一怒之下，跑到檀香山组织兴中会，1900年曾联合广东的会党举行起义。失败之后他东渡日本，把他领导的兴中会和华兴会、光复会联合起来组织了中国同盟会，他被推为总理。同盟会确定的纲领是"驱除鞑虏，恢复中华，创立民国，平均地权"。孙中山领导的同盟会从成立就把清王朝当成主攻目标，决心推翻它，来实现建立共和民国的大业。孙中山领导的革命党不断壮大，革命党的革命军也不断壮大。这个军由南向北不断发动武装斗争。终于在1911年10月10日在武昌举行了的起义，即"辛亥革命"。

革命党组织武装起义之时，正是袁世凯被黜过闲居生活的时候。袁世凯不甘心被黜，但又不能不装腔作势：他从北京先到卫辉，又到彰德。一到彰德，就让儿子袁克定把洹上村房屋修缮一新，自己取了个《养寿园》的名字，买了渔竿、蓑笠和乃兄一起过起了轻舟垂钓的生活，并且拍了照片，广泛炫耀，借此表示自己"永远隐居，再不涉世"。

其实，这也是袁世凯做的一点小手脚，是专门做给朝廷看的，是想向朝廷表明："你放心吧，我袁某不会不安分的。"袁世凯心里明白，他离京的时候，朝廷命步兵统领派了个叫袁德亮的武官"护送"他回籍。朝廷是以他"脚上有病"为由把他"开缺回籍"的。其实，是为了收回他的兵权，又怕他造反才派人"护送"的。

袁世凯走了，革命军起义了，王土一片危机，朝廷束手无策了：要维护统治权，就得使用武装力量，武装虽不少，但大多控制在袁世凯手下人的手里，袁世凯又被罢黜送回原籍了，谁也不能指挥这个军队。朝廷为难了，文官武将也无解难之法。商量再三，万不得已，只好发了一道圣旨，在袁"决心"当钓翁时复了他的职，并且升他的级，任命他为内阁总理大臣！袁世凯是个讲交情的人，当了总理之后，不忘部下，不久，便任命段祺瑞为第一军军统官。这些事都发生在徐树铮出国留学时期。徐树铮在日本过了五年，回来时，段祺瑞正任着江北提督，段便任命徐树铮为兵备处提调。在段升任第一军军统官时，徐树铮便升任了第一军总参谋。水涨船高，一荣俱荣。

当上总理大臣的袁世凯，兴奋过度，忘乎所以了，他哪里知道朝廷加封他的时候，除了革命党的逼迫，另外还有一个阴谋：是命他当替死鬼，当挡箭牌的。袁世凯上任不久，他恍然明白了——原来清廷迫于革命党的汹涌大势，要消灭革命党。消灭革命党，根本不可能；让出政权，又不愿意。便要了个缓兵计，要和革命军议和。议和得有作主的人，袁世凯是内阁总理大臣，当然成了清政府的全权代表。袁世凯想："清王室给总理大臣的桂冠，原来是要我当替罪羊：革命党若是打垮了朝廷，我袁世凯是罪人；朝廷有幸苟延残喘，王权仍在朝廷，到那时又会把我踢开！"是进是退，是继续忠心报效朝廷，还是倾向革命？袁世凯六神无主了。他这个总理大臣实际上也可怜得很，孤独得很，朝中能助他一臂之力的没有几个人。这时，他想到了段祺瑞："只有芝泉了。困难之际，他会帮我，他能帮我。他身边还有个徐则林。"

他决定找段祺瑞商量。在他命人去找段祺瑞时，特别嘱咐："务必把徐树铮请来。有要事商量。"这是1912年3月的事。北京城已是冰融雪消、杨柳吐绿的时候。袁世凯的总理府里，洁白的玉兰花在枝头迎风摇曳，刚披上嫩绿新装的树丛中传出婉转的鸟语，一片盎然春意。

段祺瑞进总理府是不需禀报的。他率领徐树铮匆匆往里走去。走进院落，猛然感到不对劲：往日热闹非凡的院落里，今天冷清清的，连总理小客厅的门也半开半掩。过去他进总理府时，总是有一两位内侍远远地迎上来，响亮地问声好，而后头前带路。而今，连这样的应酬接待人也不见了。幸亏段祺瑞路熟，不必询问，他便直接走进小客厅。

段祺瑞看到袁世凯时，不觉一惊，袁不似往日那样大咧咧、坦坦然然的了。平时他或笑或怒，都朗朗有声，不吞不吐。而今天，他低垂着头，紧锁着双眉，缓缓地在那片小小的天地上踱步子、打圈圈，还不住地轻轻叹息。段祺瑞站定之后，轻声叫道："大人，您好！"袁世凯转脸只点点头。段祺瑞依照习惯给袁世凯行了个翁婿礼，然后不声不响站在一旁。

徐树铮给袁世凯行了常礼，递了一个"晚愚"的名帖，也立在一旁。

袁世凯定定神，仿佛才明白面前的一切，才恢复了正常人的态度。"都是自家人，不必拘常礼了。你们都坐下，坐下。"

段祺瑞和徐树铮先后入座，有人献上茶。袁世凯向献茶人摇摇手，献茶人轻步退了出去。袁世凯这才开门见山地说："这两天，不知怎么的，我的心绪很不好，像是入五里云雾之中了，弄得六神无主。请你们二位来，是要你们帮我想个解救的策略。"他停了停，又说："芝泉，眼下的情况，很是叫人烦恼。我得慎重思索思索。我觉着到了万分紧迫的时刻了，事情极为复杂……"

袁世凯在段祺瑞面前，总是以老子自居，说话大哩大气，满口指令，从不呼名叫号，更不加"请"字。今天一反常态，一句呼一声段祺瑞的雅号，不停地附加"请"字，态度尤其和蔼可亲，把段祺瑞也弄到五里云雾中去了。他连连说："大人，无论是国事还是家事，祺瑞跟大人都是一体的，荣俱荣，辱共辱。大人所虑之事，祺瑞自应肝脑涂地。有什么事，你只管明示，我不会不尽心的。"

……

段祺瑞的话，没有引起袁世凯多大兴趣，他激动不起来，眉头依然紧锁——发兵消灭革命党，袁世凯本来就是这样想的，也是这样做了的：他手里有经过训练的、装备优良的六镇九万人马，又雄居天心，一呼百应，发兵消灭革命党也名正言顺。可是，兵是发了，革命党就是消不灭。孙中山武昌一起兵，清王朝的大片大片王土被吃掉，转眼间连金銮殿都摇摇欲坠。袁世凯明白了：革命党不是那么好消灭的。"若是发几路兵马就可以消灭得了，朝廷上下也不至于如此烦恼。"他觉得段祺瑞有些轻率。若是往日，他会毫不客气地把脸绷起来，责备他几句。今天，他不责备他，觉得徐树铮在一旁，"在他的部下面前去责备他，岂不连他的尊严也不顾了么？我不能那样做。"袁世凯只微微一笑，没说可否。

袁世凯转脸看看徐树铮，见他正手扣着茶杯，轻轻地摇晃，手指在杯壁上有节奏地敲点着，双目微闭，似笑非笑，仿佛正在欣赏一曲优美的音乐。

袁世凯心里一动："人说徐树铮奇才过人，难道他对此事另有高见？"

袁世凯微笑着对徐树铮说："则林，你看这件事该怎么办才好呢？"

徐树铮微微笑，没有回答。"不必有虑么，"袁世凯说，"你还是很有头脑的，又有勇气。拿出当年呈递《国事条陈》的精神，发表发表高见。"

徐树铮望望段祺瑞，仍然没有开口。

——徐树铮并不是无话可说，而是胸有成竹。徐树铮在日本五年，除了军训之外，他还认真研究过日本的政治，也研究过欧洲、美洲和大洋洲的政治。对于世界潮流，他掌握了一二。他知道民主是当今世界的主流，共和是人心所向。民主、共和是人类进步的表现。但是，中国一时无法实行。从日本归来，孙中山领导的革命，使他大大地吃了一惊："孙中山掌握了世界潮流，并且身体力行，适应了这个潮流。这是一个不一般的人物。"他又认为孙中山不一定能够成功，他本人更不希望孙中山成功。"孙中山的革命党要是成功了，他是主张建立民主共和国的，我们这群帝制的老少岂不均在革除之内。"徐树铮毕竟从东西方的大潮中学到了点使头脑清醒的东西，结合孙中山的实力情况，他自然有自己的看法。不过，袁世凯是先征求段祺瑞意见的，段祺瑞已经说得清清楚楚，段祺瑞的意见徐树铮虽然认为不妥，可又不能不尊重段，他兵大气粗，刚愎自用。所以他笑而不言。

段祺瑞见徐树铮不说话，心里轻蔑地想："徐树铮毕竟书生气重，带兵闯天下的事经历太少，说不出什么高见。"于是，他轻蔑而又谦虚地对徐树铮说："又铮，大人刚才还说，咱们是一家人。一家人不必拘什么礼仪，不必有顾虑。你对这件事看法不成熟也不要紧，说出来咱们再商量么！"

徐树铮这才把茶杯放下，挺了挺胸，说："既然两位大人都如此厚爱树铮，我也就坦率地说说自己的意见。"

"这就好！"袁世凯说，"有什么想法就直说，这才算同舟共济。""我看哪，"徐树铮望着段祺瑞说，"段大人的意见，也不失为一策……"

话未说完，袁世凯又插话："芝泉的意思我明白。现在我是在听你的意见。你和芝泉毕竟是两个人、两个心、两个脑袋。两个脑袋怎么会想得如此一模一样呢！"

徐树铮觉得袁世凯比段祺瑞高明，头脑还算清醒，对当前形势也看得比较实际。他知道自己说话的好时机到了。这时候说话，袁世凯是会认真听的。徐树铮这才站起来轻移脚步，来到袁世凯面前，侃侃而谈："依我之见，兴师讨伐，是不必要的。因为伐不了。不仅不可兴师问罪，而且还可以更进一步……""怎么进？"袁世凯急问。"向朝廷进谏，请立共和！"

"怎么说……"袁世凯陡然站起。"立共和……"段祺瑞也陡然站起。

客厅里，本来还算平静的气氛，一下消失了，继之出现的，是紧张，是惊讶，天地也昏黑起来。袁世凯惊慌了，段祺瑞惊慌了，仿佛革命党已经打进了北京，占领了紫禁城。

惊慌一阵，袁世凯似乎感到失态了。他缓缓地坐下，用手去端茶杯，手还有些颤抖，水溅了出来，把衣襟洒湿了。

段祺瑞没有坐，他像饿急的豹子一样，就地打转转。半天，才焦急地说："立共和？立什么共和，怎么立？立共和有咱们什么好处？嗯？……"

"还是让则林把意见说出来，咱们听听。"袁世凯故作镇静。"无须忧虑，"徐树铮胸有成竹地说，"树铮自有树铮的见解。""请讲！"段祺瑞冷静了。

"议和自然非咱们所愿，也不是咱们所求，更不是长久之计。"徐树铮不急不缓、一字一句地说，"再说，革命党也未必接受。革命党不是大喊共和么，共和诚为当务之急，潮流所向。缓冲之计，最好的办法是顺应一下。"

袁世凯紧锁着的眉舒展了一下，但很快又锁了起来。他有些为难：说真话，袁世凯对共和是思索过，也颇发生了点兴趣。他赞同徐树铮的"缓冲说"。但是，"清室的总理大臣，顺应革命党的潮流，向朝廷进谏共和，这能行吗？朝廷会接受吗？国人会怎么说？世界……"他叹息一声，沉默下来。

徐树铮看透了袁世凯的心思。他自己也知道，此时此刻让袁世凯以"总理大臣"的身份进谏朝廷实行共和，他是绝对不会干、不愿干的。朝廷并不十分喜欢他。"恩准开缺，送往原籍"，那是冠冕堂皇的话，其实是削他的兵权，怕他不驯服，才又派人"护送"。只是因为形势紧迫了，朝廷才又重新起用他。若是他出首进谏，岂不表明他袁世凯与朝廷为敌到底了么！所以，徐树铮不得不慎重地考虑第二步——怎么谏？

"大人，此事您不必忧虑重重，树铮既想出，自有妥善办法，您尽可以高枕酣睡！"徐树铮说。

袁世凯又一惊。瞪了一下吃惊的双目，没有说话。

段祺瑞沉不住气："树铮，你说具体点。这可是至关重要的大事"。

"至于如何请立？"徐树铮坦然地微笑着说，"自然要避开内阁和总理大人，我想此事既然是革命军所造成，何不以前线军官之名，进谏朝廷？成，战火熄灭，国人平安，则二位大人当居首功；败，则因军人所谏，无非以'军不从君'之罪，惩办几个军人。到那个时候，总理大臣岂不进退自如。难道朝廷还会不听总理大臣的？！"

徐树铮的话，犹如一阵飓风拨去了笼罩在袁世凯心头的云。袁世凯一向都依据"既能飞黄腾达，又没有风险"的原则办事。议和本来是他和朝廷直接接触的事。圣谕他不能违，潮流他无力挡，议和进退，他袁项城都负有不可推卸的直接责任。这些天，他愁便愁在这个问题上。徐树铮的这个"以前线军官之名，进谏朝廷"的意见，无疑是一剂最好的灵丹妙药。他不仅可逃罪脱险，还有利可图。"徐树铮果然当今奇才！"他心里这么想着，身子也不由自主地站起来，甩了甩朝廷赐给他的马蹄袖朝服，扶了扶闪光的顶子帽，拉出一副"迎接圣驾"的仪式似乎要行大礼。

段祺瑞一旁轻轻地"咳——"了一声，袁世凯如梦初醒，微笑着说："妙，妙极！则林奇才，此意甚高！好，请你们立即行动。"

段祺瑞也说："树铮这个意见，我看是可以照办的。战则不甚有利，不战又不行。议和能成功，仗是可以缓下来了。有了时日，就有了退路。好，是个好办法。"

袁世凯是个翻手为云、覆手为雨的人，他总怕别人对他也翻云覆雨。徐树铮为他出了个绝妙的主意，他又怕出了个主意之后两个人甩袖子不管了。

"则林，"袁世凯急不可待，"你就在我这里起草电文，咱们也好酌斟酌斟。"徐树铮还没有表明什么态度，袁世凯又对段祺瑞说："芝泉，既然则林的主意是好的，就这样去做吧。你也在这里不要走了，商量定稿，然后再看看由哪些军人联名，马上发电报给他们。"

段祺瑞是唯袁世凯马首是瞻的。他马上点头答应。便守在徐树铮身边，和他一起推敲文稿，一起商量署名人选。

袁世凯是总理大臣，又是军队的首脑人物，清廷的军队几乎全由他指挥，他要怎么办还不是一办就成。不用多少时日，前线军官已大多回电，表示"愿意听从总理安排"。于是，1912年1月26日，一个由第一军军统官段祺瑞领衔，携同前敌各路将领姜桂题、张勋、曹锟等四十二名将领署名的"请立共和政体"的电报便送到了朝廷。

……

孙先生的革命本来是成功了的。他应该按照共和政体去建造这个国家，然而，他没有这样做。正如后来的史学家所说的，孙先生还只停留在资产阶级民主革命阶段，革命不可能有彻底性。所以，在皇帝宣布退位，袁世凯出面和他议和时，他采取了妥协主义。临时大总统做了不到两个月，便让给了袁世凯。

袁世凯当了临时大总统之后，昏昏然，纷纷然，天天大宴，日日庆贺，从早到晚，灯红酒绿，醺醺大醉。段祺瑞也昏昏沉沉地跟着热闹。

徐树铮可没有"热"，他不去参加宴会，也不去道贺。袁世凯成为临时大总统那一天，他把门闭起来，心事重重地胡思乱想，觉得似将大祸临头。袁世凯当总统，段祺瑞居头功。"没有四十二将领的'请立共和'进谏，袁世凯怎么会有今天？"可是，段祺瑞这一功要不是徐树铮出主意，他一个武夫会想得出？当时还不是袁世凯把此事一提出，他就主张发兵消灭。要是真的动了兵，还不知道是革命党吃了清兵，还是清兵吃了革命党。说到底，袁世凯的今天，是他徐树铮的功劳！

徐树铮有预感，觉得他不会得到奖赏："历史上有多少人，一旦得地了，总是首先戮杀功臣！袁世凯会不会也这样做？！"这种预感渐渐地变成了现实：袁世凯当大总统之后，只顾庆贺，受礼，连对段祺瑞的官职都不提一提，这不是迹象吗？到了第五天，徐树铮再也忍不住了，一大早便匆匆赶到段祺瑞的小客厅。段祺瑞正穿礼服，准备出席宴会。一见徐树铮，便说："树铮，这两天你怎么总是不照面？"

"没有事情做。"徐树铮说，"看你们都在兴奋中，我怕扫了你们的兴。""嗯？这是什么意思？"段祺瑞陡然挺了挺脖子。

"没有什么意思。"徐树铮平静地坐下来，又说，"这两天，我忽然想起了一个故事：有这么一个猎人，他对他的猎犬本来爱惜如命，后来，他忽然杀了它，加上调料，煮熟吃了。一边吃，一边说香！你想想，这个猎人，为什么要杀爱犬呢？"

"那是因为它逮住了兔子！"段祺瑞脱口而出。

"猎犬逮住了兔子，应该得到奖赏。为什么遭烹？"

"这……"段祺瑞冷飕飕地打了个寒战。"难道你我会被……"他坐在太师椅上，失神了。穿在身上的将军服，连钮扣也不曾扣齐，军帽和武装带都在一边放着。

徐树铮紧追着问："老总，您还记得吧，早些时候咱们动员军人联名进谏时，袁大总统是什么态度来着？"不等段祺瑞开口，徐树铮又说："那时候，他说：'只要能稳住总理大臣这个位子，你们就立下了汗马功劳。第一件事，我就论功行赏，加封晋级。'当时，他并没有说成功之后先为他自己庆贺。现在，不只是稳住总理大臣的位子，而且登上临时大总统的宝座了。我想问你一句话，他可曾对你说过什么时候加封晋级？"

"不要说了！"段祺瑞清醒了，感到被戏弄了，"我现在就要去找他。问问他大总统凭什么当的？"

"何必如此迫不及待，那不表明咱们太没有心胸了么？"徐树铮平静了。他知道段祺瑞被他说服了——几年来，徐树铮对段祺瑞十分了解，知道他粗鲁又刚愎，但也颇为耿直、勇敢。他认定了的事，会一干到底。徐树铮平静地说："现在去找他，那不是等于向他讨封去吗？""那你说怎么办？"

"不去讨。"徐树铮很有把握地说，"要他来找咱，把当初许的愿送上门来。"

"他会送？"

"不送也得送！""什么办法？"

"把军服脱下来。"徐树铮说，"就在这个房子，摆上棋盘，我和你对弈下去。不用三天，他大总统必定上门！"

段祺瑞眯着眼睛，偏起脑袋，沉思起来："嗯，我段某人不出面，他大总统的庆贺，宴席都得失色！我三天不出门，他大总统就坐不住！"段祺瑞猛起身，把上装脱下，朝旁边一扔，大声说："拿棋来，我要和又铮鏖战三日！"

袁世凯仍在兴奋的欢宴之中。今天，他接受各国使节的祝贺，摆大宴于怀仁堂。几天前他就命人把那里布置得富丽堂皇，宴会前一个半小时他便赶到那里，一处处亲自过目，直到他处处都心满意足了，才去休息室小坐。

前几天，差不多都是段祺瑞最先到场，然后帮他操持直到安排仪式。今天，他坐下许久还不见段祺瑞的面，心急了："芝泉怎么还不来？"他觉得段祺瑞不会以任何借口不到场。使节先后到场了，袁世凯出来迎客，段祺瑞还没有到。他着急了："他为什么还不到？"

袁世凯是大总统，大总统得有架子，要人保驾；大总统得有风度，该表现的时候得会表现。这两件事都离不开段祺瑞。几天来，段祺瑞为他鞍前马后抵挡了许多阵，他袁世凯过得很轻松。今天，段祺瑞不见了，袁世凯心里慌；徐树铮也不见。"那个徐则林哪里去了，好像几天也没见着他。"他心慌张了。冯国璋来了，王士珍来了，这是袁世凯的三大支柱之二。冯国璋思索不敏，比较起来，王士珍比冯璋强，比段祺瑞也强。于是，袁世凯把王士珍叫到面前，焦急不安地说："你见芝泉了吗？芝泉怎么没有来？"王士珍想了想，说："是啊！芝泉怎么还没到？难道有急事？"

"什么事也没有这里当紧！"袁世凯说："有事也得推迟办，不能误了这里。"

王士珍说，"等一刻，会来的。不来我再派人去请。"

王士珍目前和段祺瑞的地位相当，段是由第三镇统制擢升军长，王是由第六镇统制擢升军长。虽然在袁世凯的天平上不如段重，但王也是一个举足轻重的人物。王士珍见段不到，便顶替了段的角色。这场接待外国使节的宴会总算平平安安地过去了。

宴席散了，袁世凯还是不见段祺瑞的影子。他有些发怒了："这个段芝泉，居心何在？"

王士珍表面上很平静，心里也很急。但还是说："问问清楚再说，芝泉怕是有十分火急的事。不然，他不会不来的。"可是，心里又想："纵有十分火急的事，也得后推。芝泉此举，非合一般情理呀！"

袁世凯"登极"之后，没有把封官晋级的事安排及时，王士珍也是心里嘀咕的，只是他不说，他有耐心等待。段祺瑞不出席宴会，王士珍猜着三四分，他也想趁机表示一下。所以，在袁世凯发怒时，王士珍不轻不重地说了话："如今，大事已成定局，虽还署临时之衔，只不过暂时过渡，民国大总统，非阁下莫属了。不过，话还得说回来，革命党还是不能忽视的，国民政府正式组成还待努力。总统对于组府的安排，还是宜早不宜迟，大家都有个名正言顺的名分，以后事情也就好办了。"

袁世凯恍然大悟。"这么说，芝泉是嫌我没有加官于他而有情绪？"

"芝泉不至于如此。"王士珍说，"他和你的关系，谁人不知。在别人，也许如此，芝泉是绝不会的。"

"我也觉得他不会。"袁世凯说，"至于说组府之事，我是该早宣。这样吧，明晨咱们开个紧急大会，我来宣布组府安排。"

第二天，段祺瑞便被任命为陆军部部长，徐树铮被任命为陆军部次长。

至此，徐树铮在中国土地上成了显赫的人物。

第五章

"大元帅"与萧墙之祸

徐树铮做了陆军部次长那年，他才三十二岁，一副标致的模样，满面春风得意，行坐那姿态也不一般起来。早年心理上对段祺瑞的疙瘩，从东渡扶桑那天起便冰消雪融了，而今做了次长，反而对段更加感恩起来："没有合肥的济南知遇，没有合肥的相荐东渡，纵有才华五斗，还不是'老了英雄'。"徐树铮自恃才华比段祺瑞高，但他不得不承认没有段合肥的厚爱，是腾达不起来的。因而，他决心为合肥效力到底，并且死心塌地。不久，朝野上下便风言风语四起，说徐树铮是段祺瑞的"小扇子军师"，是"合肥魂"。

把世界上的事情看成一成不变的人，总是跟不上潮流。徐树铮对段祺瑞忠心了一阵，心里就不那么实在了。他对段有过比较认真地解剖，他觉得段祺瑞将才倒是有点，帅才就不足，治国安邦的能耐更加不足评说了。"对于这样的人，靠一阵还可以，永远靠下去，就会成为束缚自己的绳索。"于是，徐树铮便一方面追随段祺瑞之后，一方面筑自己的巢穴。首先，他从掌握的军费中拿出美金九十三万，在美国购得一套制造枪械的设备，在河南巩县开办了一个规模可观的兵工厂，打算两三年内武装起一支自己的强大部队。他早有这方面的准备。他在东京士官学校学习的时候，就对日本最先进的武器作过研究，并且细心地收集了许多图纸。他还通过日本朋友，弄到一批欧洲武器的图。这一切，他都没有外传过，连段祺瑞他也不曾告知。他本来想作为一批奇货囤积起来，待价而沽。现在，他不必等待了，兵权在握，可以名正言顺地为己所用。徐树铮在巩县办兵工厂，一切都亲自安排，十分妥帖之后，连中岳庙、少林寺和嵩山都懒得去看看，便匆匆赶回北京，办他的另一件大事——徐树铮因购买美国机器得到价值九万多银元的佣金，他用它作为基金，在北京办了一所正志中学和一家平报馆，来为自己作人才准备和舆论宣传。他同样是事无巨细，亲自抓好。他的用心，在他后来《赠正志诸生》的两首五言律诗中说得清清楚楚：

其一

敛才宜就范，道德发文章。

莫恃聪秀华，空嬉岁月长。

古今都倏习，贤智亦荒唐。

惟有千秋业，名山不可忘。

其二

匹夫兴亡责，不后不我先。

群儿竞逐逐，君子独乾乾。

大道直如发，千钧任一肩。

鸡鸣天欲晓，珍重祖生鞭。

做了临时大总统的袁世凯，忘乎所以地庆贺一阵子之后，终于冷静下来了。他在书房里静思慎虑，猛然间又想起了段祺瑞向他"讨封逼宫"之事，一下子又气怒起来："段芝泉也太不识抬举了，我何时亏待过你？你凭什么青云直上？没有我袁慰亭的提携，清廷会瞧见你了，将军之中你称得起雄……"他想立即把段祺瑞找来，当面训斥他一番，然后让他拜倒在地，服服帖帖。他欠了欠身子，又懒瘫瘫地坐下。"不行，段芝泉毕竟是兵权在握，财大气粗，万一他不听我的，硬顶虽不至于，今后'军不从君'，我这个大总统岂不成了傀儡！"袁世凯呆了，他手扶在八仙桌上，头勾了起来，喘气也有些儿不均匀——

袁世凯嫉贤妒能，素来坚持防人之心，即便是段祺瑞，他也从不放弃怀疑，轻则不用或用而不放手，重则黜废。他的部下常常不知何故便被开了缺。此外，他平生还笃信曹操的格言："宁教我负天下人，休教天下人负我！"现在，他的这种信念自然是更坚定了："我要收回段祺瑞的兵权！"

其实，这也容易，以大总统身份随便找个理由，还不就免了段的陆军部总长职务。不过，袁世凯又没有那样做。因为，中国的形势逼着他不敢那样做：革命军日益壮大，北洋系的内部分裂也在逐步明显。虽然他袁世凯手中有一批文臣武将，但是，段祺瑞毕竟影响非同一般，他手下的兵将能够左右大半个中国，尤其是北京城，再说，这个人也不是好制服的。

袁世凯为难了：茶不饮，烟不吸，头不抬，紧锁着的双眉展也展不开。他本想仔细地欣赏一下各地、各国为他荣任"中华民国临时大总统"而送来的珍宝和贺章，现在也无兴趣了。他想找王士珍来商量一下，一想到早几天王士珍也附和段祺瑞"讨封"，便摇头："不成大器！"最后他决定找冯国璋——那是他的膀臂之一。

冯国璋，字华甫，直隶河间人，武备学堂出身，是当初袁世凯的得力助手；曾经在湖北一带镇压革命军。袁世凯能当大总统，冯国璋也算得有汗马功劳：镇压革命势力，冯国璋有功；袁世凯当上大总统之后，根据袁的密示，冯国璋又一通一通发出通电，促使国会解散，攻击责任内阁，主张实行总统制，这才使袁世凯"以无限权能展其抱负"。现在冯国璋是江苏督军，领着"宣武上将军"的头衔，左右着大江南北，说话、做事都有举足轻重的影响。人虽内向沉默，肚里的"锦囊妙计"却不少。早几天他偕同少夫人周道如刚到京，还不曾去拜见大总统。听说袁世凯急着要见他，便匆匆赶到总统府。"华甫，"袁世凯把焦急压入心底，一见面，便若无其事地说，"我本来想着大事完了便南下，你在京中，我就不急着成行了。有许多事情想同你单独商量。"

冯国璋说："本该早回江苏任上。我也感到有些事要向你禀报。"

"好，好。"袁世凯怕把话题扯远了，忙摇手阻止他——他总是那么傲慢，任何人在他面前，都得听完了他的话而后才可说自己的话。"以后安排时间，咱们好好谈南方的事。现在，我这里有件急事，等着落实一下。我想得不扎实，特请你来出出主意。"于是，他把自己的顾虑、担心和为难都说了出来。然后说："我不是对谁不放心，我是怕权力分散，将来各方掣肘。重任是咱们大家挑的，我为首，设若误国误民，咱们就无地自容了。"

冯国璋听明白了，内心有点吃惊："什么'误国误民'，还不是怕大权旁落！袁世凯总是对人不信任！"不过，他不好流露此番心情，便说："当初，各方不是都赞成总统制么？既赞成，便必有个'总而统之'的意思，怎么会再出现异变呢？今日之计，似乎应当行使总统职权。从这一点着想，你尽可以说个意见，也就行了。"

冯国璋不敢说明进退，他既怕大总统借刀杀人，又怕群僚共同反感，所以他只说了个似是而非的意思。袁世凯不高兴了："我是让你说个意见，你却让我'总而统之'。总而统之谁人不知，何须你提醒？"不过，袁世凯并没有把这层意思说出口。"冯华甫似是而非，也有他的难处，祸从萧墙起，都是亲骨肉，究竟怎么办才好，一时谁也说不妥善。"袁世凯微微一笑，说："话是这么说，总统跟皇上，总不是一回事。咱们不是提倡民主、讲究共和么？这就不能一言九鼎。你说呢？"冯国璋点头，说："是的。头脑都得有新潮。不过，新潮也得有中流，有砥柱，有首领。群龙无首也不行。"

"我倒是想过一项办法，只是还不成熟。"袁世凯说："不妨先说出来，你思索一下。可行呢，则行，不可行呢，再另谋他策。""好，好。属下愿听。"

"早几天，同外国使节交谈，觉得人家有些办法，是比较先进的。尤其是军队，不分军种、建制，统一由大元帅指挥。"袁世凯停顿一下，望望冯国璋，想从他脸上窥视出对这个问题的态度。他见冯国璋微笑，虽未点首，却也看出是赞成的。于是，他态度坚定地说："咱们既然实行了共和制，成为民主国家，我看也可以实行大元帅统领军队。"

冯国璋暗暗地但却深深地抽了一口气。他知道袁世凯想统军权。"未免太独裁了吧！大总统当了还没有三天，又想当大元帅。操之过急，别人能接受得了吗？"不过，冯国璋是知道袁世凯性情的，他想出的事，谁也别想扭转。若不顺从他，他便翻脸怨恨你。所以，冯国璋不得不顺从地说："实行大元帅制，自然是顺乎潮流。何况，亦不是我中华首创，不过……"

冯国璋一个"不过"，袁世凯立刻倒抽了一口冷气，心想："怎么，冯国璋不同意实行大元帅制，为什么？"然而，他还是不动声色地说："说说。直截了当点，怎么想就怎么说。"

"我是这样想，"冯国璋说，"中国帝制历史悠久，军队全是按照帝制编练，立即转变性质，恐怕军界各方一时接受不了。能否采取一个缓冲的办法，令大家不感到突然。""说说看，怎么缓冲？"

"你设想的大元帅制，是怎么个'制'法呢？""自然是设元帅府，强化建制了。"

"可否缓设府，先设一个过渡机关，反正军权是统一起来了。""也好。名称可以缓定，过渡么也好。说说你的意见。""尚未考虑成熟。"

袁世凯眯起眼睛，细想一阵子，"冯华甫又耍滑头了。"他说："这样如何？就叫'海陆军大元帅统率办事处'怎么样？"

"那么，陆军、海军及参谋三总部长们……"冯国璋心有余悸了。"既称统率办事处，他们自然都是'办事员'了。"

一石激起千层浪！袁世凯的"元帅梦"终于成现实了，这一下使军界风波大起——段祺瑞自然成了"风头"。

一天，段祺瑞戎装不整、冠戴歪斜、鼻扭歪到腮边，连人通报也不要，便气势汹汹地来到徐树铮的小客厅。一见面，便喘着粗气，叹息一声坐在正面太师椅上。坐下之后，却只挺着胸，绷着脸，一句话也不说。

徐树铮正伏在案边涂抹一幅丹青——这些时来，他对中国传统的泼墨发生了极大的兴趣，研究好几家的遗墨，尤其喜欢石涛的墨迹。闲暇时，总是临摹几笔，见段祺瑞这模样进来，一下就明白了个八九不离十："谁又得罪他了？"段祺瑞胸襟袒露，满面青紫，鼻子又歪到一边。这不是一般的生气。徐树铮倒了一杯龙井，朝段祺瑞面前一放，一言不发，转身又去琢磨"石涛"。

徐树铮早已摸透了段祺瑞的脾气，在他鼻子歪倒、正在盛怒时，尽可以对他冷淡，甚至躲开他。设若你去解劝他，安慰他，或者在他左右做些试图使他欢欣的事，那你肯定要倒霉。因为，无论他是因为什么事引起大怒，也无论他是对谁有意见，此刻，他会把满腹怒气一股脑儿都泼到你身上，骂得你狗血喷头还不许你分辩；严重时，他会扬起巴掌，翘起脚板，大动干戈。所以，徐树铮只得把他扔到一旁，又全神贯注他的画案，似乎这里根本就没有旁人，尤其没有段祺瑞。

段祺瑞坐了好大阵，徐树铮还在纸上下功夫，也不与段说话，像是把段早忘了。段祺瑞心里老大的不是滋味。他把帽子朝八仙桌上一扔，大声叫起来："又铮，又铮！你断魂了？我这里肚子气炸了，你没事人一般，画什么羊皮画、狗皮画？你哪来的那份闲情？"

徐树铮知道段祺瑞开始冷静。转过身来，笑着说："哎呀，总长您还得原谅我徐某无能。是何事气得总长肝炸？我却一点儿不知，猜也猜它不出。若是早已明白了，即使赴汤蹈火，也在所不辞。"

"这……这……"段祺瑞哑口半天才说，"可也是。你徐树铮再机灵，总不是我段祺瑞肚中的蛔虫。我因为啥事气肚子，你是不会知道的，我错怪你了，请你原谅。"说完，端起茶杯，咕嘟喝了个精光。然后才滔滔不绝地说："他袁项城实在不是个东西，当了大总统还不满足，还得……"他端起茶杯，杯空了。徐树铮忙着为他冲上茶，他刺刺溜溜地喝几口，接下去说："既然把陆军部交给了我，又不许我指挥军队，他自己成立个什么'海陆军大元帅统率办事处'。军队由他统起来，那我这个陆军总长算啥？我岂不成了他办事处的'办事员'了？！什么'办事处'？娘的，明明是夺回军权，来架空我。我不答应！"

对于袁世凯要当军队大元帅的事，徐树铮早已知道。前天，他还埋怨自己不该向大总统讨封。讨封是没有作用的。从古至今，有几个登极位的人不杀功臣的？封官再大，还得属他管。果然不错，袁世凯要做大元帅了。徐树铮感到惊讶。他更惊讶的是，没有想到段祺瑞会愤怒到骂袁世凯"不是个东西"。这是他从来未曾听到过的言词。惊讶片刻，也就平静了：为了争权，父子、兄弟都拼得你死我活，何况袁、段这样拐着弯子的翁婿关系。所以，他对段祺瑞的话只漠然一笑。

段祺瑞见徐树铮这个态度，气冲冲地说："你笑什么？难道这件事还小，是鸡毛蒜皮？大呀！大得不得了！"徐树铮摇摇头。"有这么严重吗？""兵权失了，跟掉脑袋差不多！"

"他不就是想要兵权么，乐意就给他，不乐意就顶回。"徐树铮说，"有什么可怕。当初四十二将军兵谏皇帝之事总长不会忘记吧。他袁项城的大总统就是兵谏来的，总长又是兵谏的四十二将之首，我不相信他大总统会左右着总长。""你说应该怎么办？"

"办法倒有，"徐树铮慢条斯理地说，"只是看看您这位总长愿意不愿意听？"

"你说清楚点。"

"既可以兵谏皇帝，为什么不可以兵谏总统呢……"

"好！我再兵谏他大总统！"段祺瑞拍着桌子，陡地站起。

"不！"徐树铮又冷静下来。"这只是办法之一，只能算是一个不怎么高明的硬办法。"

"硬办法有何不可！不行就除掉他。""下策！"

"那，你说说上策。"

"袁世凯不同于宣统，兵谏只是万不得已。"徐树铮就地踱着步子，还是慢吞吞地说，"照我想，还是先来个软办法：袁项城不是要兵权么，给他。"

"给他？！"段祺瑞又急了，"我不干了？我去当寓公？"

"那也不必。"徐树铮说，"让他去掌兵权。您既不退掉陆军部总长，也不就事，来它个'闭门谢客'。他袁项城想左右军队也左右不了。到头来，还得请您出山，还得把军权还给你。"

段祺瑞冷静了。他缓缓地坐下来，眯起眼睛陷入沉思……"对，对对，咱就这么办！"段祺瑞跟徐树铮虽早已交往莫逆，但很少对坐闲聊，开门见山，该谈什么谈完就走开。他站起身，去摸帽子。"要走吗？"徐树铮拦住他。"回家闭门养神。""谬也！"

"又怎么了？"

"仅仅如此，不过求得三五日安宁。"徐树铮说，"总长可知道大总统这样做的最终目的何在？"

段祺瑞面色一沉没有说话。不过，他还是放下帽子，重又坐下来——

段祺瑞对于袁世凯，虽然不能说十分了解，也得说了解八九分。许多年来，他们相依为命，患难与共，心里怎么想的，谁能不知道谁；路走到哪里，也总是相互关照、相互提携的。段祺瑞为袁世凯卖力，袁世凯便会使他水涨船高地往上升。段祺瑞自认不如袁，只想为袁第二。有时闹点小情绪，也只是丢个"孩子脸"，激激"大人"而已。袁世凯任命段祺瑞为陆军总长的当天晚上，段祺瑞便偷偷地跑到袁大总统家，一面谢恩，一面解释几日不出来的缘由："身体猛然染疾，连床也起不来了。想禀报一声给你，又不忍心。你正在操劳大事，若知道我有病，必然不安，定会过来看看。这岂不把大事误了。再说，那几天树铮也在我身边，我觉得他多少有点情绪。心想：'大事刚定，百废待兴，大总统已经够操劳的了，我们可不能再给大总统增添麻烦。'这样，我便同他好好地谈了几天。树铮是个人才，人才难得呀！我还得为大总统着想。总算一切都风平浪静了，从今以后携手并肩，干正事！"

袁世凯心里明白："你段芝泉的话只能哄皇上，哄不住我。我早发觉你跟我离心了，没有总长的纱帽罩在你头上，你也不会风风火火地深夜赶来。

你说安定了徐则林的心？你安定自己的心了吗？"袁世凯是这么想，但嘴里还是说："芝泉呀，别说这些话。我能不了解你？就像你了解我一样，我头疼脑热几度，你也不需问，不需摸。咱们这些年为了什么呢？大总统又算得了什么？何况还有'临时'二字。民主、共和，中国还得走走看看。说句真心话，日久之后，大任怕还得是你段芝泉来担。"袁世凯说到这里，有点忧伤，叹息摇首，身体也猛然显得衰老了。他"艰难"地扶着八仙桌的边角，"吃力"地站起来，又说："我早已感到力不从心了。大局稳定之后，还得你……"

段祺瑞不知是喜还是惊，忙说："大人，噢，总统，您刚过知天命之年不久呀，正是该承担大任之际。芝泉肝脑涂地，也得追随在大人身边。至于说大任，当今中国，除大人之外，恐再无人可以担得了！"

袁世凯虽然谦虚地摇着头，但心里却乐滋滋地想："你段祺瑞还算看得透！果真这样认识，我也就放心了。"

段祺瑞有段祺瑞的小算盘，他不仅希望袁世凯当大总统，他还希望袁世凯能当皇帝。因为他段祺瑞也不断地做皇帝梦，并且梦得条条是道："让他袁世凯当皇帝吧，兵权在我手，我想何时夺他的权就何时夺，复辟帝制之罪是他袁项城。此路若是难行，就等他死。袁世凯一死，这个帝位我看谁敢争？！"

现在，徐树铮提到袁世凯的"大事"，段祺瑞反而冷静了，甚至连兵权失落也丢到脑后去了。"大总统果然有心恢复帝制、想当皇帝，就让他恢复去，金銮殿就让他坐去。到那个时候，难道就没有办法？"

"有什么办法？"徐树铮笑笑，转过脸问段祺瑞，"难道取而代之？"

"即使不行，也不至于束手。"段祺瑞说，"他袁项城心力早瘁，还不到六十岁便老态龙钟了，能有几天人间寿数！"

"啊——！？"徐树铮吃了一惊，"原来段总长想等待继承大业！"他狠狠地摇摇头，说："总长大人，你又糊涂了。""怎见得？"

"自古以来，只要是帝制，中国无一不是家天下，要世袭。袁项城果然当了皇帝，又果然不久死了，他的皇位只会传给他儿子、孙子，皇帝还得姓袁。这一点，你千万不要忘记！"

段祺瑞眯着眼，思想翻滚起来，大约是悟明白了，情绪有些紧张，瘠梁骨冷飕飕的。他击着自己的脑袋，连连自骂："混蛋，混蛋！我怎么想乱了？又铮，你说句干脆的话吧，看怎么办？"

"武装不能放，谁也轻信不得。"徐树铮说，"以后么，见机行事。"

段祺瑞和徐树铮一场关起门的推心置腹，一切都定下局来：段祺瑞从此闭门不出，再不理事；另一方面，利用各种条件和关系，大肆宣传"中国绝不允许再实行帝制，任何人想做皇帝都得把他拉下马！"

段祺瑞不理事，徐树铮代行陆军总长之职，事无巨细，一手遮天。一时间，各省督军、各师师长，只知陆军部有徐树铮。电报、信件全给徐树铮，连段祺瑞也丢到一边去了。

中国长期闭关自守，自治的能力太差了，总是受着洋人的牵制。袁世凯当临时大总统，继而想当皇帝的时候，第一次世界大战正打得热火朝天，英、法、俄为核心的一方和以德、奥为核心的另一方，在欧洲进行帝国主义大搏斗。后来，为了争夺中国青岛的权益，日本对德国展开了狗咬狗的战争。

在这场世界大战中，徐树铮想捞取点什么。1914 年夏，他密令驻守潍县的部队运一车军火支持当时占领青岛的德军。山东驻军首领靳云鹏感到惊讶："徐树铮是亲日派，德国占领着中国的青岛，他为什么采取了'远交近攻'的策略，明白地支持了自己的敌人？"靳云鹏毫不含糊地给徐树铮连连发电，大意说：此次大战，我们是守中立的，怎么好用军火接济其中的一方呢？你一向对日本友好，怎么此次帮助别人打日本呢？你瞒着（段）总长、（袁）总统干这件事，万一泄漏了怎么办？

徐树铮自有徐树铮的打算。他虽亲日，却崇德，认为德国科学进步，可资效法。所以，他给靳云鹏回信说，日本是中国邻近的强国，中国又是一个极弱的国家，最近一二十年来，中国人若是得不到日人的谅解，什么事也办不成。如此后患无穷。若有人打败了日本，中国将会相应安逸。

靳云鹏又在信上问他："此举为什么不经总长、总统同意？"徐树铮复信说："此事若成功，于国家有利；事若败露，国家只需问罪我徐某一人，而不会影响中日两国关系。"靳云鹏被说服了，军火如期运给德国占领军。

段祺瑞多日不就事，袁世凯知道这是向他发难，心中十分恼火。"段芝泉呀，段芝泉，我袁某待你不薄，你为什么总是跟我为难？"他转念又想："此事必定是徐树铮出的主意，人早传徐树铮是'合肥魂'，是段祺瑞的'小扇子军师'。"自从徐树铮在袁世凯面前显示了才华之后，袁世凯便对他时热时冷起来，想得到徐树铮，要他为自己所用，一时又不能到手；但又时时刻刻怕徐树铮捣他的蛋。近来，原对他比较驯服的段祺瑞也渐渐掣肘了。他认定这不是段的本能，而是徐树铮在一旁出的坏主意。所以，他对徐树铮冷起来了，冷得发狠。昨天，他忽然获悉"徐树铮运军火支援德国"一事，他更加恼怒了："这还了得！这样做，岂不表明中国参战了。中国有什么能耐参加这场世界大战……""来人！"袁世凯冲着门外大喊一声。

"总统……"内侍走到他面前。"把段总长请来。"

"是……这……"内侍犹豫着，吞吐着，"段总长不在……"

袁世凯一怔。"芝泉不是不问事了么，他在哪里？"袁世凯锁起眉，沉思一阵子，心里略略定了之后，便决定登门去找他。

袁世凯突然出现在段祺瑞的客厅，使段祺瑞避之不及，心里有点慌张：他虽然怨恨袁世凯，袁世凯毕竟对他有恩。许多年来，段祺瑞一直唯袁世凯是听，心理上产生了惯性。袁大总统的到来，使他似乎感到是不祥之兆。他忙行礼、献茶。"大人有事可以命人来传，何必……"

"没有事。"袁世凯神情坦然，落落大方地坐下，又说，"我听说你身子骨不舒服，特来看看你。"

"也不是多大的病，"段祺瑞趁着袁世凯的话题，说，"偶染小疾，已经消除了。不敢惊动大人，所以未曾禀报。"

一番虚假的应酬，二人都感到相聚得尴尬：段祺瑞对袁世凯发难，是软里有硬，让他知疼而说不出；袁世凯亲临问罪，是硬里有软，让他心明而不敢说。应酬之后，一时间二人感到不舒服。袁世凯做作地端起茶杯，似喝非喝；段祺瑞端起烟袋，似吸不吸——他心里嘀咕："袁项城来者不善！我倒要看看他究竟想做什么？"

"芝泉，若是身体没有多大不舒服，你还是多问问军队的事。"

"树铮能够处理得了。"段祺瑞针锋相对地说，"何况干得很不错。"

"树铮？"袁世凯就是为了发落这徐树铮而来的，只是尚未找到话题。现在，他不踌躇了，马上单刀直入地说："我正想跟你商量树铮的事。新政冗杂，多需关注，深感有用之人不足。我想把树铮派往一个重要的位置上去，不知你的意思如何？"

袁世凯要"升迁"徐树铮的话一出口，段祺瑞便怒上心头，鼻子渐渐错位。他想："大总统要动杀机了！什么'升迁'，是要给我来个釜底抽薪！我不能让你的'美梦'得逞。"段祺瑞的脸色变了，他冷冷地一笑，说："总统如此厚爱树铮，很好。只是芝泉也有个请求：请总统先免了我总长的职，尔后要怎么办就怎么办，岂不更利索！"

袁世凯碰了一个不软不硬的钉子，虽更加恼怒，却也发作不出来。只得说："此事不急，以后慢慢商量吧。"

袁世凯的地位高了，性情也更加躁了，独断专行更加厉害了。段祺瑞不买他的账，他气得三天不理政——"这还了得？今天听不进我的话，明天岂不要反我了？你段芝泉能这样顶撞我，别人会怎么样？我这个大总统还有权威吗？我还当不当大总统？我还……"段祺瑞与他离心了，他不能饶了他。

袁世凯满腹冲天怒气，把内阁总理熊希龄和管理财政、交通的梁士诒找来，想借助他们二人之力来钳制段祺瑞。殊不知这一举，使袁世凯更加败兴，他不得不真的动了杀机。

第六章
三次长风波

袁世凯把熊希龄、梁士诒叫到家中，在小客厅里摆上香茶，"君臣"对饮，他便先诉起苦来，说段祺瑞如何误解他，说徐树铮尽出坏主意。"这两个人，其实是一时鬼迷心窍，把我们的好心看错了，以我要当皇帝为理由，向我发难：一个静坐家中不理事，一个军权独揽，为所欲为。你们说，我该怎么办才好呢？"袁世凯如泣如诉，一副可怜相："八国联军，我中华吃尽了苦头，最后割地赔款，国力衰竭；尔后世界大战又爆发，我们只有采取中立，才能生存。国内，匪盗虽灭，隐藏的后患依然不小。我们又该怎么办才好呢？"

熊希龄没有说话，他扣着茶杯，仿佛是在思索着大总统言语的含意，思索着该怎样回答他。

梁士诒也没有说话，他和熊内阁一样沉思着。

然而，这两个人心里都明白，袁世凯对于大总统不满足，想当皇帝。他是在为"登极"做清道工作。而他们两人，也并非不在清除之列。所以，他们在沉默着，因为袁世凯只说段祺瑞、徐树铮，尚未说自己，尚未和盘托出自己的打算。

袁世凯心急如焚，他不想磨蹭下去。他焦急地站起身来，叹息着，一副无可奈何的样子。他说："其实，我何尝想当皇帝。二位可以看看，中国帝制年深久远，积累了一套举世无双又无与伦比的治国经验。舍此精华，去推行共和，我怕的是你我都心中无数。何况，现在外夷、内寇都十分猖獗，设若国家在我辈手中丧失，我怎么能对得起祖宗，怎么对得起全国百姓？只是，芝泉他们看不到这一层，意气用事，误解了我。我想，二位是会明白我的心思的。"

袁世凯终于赤裸裸地说明白了并非他想当皇帝，而是国情、人情都要求他去当皇帝。

掌管财政、交通的总长梁士诒，是个性情直爽的人。袁世凯的话刚落音，他就放下手中的茶杯，清了清嗓门，说了话："总统想的，不能说没有道理。几千年走着帝制的道路，祖宗有训，前朝有例，驾轻就熟，或可安然无事。不过，世界潮流，谁也不可忽视。正所谓'识时务'。当今天下，人民所向，民主共和。中国有识之士，无不积极顺应。我感到民心是不可奸的呀！"梁士诒说话时，嗓门高，节奏快，仿佛没有丝毫商量余地。

袁世凯心里一惊，眉头立刻锁起来，脖子上的青筋也陡然暴起，睁着鸷一般的眼睛对着梁士诒："怎么，你也敢教训我？"他想臭骂他一顿，把心里的积怨都发泄到他头上。

袁世凯没有怒起来，他把脖子伸伸，到唇边的恶言狠词咽到肚里，然后把脸转向熊希龄。那目光饱含着乞求。似乎表明："你是内阁总理，你该支持我吧。"他谦虚地说："秉三，你的意见如何？"

熊希龄对袁世凯笑笑，又看看梁士诒，然后说："如此大事，容我再思考一下。"

袁世凯不耐烦地叹了一口气。可是，由于内阁总理没有像财政、交通总长那样开门见山地顶撞他，他心里还是稍觉安逸些。小客厅里，一时寂静下来。

熊希龄，字秉三，湖南凤凰人，光绪进士，曾选翰林院庶吉士，因为参加维新运动而被革职，后得洋人端方引荐充当出洋考察宪政的五大臣的参赞，又调奉天盐运使。武昌起义之后到上海，与立宪派张謇、梁启超等拥护袁世凯窃国，任财政总长和热河督统。1913年袁世凯解散国民党，熊希龄和梁启超、张謇等组阁，任国务总理兼财政总长。本来也算是袁世凯的一位贴心人，后来，袁的行为渐渐为朝野上下所责，熊希龄感到形势不妙，很怕将来事败把自己卷进去，落个遗臭万年的骂名。他想停步不前，趁机隐下来。此人本心对恢复帝制是持反对态度的，但又怕得罪袁世凯。所以，他迟疑不决。

袁世凯怕熊希龄不明不白地软拖他，便再一次点名要他说话："有什么好想的，直说么！"熊希龄觉得不能再沉默了，何况梁士诒已明白有言，他这才敢于明白表示自己的看法："梁总长之见，秉三亦有同感。据秉三所知，军界、政界众多人士，也以共和为论。共和乃当今潮流。设若萧墙之内人心有背，岂不画虎不成、事与愿违了？还请总统三思。"

熊秉三的言语像他的性格一样，软绵绵、柔和和，但是，袁世凯听起来，却像一声声震耳沉雷，使他头晕目眩，心乱意慌。心里怒骂道："好你个熊秉三！你们都串通一气和我作对了。你们是嫌权小，要从我手里夺过去。我……我……我不会饶你们的！"他闭起目来，急促地思索着，暗发着狠。但最后还是说："二位高见，慰亭一定慎思，待几天，我再登门求教。"袁世凯送客了。

熊希龄、梁士诒离开了总统府的小客厅。

袁世凯望着消失在萧墙侧的两个背影，怒气冲冲地坐下。一甩袖子，桌上的杯盘纷纷朝地面飞去。"哗——"一声响，碎片和茶水一起四溅开来。袁世凯喷着毛毛雨般的唾沫破口大骂："屁！我就是要恢复帝制，我就是要做皇帝！"

袁世凯回到内室，余怒未消，满面寒气。他想关起门来，想一个名正言顺的理由来处理段祺瑞，还有梁士诒和熊希龄。此时有人来报："阮先生阮忠枢求见！"

袁世凯一愣。沉思片刻，忙说："请，请他到书房等着我。"

阮忠枢五十来岁，身材瘦长，两腮凸起，脸膛黝黑，两只机灵的黑眼睛，穿着长衫，一副典型的温驯相。他跟着袁世凯的大儿子袁克定来到书房，只在桌边立着，并不敢坐。一见袁世凯进来，忙把长衫掀起，行了个跪叩大礼！

袁世凯笑了。"阮先生怎么行起如此大礼来了？快起来，快起来。"说着，去扶他。

阮忠枢不敢起，只顾连连叩头。直到袁世凯躬身去拉他，他才心神不安地爬起来。由于心情紧张，又忙着鞠躬，又忙着作揖，一时手忙脚乱。袁世凯给他一把椅子，他也不敢坐。

阮忠枢，字斗瞻，天津人，得算是袁世凯的心腹。他多年追随袁世凯，形影不离。从袁世凯做直隶总督起，他便是袁的文案。袁世凯的所有公文、奏折，无不出自此公之手。对于"之乎者也"类的行文，阮忠枢称得上运用自如，炉火纯青。袁世凯常在人面前夸赞他，并亲口对他说："阮先生，只要我袁某人不跌倒，你便永远是我的'师爷'。"谁知，到袁世凯就任中华民国临时大总统，他不得不"清君侧"时，被清的第一个人，便是这位"师爷"。阮忠枢被遣送到天津老家闲居去了。现在，袁世凯突然召见他，他立即诚惶诚恐起来。心想："往天，我帮他胡编滥造了那么多文字，上欺皇上，下害黎民，甚至连他袁世凯的妻子儿女都坑骗过。如今，袁世凯当了大总统，也算人王地主了，听说还要登极坐殿，是不是怕我揭他的老底，拿我杀人灭口？！"阮忠枢想到这里，身不由己地打了个寒战，三魂七魄都变了位置。"袁项城啊袁项城，当年那些见不得人的事，可都是你授意我才干的。别管怎么说，我阮忠枢是尽心尽职、忠心不二的。今天，你发迹了，我姓阮的不想沾你的光，凭天地良心，你也不能杀我！"其实，袁世凯不想杀阮忠枢。想杀他，随便差一个什么人，到天津去一趟，举手之力，什么事都办完了，何必把他弄到北京。果真在总统府里杀一个老部下，无论什么缘由，都是一件有失形象的事。别说大总统袁世凯，略有头脑的小人物都不干。

当初袁世凯对阮师爷既然如此厚爱，为什么又首先"清"了他呢？知情人透露，原因有二：其一，这位阮老夫子只会"之乎者也，启承转合"，八股文做得还可以。袁世凯当了中华民国临时大总统，一切行文不能再"八股"了，都得用时令新词，这位夫子显然不堪此任。其二，袁世凯从革命党人手里得了权之后，不承认是夺权，表明自己也是决心"共和"的。清除文案以显示他决心进步，让天下知道，他决不再"奉天承运"。现在，袁世凯之所以又想起了他阮忠枢，是因为做皇帝梦梦得心急，觉得一旦登上金銮殿，马上就得"奉天承运，皇帝诏曰"。办此事，除阮忠枢，谁也莫属了。故而重又请这位冬烘出山。

"斗公，天要变了。变晴了。你要出来，依然作我的'师爷'。你不会推辞吧？"

阮忠枢一听此话，犹如沉雷击顶，怕不是真话，又听着是真话。"不治罪，又要我当'师爷'，这可是天大的喜事！"阮忠枢正受着烟瘾折磨，被"清"后，烟瘾也丢到墙角边去了。今日是悬着心来的，忽然间却又得了福，真有点梦幻一般。他急忙双膝跪倒，头触着地，再也不起来。

　　袁世凯拉他，对他说："何必如此，今后拜托先生之处还多着呢。起来起来。"

　　阮忠枢这才站起。

　　袁世凯对他说："我已为你准备了一处小客房，你先住下。那里我还为你准备了'小餐'。有些时间不动烟枪了吧？先去好好过过瘾，休息几天，然后我再找你。""谢大人，谢总统，谢……"阮忠枢又作揖，又鞠躬，然后才跟着内侍走出去。走出好远，又回来，问："请问大人，要不要先撰写几件文稿，免得措手不及。"

　　"现在还不要。"袁世凯说，"到时候，我会着人去请你。"

　　阮忠枢走后，袁世凯喝了一杯浓茶，坐下来静静神，才又想起关于段祺瑞等人的事。"我不能咽下这口气，我非惩处他们不可！"怒上心头，却一时拿不出主意，只好又呆坐下来。

　　人报："江苏都督冯国璋到。"袁世凯精神大振，立即走出书房，迎他到内院。二人对面坐下，冯国璋先开了口："华甫想近日南返，特来向总统告辞。"

　　"为什么这样着急？"袁世凯说，"我还有事想同你商量呢。"

　　"我也有事。"冯国璋说，"想跟总统叙说明白，然后再走。"

　　袁世凯原想只自己有事要同冯国璋谈，没想到冯国璋也有事找他。他"过敏"了，"难道冯华甫也为反帝制而来？果然如此，他也疏远了我，我岂不更孤立了？"这样想着，袁世凯便有意借话岔开，想旁敲侧击，缓缓气氛。忙说："你和道如来京好几天了，我们还未曾好好谈谈。道如这一走，就是年余，我还真思念她呢。你们就晚走几天吧。"

　　冯国璋的新妇人周道如，原来是袁世凯的家庭教师，袁一直以家人对待。后来，近乎"赏赐"性质地介绍给了冯国璋，其用意自然不单是介绍而已。今天，他就以至亲口气挽留这位江苏督军。

　　冯国璋说："事情商谈不完，那是要多住几日的；若无事可做，还是早回去好。"冯国璋不待袁世凯搭话，便又说："有件事，我想得如实禀报总统：江南诸位，对时势颇为关注，传言渐起，纷纷扬扬。属下心神不定。来京后见总统日理万机，又怕影响大事，所以拖至今日。"说着，把一双迟疑的目光投给袁世凯。袁世凯本来想征得冯国璋的支持，来对付段祺瑞、熊希龄和梁士诒，一听冯国璋这套话心里凉了。"什么'传言渐起'，什么'纷纷扬扬’，还不叽叽喳喳地乱谈政务。"袁世凯也有点迷惑不解："恢复帝制，也只是极少人知道，怎么就传到南方去的吧？莫不是有人做冯华甫的工作，特地把他从南京召来对付我的呢？"他沉着脸，先是轻轻地咳叹一声，然后自哀自怨地说："随他去吧，‘大风刮倒梧桐树——长短自有人去量’。我心中是坦然的。不怕。"说罢，端起茶杯，像是要喝水。但马上又放下，顺手拿起黄铜水烟袋，自装自燃，呼呼噜噜地吸起来。脸色一阵比一阵难看。

冯国璋有点摸不着头脑了："他袁项城既然襟怀坦然，又何必这样一副面容呢？我要探到底，看看他究竟下步棋怎么走？"

冯国璋是袁世凯的三大支柱之一，和段祺瑞、王士珍齐名，并称"北洋三杰"，跟袁世凯有生死之交。当初，袁世凯发迹时，冯国璋是为他立了汗马功劳的。

冯国璋，直隶河间人，三十七岁才出山投军，最早是奔淮军聂士成的。甲午战争之后，聂士成推荐他担任了中国驻日本使臣裕庚的军事随员。在日本，冯国璋与日军将领福岛安正和青木宣纯结识，相处甚洽。他便留心考察日本的军事状况，积累了较丰富的资料，编成兵书数册。1896年回国后，他把自己编写的兵书作为酬谢礼物送给聂士成。谁知这位行伍出身的带兵人并不欣赏书本，看都不看，便"完璧归赵"了。一怒之下，冯国璋把兵书呈给了袁世凯。那时候，袁世凯正在天津小站编练新军，求才求知，如饥似渴。看了冯国璋的兵书，视为"鸿宝"。拍着冯国璋的肩说："军界之学子，无逾公者！"遂留冯国璋担任督操营务处帮办兼步兵学堂监督。不久，又升为他督操营务处总办。从此以后，袁世凯练兵治军的兵法操典，多出自冯国璋之手，冯的地位也天天高升。不久，袁世凯就把塾师周道如"赏"给冯作如夫人，表示亲近。袁世凯得到冯国璋帮助最大者，大概要算武昌起义之后了。武昌革命大潮冲击清廷时，袁世凯早被朝廷开缺"回籍养病"去了。清廷派去镇压革命军的，是陆军大臣荫昌率领的第一军，同时派冯国璋组织第二军以备增援。冯是袁世凯的心腹，想借此机会拉袁一下，所以，一面行动迟缓，一面到处造舆论，说："只有袁项城才能指挥了大军，否则，谁也对革命军无办法。"清廷无可奈何，不得不起用袁世凯为湖广总督。袁世凯接受湖广军政大权，冯国璋继而接替荫昌指挥第一军，很快攻陷汉阳，而后隔江炮击武昌，迫使新成立的革命政府接受了南北议和，使袁世凯夺了大总统宝座。

冯国璋看到袁世凯态度真诚，也以坦诚之心问他："外间传说，大总统欲改帝制。请预为秘示，以便在地方上着手布置。"

袁世凯冷飕飕地抽了一口气。心想："冯华甫在南京怎么也知道我想当皇帝？难道此事已经满城风雨了？"想到这里，段祺瑞、熊希龄、梁士诒等人的神态，马上又展现在他面前，他怕再失去一个冯国璋，有些儿发怒地说："这话从那里说起？我何尝有这些想法？"

冯国璋还是缓缓地说："南方对于改革国体，并非不赞成，只是时间问题。"

"不，不！"袁世凯坚决地说，"无论什么时间，我是不会去做皇帝的！"

袁世凯"无意"当皇帝，冯国璋也感到免去许多思索和麻烦，他就顺水推舟送了个假人情："将来天与人归，大总统虽谦让为怀，恐怕推也推不掉。"

袁世凯故意把脸沉下来，对冯国璋说："华甫，你这是说的什么话？假若有人用这等事逼我，我只有远走国外了。"

冯国璋信以为真，笑了。"其实，南方主此见者，也并非所有人士。既然大总统如此审时度势，各方不会过于勉强的。"

袁世凯轻轻地点头，微笑起来。冯国璋走了。冯国璋带着他的夫人周道如返回南京去了。袁世凯总算去掉了一块心病。"只要冯华甫不生疑心，下一步棋我还是好走的。"他想静心养养神，来想他的下步棋——这步棋自然是处理徐树铮，来压抑段祺瑞。"这些人真该处理，越重越好。否则，我怎么去做我的事情呢！"袁世凯告诉内侍和守门人："这两天，谁也不见。就说'大总统身体不适'。"

人是可以不见，禀报还是不断的。袁世凯静了不到半日，忽有人报："赵秉钧病重了！"袁世凯心里一惊："啊，智庵病了？"袁世凯不知是喜是惊，顿时有些发呆。

赵秉钧以道员身份办警察，清政府创设巡警部时，任命他为侍郎；辛亥革命时，他是袁世凯镇压革命的得力助手，曾任袁世凯政府的内务总长，继唐绍仪之后任国务总理。是"袁氏官谱"中的重要人物。近年来，此人却又成了袁大总统心上的一块病。久欲除掉他——

革命党被袁世凯软硬兼施镇压之后，许多革命党人还在，他们心不死，袁世凯心不安。赵秉钧奉袁命暗暗地到上海杀了宋教仁。本来这个公案也算完了，谁知近期又舆论哗然。杀宋的凶手是应夔丞找的，应夔丞是奉了赵秉钧之命，赵秉钧是奉了袁世凯旨意，袁世凯是向他们许诺了"毁宋酬勋"的。不想宋案发生之后，江苏总督程德全组织了特别法庭，强审凶手，也把应夔丞抓捕起来。袁世凯得知这一消息，便下密令："即杀"。又谁知应在上海有一帮流氓兄弟，不久便把他抢了出来。应夔丞出狱便找袁世凯为他昭雪，履行"毁宋酬勋"的诺言。

袁世凯最怕宋教仁案公之于世。他断然拒绝接见应夔丞，更不承认有"酬勋"这个账，并且派人在北京、天津之间的杨村车站杀了应夔丞。袁世凯想："应夔丞一死，宋案便烟消云散了。"哪知事过不久，赵秉钧走上门来追问此事。

此时，赵秉钧已入任直隶总督，杨村在直隶辖区，他便下命各地严缉凶手，一面问袁世凯："究竟是何人杀了应夔丞？"袁世凯支支吾吾，不肯回答。赵秉钧心中大明，便愤愤地说："这样，今后谁还肯为总统出力！"

袁世凯对赵秉钧的话耿耿于怀，心想："有朝一日宋案再发，必出自赵秉钧。"于是，他产生了杀赵之念。

袁世凯思之再三，决定亲去北京城中的赵府"探病"。

那一天，袁世凯便装简从，突然出现在赵秉钧病室。伏在病榻上，心情沉痛地喊了声"智庵"，便紧紧拉过他的手，再也说不出话。

赵秉钧偶染小疾，只是应夔丞死后他心中郁闷。今见袁世凯亲临探视，神情如此悲怆，心里便略觉快慰。欠了欠身，说："大总统万机萦怀，何必亲来探视。智庵甚感不安。"

"别说这样的话了。"袁世凯说，"你我无论公私，都如手足一般，怎好不来呢？只盼你早日康复，为我分担重任。"

赵秉钧淡淡一笑，想起了上海宋案。但是，袁世凯今天来了，赵秉钧在心情上便释怨许多。所以，他还是真诚地对袁世凯说："过去，我们总还是风雨共济的。创业维艰，需要精诚一致。我想，只要能把往事处理得当，在今后的任何艰辛中，并肩的还是咱们。"

袁世凯明白"往事"的含意，心里既惊又恨，但还是说："我知道对不住应夔丞，我会厚待之。其实，这也是不得已而为。我的本意是想让他警觉一下，收敛一番。哪知别人领会错了，竟造成不可挽回之痛事。"

赵秉钧见袁世凯坦诚地承认杀应之过，颇受感动："既然总统已如此真诚，自己何必对往事耿耿于怀呢。"赵秉钧说："新政初立，这几年也够总统为难的。秉钧愿为总统分忧。"袁世凯说："暂不必谈这些了，回头我派个医生来给你看看。"袁世凯走了。

医生来了。医生是带着大总统的特殊"关怀"和珍贵药材来的。赵秉钧服了袁大总统专医带来的药，竟然七孔流血死了……赵秉钧死了，袁世凯由于顿失"股肱"而"悲痛"万分，立即派长子袁克定作代表去为私人吊唁，随后又派陆军上将荫昌和国民政府秘书长梁士诒为政府代表去公祭，并送丧费一万元，亲书挽幅致悼。其文为：

怆怀良佐

又自撰自书挽联，文为：

弼时盛烈追皋益，匡夏殊勋懋管萧。

袁大总统又办完了一件事！赵秉钧出殡那一天，袁世凯面对蓝天，深深舒了一口气。这口气变成一股黑烟，直冲云霄。他累了，他该好好休息了——有几天没有好好休息了，都是段祺瑞、赵秉钧这些人闹的，大总统连公务都没有好好办。现在，他的心情稍好些，赵秉钧一死，"暗杀革命党人宋教仁"的大帽子就没有人能往他头上戴了，他很心安。所以，当他把胸中郁积有时的闷气吐出之后，竟一下子躺倒睡了两天两宿。第三天，袁世凯醒来时，忽然想起了王治馨。"此人是赵秉钧的心腹，精明干练，又任着京师警察总监兼着顺天府尹，赵的事瞒不住他，若是他……"大总统心里又冷了一颤。

袁世凯慌忙坐起，急急把袁克定叫到面前，心里话朝儿子一说，最后下了命令："可以分作两步，先以'贪赃纳贿'罪抓起来，然后斩首告白天下。"

袁克定答应着，走了。"慢。"袁世凯又喊回他。

袁克定转过屁股，望着老爹。

"还有一个叫潘毓桂的，替王治馨出过些坏主意。此人不可留！"袁克定答应一声"是!"这才退出去。

不日,京城告示:为严明纪律,杀了警察总监王治馨及其同案犯潘毓桂……

1915年的初秋,北京城气候反常,夏季少雨,入秋干旱,长城外吹过的风,干燥而裹着迷迷蒙蒙的尘沙,大街小巷浑浑浊浊;人也失去了精神。

袁世凯冷静了几天,不能再冷静了。因为他早已迫不及待,他要实现"登极"大计!

赵秉钧的事办完了,上海的那场暗杀总算可以丢开了——至少是没有人能把他袁大总统拉出来了。现在,他最感棘手的,便是段祺瑞。"一个段芝泉就够心烦的了,熊希龄、梁士诒也跟着向我发难,难道说我当了皇帝就会没有你们的纱帽?"袁世凯恨段祺瑞,恨熊希龄,恨梁士诒:"假若没有这三个人,一切不是很顺利吗?"他想排除这个障碍,搬掉他"登极"的绊脚石。

"绊脚石怎么搬呢?"袁世凯感到为难了。"无缘无故把几个总长撤掉,像当年皇上以'足疾'为由开缺自己一样,那可不行。皇上是金口玉言、一言九鼎,那是上天赐给他的权力,谁赐给我这个权力呢?何况这些人又都是和我并肩闯荡的!"

一想起当年"足疾"被开缺的事,袁世凯就有一股闷气。气塞胸,胸激着脑,胸牵动着四肢。他的脚疾仿佛真的又严重了,疼、痒,弄得他周身不适——袁世凯真有足疾,四十多年前就有:十个脚趾之间,常常溃烂不堪,像坏桃子的斑疤,紫一点、红一点,流着清淡淡的有时含有血色的液体,疼痛揪心。脚趾间溃烂脚掌也起了连锁反应,很快会出现铜钱似的紫斑和淡红的水泡。奇疼奇痒。每到这时,他便闭门谢客。昨天起,十个脚趾间又开始流水,按照他老家河南项城一个治足疾的民间验方,他派人在京郊找来几枝土条树枝。他记得少年在家时他的老娘就是用这个办法为他治脚病的。哪晓得项城的土条树只是本地一种野生植物,而北京地方偏不生长;他虽然把形状讲得很真切,人们为他采来的枝条也很像,但毕竟是不同品种,还含有强烈的毒性。用这种枝条烧水洗了脚之后,凡水浸处,无不红肿、热、烫。新疾旧病,袁世凯被折腾得日夜皱眉,呻吟不止。好不容易经"御医"解毒消肿,等到一切平息时,竟过去了十天。袁世凯睁开眼睛,挺挺胸脯,深深地舒了一口气,这才摇晃着身子,走进他的书房兼理事密室。

袁克定在他身边——十多天来，他一直在他身边。在袁世凯足疾初发，懒得走动时，他认真地向他汇报军政大事，听从他吩咐、指示，然后去发号施令。他很乐意干这样的事，他把它看成是一种预演。"将来，我要承担一切！"后来，老爹足疾中毒感染昏昏迷迷时，袁克定心情极端矛盾："老爷子此刻不能死呀！还没有即大位，你死了我怎么办？皇帝可以世袭，大总统是选的，国人不一定选我。"他尽心尽力，生怕老爹死了。"再活半年也可以，等你宣布即位再驾崩吧！"但他又想让他早死。"若能很快死了，天下乱上加乱，我或可趁机而得权！"

袁克定不是没有野心的，跟着老爹这些年，他用心观察着每一个重要人物的作为，品评每一个重要人物的长短。他认为"当今天下，没有一个能独成大业的"，包括他老子袁世凯。"果然有一天我执掌了天下，我会比所有的文臣武将都干得好！"袁世凯觉察到儿子这个心情，很不放心，狠狠地骂他"狂！"并且谆谆告诫他："当务之急，不是你抓权，是你帮助老子闯出一片好天地来！老子稳坐金銮殿，将来还不是你的！"父子均在做皇帝梦！

袁世凯在书房坐定，端起茶杯，瓮声瓮气地问："这几天，你大姐夫来了吗？"

袁克定知道问的是段祺瑞。一边摇头，一边说："谁也见不着他。连他的家人都说'不知去向？'"

"能离开京城？"袁世凯有些不安地想，他怕他到处去拉拢人马。"说不定。"袁克定说，"有人传说，他可能在西山闭门……""他不会思过。"袁世凯坚决地说，"他是向我发难，要挟我。我不会满他的意的。我要狠狠地教训他们！"袁克定没有再说话。袁世凯也没有再说话。

小书房静悄悄的，静得有点令人窒息。

许久，袁世凯才拍着桌子挺起胸。"……就这样做：先把鸡杀了，不行再杀猴！"他把"意见"全盘告诉儿子，儿子点头赞许。不几天，京城便出现了人事大变动：陆军部次长徐树铮被免职；财政部次长张弧被免职；交通部次长叶恭绰被免职。

这就是被史学家称为"三次长事件"的历史事件。

袁世凯是想着"杀鸡给猴看"，但不知陆军部总长段祺瑞、财政部总长熊希龄、交通部总长梁士诒这些"猴"会不会怕？

第七章
丝竹声中起阴风

1915 年秋，上海。

黄浦江畔一个幽静的院落，金桂喷吐出醉人的异香，黄叶飘零在花荫下，新阳给雕栏铺满了灿烂，怒放的菊花与金桂争芳斗妍；几只野鸟在树叶丛中叽叽喳喳地跳来蹦去，小书房里传出阵阵悠扬的丝竹之声，行云流水，悠婉交错，好一派升平气氛。这是徐树铮的别墅。

被免职的陆军部次长徐树铮，身着长衫，头戴礼帽，金丝眼镜扣在手中，茶杯放在面前，半闭着双目躺在摇滚椅上，随着椅身的前后滚动，全神贯注地听他新纳的小妾沈定兰在唱曲。曲调是徐树铮新填《蝶恋花》，沈定兰自弹琵琶自唱：

草脚苏青寒尚在，润窈芳池，池面冰初解。仿佛东风悭作态，慢吹暖讯归香霭。

不是群花娇不耐，可惜春皇，力薄浑无赖。暮雨飘帘凉似海，小梅愁倚红阑外。

一曲终了，她先是抿嘴微笑，而后闪着双眸，坐到徐树铮滚椅的扶手上。

徐树铮停住摇滚，仰面对她微笑着说："好，你唱得好极了！音韵、节拍,把我的感情全唱了出来。"略顿了一下,又说:"只是那'归香霭'的'霭'字低了一点,似乎应该高昂一点才好。低沉了,便有伤曲衷。"

沈定兰摇摇头,又撇撇嘴,然后说:"为什么还要高昂呢?我觉得低一点好。应该低。"

"为什么?"徐树铮急促地问。往天,他填好的新曲交给她时,她总是按照曲牌,规规矩矩地练唱,从不敢标新。所以,这一次徐树铮感到意外。

"瞧你,终天风风雨雨,戎马倥偬,还不够高昂的?如今,不做官了,不领军了,你该守着我住在深宅小院,过几天悠然平静的生活。咳,我真想能够这样'低沉'地白头到老,平平安安,那才称心呢!"

几句话,说得徐树铮心头酸楚楚的。他觉得心灰意冷,于是频频点头,想道:"是啊,定兰说得对。你争我斗,出生入死,浮浮沉沉伴随着哀哀乐乐,究竟算是什么生活呀?我真该'低沉'几日,过一过歌舞升平的日子……"徐树铮叹息着,眯上眼睛,用手轻轻地搂过沈定兰,紧紧地偎依着。

十九岁的沈定兰,祖籍湖广,随父来北京,算是官宦家小姐,名门闺秀。家门使她知书达礼,而京华的物华天宝,又使她心胸大敞。她久怀王昭君、花木兰的报国志,要做蔡文姬、班昭那样有才华的人;慕卓文君的钟情,效谢道韫的吟咏,要成为中华大地上最完美的女子。而两年前,她慕徐树铮的才名,投到他怀里,成为他的爱妾、诗友、咏伴。沈定兰有一副好歌喉,徐树铮是当代曲词大笔,夫咏妇唱,一时京华名噪,二人也情意更浓。徐树铮丢了陆军部次长,独带沈定兰来上海闲住。不想今日因唱新曲,引他情绪低落,沈定兰陡觉不安。她从徐树铮怀里挣脱出来,说:"树铮,我本来只是无意中一语,你却如此败兴。以后,我不轻易说话了。"

徐树铮抬眼望望沈定兰,笑了。"为什么这样想呢?因为你说出了一个实情真理,我猛然间受到了莫大启迪,既有同感,便会相依。我何尝怪你了?不光不怪,还受益匪浅呢!不信?由于你的启迪,我已有了一首好诗呢!"

"真的?"沈定兰转忧为喜,马上惊问。"取纸笔来,即录奉教!"

沈定兰立即擦抹几案,捧出文房四宝,磨墨,展纸,又自愿承担起牵纸的活儿。

徐树铮诗才敏捷，常常触景生情，出口成章。今日，本无诗兴，只想哄哄爱妾，哪知她竟以为真。现在，不写也不行了——他从不愿在任何人面前流露"才疏"之窘，何况现实生活冷热失调，早已激发其另一种思绪。所以，他只略一沉思，便在纸上写下一首诗：

　　昨夜霜风扑玉阑，千丛芳艳付凋残。只余傲骨难销尽，忍与繁华一例看。莫采东篱几片烟，秋风秋雨自年年。但教留得余芳住，不是春花更可怜。

徐树铮微笑着把笔放下。

沈定兰先是拍手叫好，心里十分敬佩丈夫的敏捷诗才，但细一思想，却觉得诗中不免流露出一种悲世而又孤芳自赏的情绪。她本来还想再评说几句，但又怕引得他更加扫兴，就平平淡淡地说："呀！我明白了，你这是抒发的'万生园'之情！""怎见得？"徐树铮问。"昨天万生园赏菊，我就听你不时低吟什么'凋残'、什么'傲骨'的。今天，这满纸的情怀，不完全应了吗？""好，就算让你说中了。"

"怎么就算呢？我就是……难道我还不理解你此时此刻的心情？风云变幻，世态炎凉，谁能受得了这种种折腾？"

"好了，好了。你又多愁善感起来了。"徐树铮重又拿起笔，在诗前冠了个《万生园看菊》的题目，这才把思绪扭转过来。然后说："兰，你也写一首吧。我很欣赏你的章草，写出来，我明天着人送朵云轩，让他们好好装裱一下。"

沈定兰也不推辞。她把徐树铮刚写好的字收拾放在一边，自己又拿出一张宣纸，蘸蘸笔便写出：

　　镜里分别更少年……

徐树铮忙说："让你自己撰写，你怎么又录起我的《览镜》来了？"

"仓仓促促的，哪得有诗？"沈定兰说，"你当别人都是你，七步成章！果然那样了，你还算什么才子？"

"又是你对了！"徐树铮微笑，"好好，你就写吧。"沈定兰继续写下去：

且当图画上凌烟。绮怀销歇留今癖，壮岁峥嵘落酒边。自惜处囊成脱颖，为谁盈镊感华颠。论功未称封候骨，对此头颅重悯然。

徐树铮并非来上海悠然消闲的。他闲不下去。离开陆军部，一度冷静下来，他曾经平心静气地对自己回首一番。当他重温了那段充满战斗和杀机的生活时，他竟惶惶不安起来：他从辉煌的楼阁里倒下来了，袁世凯免了他的陆军部次长职。据说，大总统还要查办他，徐树铮极为愤怒："你袁世凯是怎样当上大总统的？是国民选你的吗？议和一倡，你七魂六魄都出窍了，坐卧不安。不是我出了个'请立共和'的主张，你早就成了罪人！哼，如今你扬眉了。要知道，水能载舟亦能覆舟！"对于目前的败北，徐树铮是不服气的，他觉得有能力改变这种处境。他在等待时机，以图东山再起。他本来想以上海为基地，联络南方各霸，采取行动。今天，爱妾如此启示，他似乎猛醒了："不斗争了吧，有娇妻美妾，有诗酒丝竹，何尝不是一生！"

"园日涉以成趣，门虽设而常关。"正是徐树铮闭门思过、养尊处优的时候，段祺瑞忽然从北京来到上海，不用人通报，便径直跑进徐树铮的别墅。

徐树铮惊讶地问："您何时到上海，怎么连个信息也不告知？""不知道才好呢？"段祺瑞大咧咧地走进小客厅，一边坐一边说："免得那些不三不四的东西捕风捉影，造谣生事，使人坐卧不安。"

"不怕意外？"徐树铮令人泡茶，自己递过烟袋，说，"上海也不是世外桃源。"

"怕什么？"段祺瑞说，"只要袁项城不杀我，别人还不敢！"停片刻，又说："他项城暂时还下不得手！"

徐树铮不加可否，淡淡一笑，这才仔细打量一下段祺瑞。见他学着东洋人的派头留起了八字胡，但却穿起了长衫，又披上黑色披风，头戴礼帽，脚穿合肥老家做的布底便鞋，手里竟握着一根油漆得紫铜色的光亮手杖。那面色，似乎比他离京时丰润了些。徐树铮轻声问道："近来身体还好？"

段祺瑞所答非所问地说："树铮啊，你一拍屁股跑到黄浦江边过起寓公生活来了，把我害得好苦呀！"

徐树铮说："无官一身轻么！袁大总统——袁皇帝不喜欢我们，我们何不离他远远的呢！他不喜欢别人论政，别人就敛口。也算识时务吧。您在西山不是也够怡然自得的么？"

"屁！"段祺瑞击了一下桌子，怒气冲冲地说，"袁项城逼着我去安乐一番，我还不高兴呢！我清闲安乐了，他做起朝廷来，岂不太便宜他了？"

"这个么……"徐树铮有点摸不着头脑了。本来，徐树铮被免去次长之前，段祺瑞便"隐居"北京西山了，他要给袁世凯一个脸色看看；徐树铮被免了陆军部次长职务时，段祺瑞明白"那是冲着我来的！"送徐树铮离京时，段祺瑞紧紧握住他的手，想用言语宽他一番，尚未开口，徐树铮便愤恨地说："袁项城太狠毒了！有我徐某在，决不令此辈猖獗祸国！"段祺瑞便不再开口，只是缓缓并行。

对于袁世凯，段祺瑞的称赞是比贬骂多得多的。就在他把陆军部的大小事务全交给徐树铮，而徐树铮又把件件事都处理得十分妥帖的时候，段祺瑞依然是这个态度。一天，他和徐树铮在花园漫步，谈论起英雄来，段祺瑞说："当今能称起雄才大略、英雄豪杰的人，怕除了黎宋卿便是袁慰亭了。"徐树铮却不屑一顾地说："黄陂（黎元洪黄陂人，故称'黄陂'）一生以骂人起家，项城一生以骗人起家。然则，真豪杰是既不骂人也不骗人的。今黄陂、项城一骂一骗，充其量只能算作'半豪杰'。豪杰而半，其他一半，属屠沽也！"当时，段祺瑞对这个评价还能认可。现在，他觉得徐树铮有远见，看得准。

段祺瑞见徐树铮沉默不语，便从内衣袋里拿出一个破旧的信封，一面交给徐树铮，一面说："树铮，这里有封信，你看看。"

"谁的？"

"一看便知。"

徐树铮展开信，先看上下落款。见是江苏督军冯国璋写给大总统袁世凯的，只轻轻地笑笑，便重新折叠起来，还给段祺瑞。说："冯华甫不是正派人，别让他的污秽语言脏了我眼睛。不看！"

"不看？"段祺瑞把信又扔给徐树铮，以责备的口气说，"为什么不看？'奇文共欣赏'嘛，何况这封信对你我都有莫大的关系。""嗯？！"徐树铮心里一惊，重新拿过信，认真看起来。

这里，要叙述一个小小的、但极其秘密的插曲。因为，只有了解这个插曲，才会明白争夺的内幕：

袁世凯虽然把段祺瑞、冯国璋和王士珍三人当成股肱，可这三个人却各怀鬼胎。段祺瑞安徽合肥人，一心想拉自己的皖系，成其气候。表面上为袁效忠到底，内心里想左右袁世凯。冯国璋直隶河间人，一心想培植一支强大的直系势力，也来控制袁，继而取而代之。不过，在"代之"之前，谁都得打袁的旗号，以袁为靠山。最初，冯国璋是很受袁器重的。自从段祺瑞身边多了个徐树铮，冯国璋渐渐失宠了。他对此很有意见。日前冯国璋来京见袁世凯密谈时，便有这样一段对话：

冯说："段合肥本来是靠总统极近的人，近来为什么总是掣肘呢？我想他们是听了别人的谗言才这样做的。"袁说："你说是徐树铮？""我看那人很诡。""不至于吧？徐树铮还是为我出了一些好主意的。"

"他毕竟是段合肥的人。人称他是'合肥魂'，是段的'小扇子军师'。""容我再想想。"

"我了解此人。"冯国璋朝袁世凯靠近了些，说，"春天，我曾有一封信是以密奏形式送给大总统的，不知大总统看着了没有？是否还记得？"

袁世凯微闭双目，沉思片刻，说："记起来了，记起来了。你的那封信我十分珍贵存着的。我觉得你的见解有道理。"

"我是思之再三才那样做的。也是为了大总统的千秋大业。"

"我明白，明白！"

现在，落到段祺瑞、徐树铮手上的，正是冯国璋的这封密信。徐树铮一边看，一边心中嘀嘀咕咕："这封信怎么又落到段合肥手中的呢？难道袁项城出卖了冯华甫？果真这样，冯华甫不是个东西，袁项城出卖部下就更不是个东西了。"

冯国璋的信，无非说明"段徐合作，意在控权，意在脱离大总统；为达此目的，段已不似昔日忠于大总统"等语。徐树铮看完，淡淡一笑，问道："这封信怎么到你手里的呢？"

"别谈这个。冯华甫本来是条狗。现在看来，连狗也不如了。""你就是为此事到上上海来的？"

"当然不是为这件事。"段祺瑞说，"为狗而动怒，岂不狗也不如了？我才不放在心上呢。有大事！""什么大事？"

"你知道吗？云南起事了。""不知道。"

"袁项城当皇帝的心是不能动摇了，老百姓却不答应。云南首先宣布独立了，蔡锷组织了护国军，挥师讨袁。全国响应，轰轰烈烈展开了护国运动。

袁项城的日子不好过呀！"徐树铮还是淡淡地笑道："这与你我关系不大。"

"怎么不大？"段祺瑞把手一摆，说，"关系大得很呀！"

徐树铮有点迷惑：袁项城想当皇帝，国人无不反对。就为此事，段祺瑞也是表白再三的。袁不收敛，段隐西山。如今蔡锷云南首起，应该是大好事。为什么对我们关系大得很呢？难道段祺瑞又动摇了正常信念？因而，徐树铮还是平静地等段祺瑞说出个中关系。

段祺瑞见徐树铮不开口，心里有点着急。他喜欢开门见山，肚里藏不得事情。于是，便明白地说："云南起事，全国响应，袁项城不安了，派曾毓隽天天上门找我。"

"要您出山，要您'勤王'？"徐树铮急着问。

"可不是。"段祺瑞说，"我对曾毓隽说：'我有病，动不了。'曾毓隽哭求着说：'现在局势乱到如此地步，项城已经盼您望眼欲穿了。他让我告诉您，请你无论如何不要坐视他满头白发人遭人摧残欺负。'就为这件事，袁项城才把冯华甫的信交给我，以表示对咱们真诚。"说到这里，段祺瑞不再往下说，他眨一眨浓大而有些疲惫的眼睛，想从徐树铮面上窥视出一点什么——是同情还是反对？徐树铮沉默着，面对墙壁，一语不发。

段祺瑞焦急着："又铮，难题摆在面前，何去何从？你还得拿出主意啊！"

徐树铮依然沉默着——

袁世凯要当皇帝，国人是不会答应的。这是徐树铮预料中事。护国运动风起云涌，徐树铮心中也明白；他还预测到袁世凯由于不得人心，下场准不会好。现在，袁世凯感到形势严峻了，他不得不向段祺瑞"暗送秋波"，这一点，徐树铮没想到。

云南起事的消息传到徐树铮耳中，他有过认真地思索，他认为"云南边陲，地僻物薄，蔡锷纵有壮志雄心，鞭长莫及，只恐'空悲切'一场。"但徐树铮也看到了这股潮流"势不可挡！将以摧枯拉朽之势，冲垮一切复辟之举"。徐树铮想回北京："与其别人扛起大旗推翻袁世凯，自己先下手，岂不更好。"他想去动员段祺瑞，这个大旗由段祺瑞来扛。将来，他和段祺瑞都会成为"反帝制的英雄"。

徐树铮毕竟是顺着段祺瑞、袁世凯这条竿爬上来的，反袁等于反对他的祖宗，反对祖宗是中国人不愿做的事；或者说不到万不得已，是不愿做的事。就在徐树铮犹豫不决的时候，段祺瑞上门来了，带来的是袁世凯要段祺瑞出山的请求，并且不惜出卖自己的亲信。徐树铮忽然间觉得袁世凯那么可怜，那么真诚起来。徐树铮感到为难了：是可怜袁世凯，感激他往日的提携和今日的真诚，再助他一臂之力？还是顺着潮流起来反对他，打倒他？助袁？希望太渺小了，袁世凯不会轻易放弃他的"皇帝梦"。这个梦是必定要导致自毁的。反袁？护国运动运动到最后究竟会是怎样一个结果？万一成功了，沉浮又由谁来主？这仍是一个谜。何去何从？这个被人称之为"怪杰"的人物，一时也六神无主了。

在漫长的中国历史上，混战中是最能显现英雄本色的。而所有的"乱世英雄"，几乎都有一本内容共同的"真经"，那就是发展自己，壮大自己，凭拳头去独霸天下！

徐树铮自命是中国"英雄中的英雄"，他要像秦始皇一样并吞六国，一统天下。从在巩县办兵工厂起，就盘算扩大自己的势力，硬化自己的拳头。他像一个精明的钓翁，时刻窥视着水面上的波纹，他在等待挑起钓竿。上海，不是他久居之地。"上海只有灯红酒绿，上海只有巨贾大亨。上海不是帝王之邦！"徐树铮身在上海心却在北京。按说，段祺瑞的到来、袁世凯的"真诚"，都给徐树铮带来重新出山的大好时机，只要他决心一下，无论是助袁还是反袁，段祺瑞都会"唯命是从"的——段祺瑞相信徐树铮。段祺瑞常把徐树铮看成是"天赐的人才"，苍天怜他忧国忧民心切，为他差派能人。可是，这一次，徐树铮却反常得很，他既不想助袁，也不想反袁。他说："在目前，我们还是抱定自己的原则，反帝宗旨不变。现在不能出山。何时出去？怎样出去？走下去，不，稳下去再说吧。"

段祺瑞沉默了，他自言自语又似自忧自怨地说："不出去吗？这是不是有些儿见死不救。果然护国运动成功了……"

徐树铮摇头，笑了。"只管稳坐钓鱼台，死不了袁项城，蔡松坡（蔡锷字松坡）也不会马上成功。"

段祺瑞说："你说的也有道理。只是……"

"三次长事件"之后，段祺瑞对袁世凯牢骚满腹。隐居西山，只是权宜之计，有朝一日，他还是要领着皖系几大家重整旗鼓，叱咤风云，来收拾这残破的河山。袁世凯危难当头，几度派人去请，并出示了冯国璋的告密信。段祺瑞动摇了：他毕竟是受过袁世凯恩典的，有过一段荣辱与共、兴衰同当的旧情。他想还得对袁相扶到底。徐树铮一番话，又勾起他保存实力之念："是的，鹿死谁手，尚无定局，还是坐待时机为好。"

"不出山倒是可以。"段祺瑞说，"怎么去见项城？对他说什么呢？""你不是有病么，"徐树铮说，"闭门养病，见他干什么。""不见固佳，但不能养病到底呀！再说，这底……"

徐树铮也觉得这底难测，突如其来拒不相见，也无道理。何况段祺瑞还顶着"陆军部总长"的头衔，总得有个名正言顺的退策。徐树铮思索良久，便说："您也不必为难，袁项城要您立即出山，虽属形势所迫，我思虑着，身边必有人进言。我们不妨做做小动作，让那些进言的人退言岂不两全了？"

"什么动作？"段祺瑞不相信有什么动作可以应酬这件事，"让人退言，可不那么容易。""容易！"徐树铮说，"我们派人在梁士诒、杨度等人面前去造舆论，就说：'只要段合肥愿见项城，项城便可答应段合肥的一切要求。到时候，项城的一切人事、财务、决策都归段合肥了。'这些人都是项城的心腹，又和我们不睦，他们必然从中作梗，阻挠项城与您见面。我们不是可以坐观其变了么？"

"好！"段祺瑞又拍起了桌子，"好极了！我们就看他们鹬蚌相争吧！"

"不！"徐树铮一反沉默，坚定地说，"不仅不见他，还得对他主动进攻！"

"进攻？"段祺瑞莫名其妙了。"是的。是进攻！"

袁世凯"登极"的决心是下定了，一切都按计划进行准备。离大典还有七天，云南兴起的护国运动怒潮般遍及全国，袁世凯六神无主了。侍卫官遵从他的旨意赶制的朝服送到他面前请他试穿，他眼角儿也不想看；御膳堂送到的午膳，比当初老佛爷的还多三味，他却不耐烦恼地摇摇首表示"撤下"。他从早到晚，闷闷地坐在寝室里，垂头苦思，百思不解："大总统我都当得了，为啥不能做皇帝？中国就是我的，是我的！护国，护国，难道我做了皇帝，中国就不是中国了？我就成了洋鬼子了？！"越思越想越恼怒。

"曾毓隽怎么也不来了呢？"他想起了派去找段祺瑞的特使。袁世凯此时特别怀念旧情。他觉得段祺瑞是他的人，他对段有旧情，段不会忘恩。再则，袁世凯感到段有能力帮他。"芝泉有雄厚兵力，只要他主动，我便无事了。"他想念段祺瑞。"芝泉冷我，那是小扇子徐树铮捣的鬼。"他恨徐树铮。曾毓隽十天没有给他送来好消息，他对段也动摇了。"难道段芝泉真的成了叛逆？"

正在袁世凯心急如焚的时候，人报"曾毓隽求见！"袁世凯一连叠声说了几个"请！"

曾毓隽立在袁世凯面前，铁青着脸膛，慢吞吞地拿出一封信，双手捧到袁世凯面前，闷声闷气地说："请大人过目。"

袁世凯还疑为是段祺瑞的效忠信呢，匆匆展开。一眼便认出是徐树铮的墨迹。他面上的欣喜立即消失了。"他，这个东西不是到上海去了么，怎么又……"袁世凯心里凉了："请段的事若被徐树铮知道，他一定会从中作梗。"他想把信扔下不看。也许是"病重乱投医"的关系，袁世凯立刻就抱起了希望。若是"合肥魂"能附上"合肥体"，出个好主意，也是好事呀！这么想着，他把丢下的信又拾起来。

——这封信，便是徐树铮在上海与段祺瑞说的要对袁世凯"主动进攻"的"攻书"。

袁世凯重新看信。见启首称谓是"大元帅"三个字，便火冒三丈："混账！我只是大元帅？我……我……"他想说"我是大总统，我是皇帝，应该称'陛下'，称'总统'！"他没有说出来，便硬着头皮去看信：

> ……天下初定，誓血未干，而遽觑非常，变更国体。无论外交之未洽而民信未孚，干戈四起，大局之危，可翘足而待……

"混账！我袁慰亭是三岁的孩子，几句大话就吓昏了？"他气得声音都颤抖了，大骂道："我一国之主，变更不变更国体是我的事，你徐树铮有什么资格说三道四！"但还不得不继续看下去：

> 速下罪己之明治，去奸谀之徒辈，收已去之民心，复共和之旧制，则滇（指蔡锷）可驰一介之使，以解其兵，内外之人，亦皆无所借，而国务定矣！

"反了，反了！"袁世凯把信狠狠地扔到地上，只觉得头昏沉沉的，于是躺到座椅上，闭着眼睛，只管喘粗气。

曾毓隽捡起信，小心翼翼地看下去。他吃惊地说："大人，下边，下边还有话呢！""什么话？"

　　曾毓隽指着信说："他说，如果他的意见不被采纳……"他停住了。"他敢怎么样？"

　　"请大人自己……""念！"

　　曾毓隽照原信念道：

　　　　授人以柄，自召下天之兵，国家危矣！

　　"一派胡言！"袁世凯挥动着手，大声地说，"掷还他！永远不许他徐树铮扰乱我！"

第八章

大典与隆葬

袁世凯在他居仁堂办公室楼下的会客室里，同从东北来的张作霖密谈许久，有些兴奋。但是，张作霖一离去，他却烦恼起来。烦恼得有些发怒，"我怎么在会客室里见他呢？"他自问。

自从清皇室让出中南海，袁世凯以临时大总统身份从旧居铁狮子胡同搬入以后，居仁堂楼上便作了他的居室，楼下是他的办公室和会客室。可是，这个会客室会的不是一般的客，而是贵客、密友；居仁堂前院里还有一个会客室，叫"大圆镜中"，那是会一般客人的。张作霖当时的军职只是个师长，在"大圆镜中"会他已属"恩遇"了，袁世凯偏偏破例把他请到居仁堂的会客室。可见对张作霖的"优遇"了。张作霖并不满足于这个"优遇"，谈话间，两眼总是盯住多宝格里的古玩器物。玩物中有一个绒线盒子，盒子里放着四只打簧金表，每个表上边环绕着一个圆珠子，背面还有珐琅烧的人物。张作霖像是入了迷，眼睛死盯着不离开。袁世凯见此情形，心中老大的不快。"张雨亭真没见过世面！"但转念又一想，"我就要就大位了，得收拢人心，一件玩物算什么，送给他！"袁世凯把那个绒线盒子拿出来，送给了张作霖。当张作霖带着那件玩物离开居仁堂时，袁世凯忽然心疼起来："张雨亭这样见财眼红的人，得势时他不同我争天下？"

正当袁世凯为张作霖烦恼时，有人来报："后院太太们又大闹起来，请快去看看！"袁世凯的眉头又增添了几层皱纹——原来，袁世凯"登极"之前要把家里每个人加封的，到时候一声宣诏，即成大礼。谁知这家封却不顺利。首先，这"太子"就难封。袁克定是长子，按说这"太子"位非他莫属。可是，袁克定小时候顽皮，在彰德曾因骑马摔坏了一条腿；左手心也因为没有厚皮而常戴一只手套。袁世凯说他"六根不全"，不能"君临天下"。打算在老二或老五中确定一个。这件事未了，又出现一个封妃、封嫔的问题。袁世凯除了一个正式的妻子于氏之外，还有九个姨太太，此时四姨太、七姨太虽然已死了，毕竟还有七位。于氏是"正宫娘娘"无人敢争；那七位，袁世凯想把大、二、三、五封为"妃"，六、八、九封为"嫔"。谁知因这事，便大闹起来。先是六姨太发难，她公开声称："如果不封为妃，我就抱着孩子去彰德，永不进宫！"八、九姨太一见有人带头，马上也说话："谁都不比谁高，为什么她们可以封妃，我们偏偏作嫔呢？不要这个嫔了，索性和六姐一起去当尼姑！"

袁世凯赶到内宅的时候，太太们正在大闹不止。那位素称管家有才又倍受袁世凯喜欢的天津杨柳青人五姨太杨氏，想以自己的声望来作和事佬，拨开众姐妹，开了口："你们别闹啦，你们都当妃子，爱管我叫什么就什么。行不行？"

六姨太平时就不服杨氏的气，嘴一撇，开了腔："五姐，你别说风凉话。你怀里抱着不哭的孩子了，谁不明白，有朝一日，老大一躺下，正位还不是你的。我们算什么？我们又能做什么？我们不回彰德又到哪里去呢？"

袁世凯气怒了，他立在"妃嫔"之中大声说："你们都别闹啦！你们都要回彰德，等着送我的灵柩一块儿回去吧！"这场家讧总算暂时平息了。

袁世凯毕竟是袁世凯，无论中华大地上刮起什么风，无论中南海内怎样争斗，也不管段祺瑞、冯国璋等人的众叛亲离，做皇帝的决心是下定了，并且决定1915年12月13日举行登极大典。

北京城又沸腾了，萧条的大街小巷，渐渐热闹起来。最明显的，要算当铺和寄卖店，无论是坐落在繁华闹市，还是深僻胡同，几乎家家门庭若市，生意兴隆。许多人对朝服、冠带发生了浓厚兴趣，一股抢购风悄悄兴起。小皇帝被赶下台之后，民国成立，共和昌盛，谁也不留恋蟒袍、玉带和乌纱帽了。哪里想到袁大总统要当袁皇帝了，那些破烂竟大逢其时！清室渴望再起的遗老还有办法，旧装犹在，只需从箱中翻出，弹弹灰尘、晒晒太阳便可应付了；那些北洋旧人，革命党投过来的新贵和一些预感有资格"入阁"的众生，便愁苦万分，总不能西装革履去"朝圣"。做，是来不及了，只好跑当铺，觅估衣。有些"借贷无门，走投无路"之辈，还到戏班里去求援。

袁世凯太累了。他就任临时大总统两年来，为权为地位为自己的一切挖空心思，能不累吗？就任大总统不到一个月，他就忙着下令解散国民党，开除议员中的革命党人。他虽然是北洋军的创始人，北洋军的首领又都是他的左右心腹，他却不信任这些人，又成立了由他自己为统帅的陆海军大元帅办事处……一桩桩、一件件，哪里不得他操心？尤其近期更忙：要做皇帝了，皇帝怎么做？这不难，老祖宗留下了丰富的经验，取哪一朝哪一代的来用都可以。只是到袁世凯的时候，中国那么多人对执政党不感兴趣了，不光不看成至高无上，连他存在都不乐意。最后一个小皇帝宣统下台的时候，据说光是北京城就放了三天三夜鞭炮。袁世凯在一天夜里曾在祖宗牌前哭诉说："既然给了我个'皇帝'身子，为什么不早生我二百年？一百年、五十年也好。偏偏把我生在万民反对皇帝的今天。生不逢时，今后祖宗跟着受累，不能说我无能了！"话是这么说，皇帝梦还是不灭。现在，竟然要实现了，袁世凯虽累，心里别说多乐了。

入夜了。北京的冬夜是寒冷的，大街小巷很少有人行走。没有闲人，连叫卖声也听不见。全城静悄悄、沉寂寂的。

袁世凯在室内缓缓地踱着步子，脑子里很乱。先是家事，妃嫔授封未定，姨太太们闹嚷嚷。他虽压下去了，但立太子的事又出了毛病。长子袁克定听说老爹不想立他而要在二弟或五弟中选一个，当即就表示："如果大爷（袁克定不叫袁世凯'爹'，改口叫'大爷'，即伯父。据说改变称呼可以长命百岁）要立二弟，我就杀了二弟；要立五弟，我就杀五弟！"以致弄得于氏娘娘跑来对他说："咱们家要闹'血滴子'了！"袁世凯不相信，他骂夫人"胡说！"但他心里却凉了半截："闹'血滴子'是可能的。清朝就不乏其人其事，雍正夺位就是事实。"

室内太闷了，袁世凯走出来，在庭院中，他抬头看看天。天空蒙上一层浓云，他不觉心里一沉。星相学表明，历代帝王登大位时，以晴朗的天空为佳，万里无云，星光灿烂，一派旺盛景象。今天，天空连一颗星星也不见。不祥之兆！他站立许久，对于星相似信非信。"随它去吧，我不能听天由命，我得自己做主。"他挺胸舒了一口气，急忙转回屋里，坐犹未稳，便呼唤"来人！"

一个侍卫官疾步走进。脚未立定，先喊了声"主座！"又急忙改口呼"万岁！"

袁世凯不耐烦地望了他一眼，暗暗骂道："糊涂东西！'主座'是我由大总统向皇帝过渡时的称谓。现在，我要登极坐大位了，怎么还叫我'主座'呢？"他背过身，闷声闷气地说："传内使监阮忠枢阮大人。"

"内使监？"侍卫官迷惑了，他不知道总统府里何时增设了个"内使监"？

原来这"内使监"是由总统的秘书厅改名的。改名和委任都是袁世凯自定，尚未公诸天下，所以侍卫官不知道。袁世凯见他发呆，心里明白了。便说："就是那位新从天津来的阮先生。"侍卫官应了一声"是！"便退了出去。

阮忠枢来了，他颇有点慌张。他站在袁世凯面前，一下子连大礼都不知该怎么行了，也不知如何称谓了。大半天，才先行跪叩，然后喊了声："陛下……"他想接下去呼"万岁"，袁世凯早开口了："你我交深，就不必用此大礼了。斗公，明天的事，你知道了吧？大典一罢，自然要公告全国。我想找你来商量一下诏书文稿的事。"

"陛下，"阮忠枢胸有成竹地说，"我已经将稿子草就了，只待陛下龙目审阅。"

袁世凯笑了："到底是老文案！"便说："我知道，你是胜任的。你就念给我听听吧。"

阮忠枢清了清嗓门，戴上花镜，大声念道："奉天承运，皇帝……"

"不必这样起首了吧。"袁世凯急忙摇摇手。

"这……这……"阮忠枢惶恐了，"皇上发诏，不用'奉天承运'用什么？历朝如此，这是纲常规定的。"他不敢越规，也无能越规。

"不必在形式上讲究。"袁世凯说，"应该讲点实际。中国毕竟是经历了一场革命。我们——"他本来想说"我们今天的帝国应不同于前朝的帝国。"可是，连他自己也说不清楚现在的帝国应与前朝的帝国有什么不同？

阮忠枢领会了他的用心，想回避过去，便继续读下去：

> ……君主立宪，乃国民一致所求，中华帝国皇帝业经选定，
> 不免会有奸宄违反民意，作祟胡为。现诏示全国，若有人敢反对

洪宪皇帝，必严惩不贷！

袁世凯眯着眼睛，听着，思索着，觉得还贴切。不过，在阮忠枢念完之后，他还是说："就这样好了。只是，嗯，是不是把'诏示全国'改为'通令全国'？也算适应点儿潮流。""是，陛下。"

袁世凯在北京城紧锣密鼓准备登极的时候，徐树铮在上海过得有些心烦。天天诗酒，朝朝歌舞，也有些腻了。他想出去走走，往哪里走呢？他又犹豫了。去的地方有，他觉得无什么目的，又怕袁世凯算计他。昨天，他兴致来了，想写字。文房四宝全齐了，他又呆起来，踱步多时，才匆匆将当年的《济南秋海棠咏》录下一首：

> 岂是晨妆懒黛眉，儿家新恨索侬知。
> 西风不与群芳伍，憔悴无言独倚时。

写毕，他便留在案上了，没落款，也没有用印。反常的是，他是临着爱妾沈定兰的章草体，这便惹起了一点小小的"误会"——

定兰午睡起来，揉着惺忪的双眼，从卧室走到案前，忽然发现了自己墨迹未干的一幅字，也迷糊糊地想："啊，我刚刚写字了？是在写字，是在和朋友们相聚时写的字吗？"她急忙喊："树铮，树铮！你过来。"

徐树铮正懒洋洋地立在房外走廊上，听得呼唤，先应了一句"什么事"，然后转身走进室内。"来，看看我的这张字如何？"

"你的？"徐树铮暗暗惊讶，"什么时候写的？我怎么不知道。""你午睡时我写的。"

"我午睡时你也在梦中，是梦中走笔？"

定兰定神想想，可不是，离开了餐桌她就钻进卧室。一场美梦刚醒，何曾写字了。定兰锁着眉，端详着半天，明白了。她扑向树铮怀中，娇嗔地拍打着他："你坏，你真坏！你为什么临我的体？临得连我也认不出了。你坏……"

徐树铮轻拍着他的肩背，说："这不是坏，这叫作'知妻莫若夫'。你那字的气质、神韵、章法，我都了如指掌，能够以假乱真。你看见了吧，这就叫'心有灵犀一点通'。你不想'通'？不想通你就回北京去……"

沈定兰不再说话，她用一把象牙梳子轻轻地理着散乱的黑发，目光有些迟疑——显然她陷入了一种沉思。

这是一位很有心地的女子，有风姿，有才华。她投到徐树铮怀中，就打定主意帮他干一番事业。她觉得她的才智会对他有帮助。可是，两年过去了，中国政治风云变幻莫测，她心灰意冷，好想拉着丈夫一起退下来，过一段与世无争的平静生活。她和徐树铮一样，都是胸怀大志的人，平静了几日，就平静不下去了。今天看到徐树铮的字，一边敬服丈夫变化多端的书法，一边也勾起她对诗意的沉思："树铮又不甘心寂寞了。他想趁着'晨妆'画眉，想顶着'西风'与'群芳'为伍，想不再因为'独倚'而'憔悴'。"

定兰轻轻地叹息一声，说，"树铮，我觉得近日以来你心神不定。对吗？"

"是吗？"徐树铮淡淡地一笑，说："本人对一切都麻木了。还是麻木一点好。"

"果然麻木了，也是一件好事。只怕你不是真麻木。"停了停，沈定兰又说，"别委屈自己了。敞开胸怀，自由自在一点吧。"

思想交融了，徐树铮便坦率地说："其实，也不算什么委屈，把一切都看淡了，也就可以舒适地在小天地中过下去。比如这幢小楼，更加上有你这样一位美人在身边，算得神仙生活了。只是，有一股气总是咽不下去：袁项城之辈，冯华甫之辈，还有黎宋卿之辈，皆无能蠢材，却高高在上，愚弄万民。而万民又无可奈何地要逆来顺受。这是世道的不公正，是国家民族的不幸。不除此辈，心总不安。"

"我就知道你不甘心'安静'。"沈定兰说，"何必难为自己呢，走出上海……"

"你也这么想？"徐树铮惊讶地站起来，两手紧紧按住定兰的双肩，"十分感谢小妹的盛情。"

"又乱说了。"沈定兰挣脱徐树铮，背过身去，"你这样见外地待我，我成什么人了？"

"好好，不感谢了，你是我的好内助！"

沈定兰的启发，徐树铮不平静了。"我不能让袁项城辈如此猖狂下去。"他决定去见段祺瑞。段祺瑞尚在上海没走……这一会见，使一个那寂寞沉静的小乡村又翻腾起来了——十天之后。

徐树铮的原籍——萧县皇藏峪地方的醴泉村，白帆高挑，素灯满挂，徐姓男女老幼，个个披麻戴孝，哀乐阵阵，响彻云霄——徐树铮在为他二十多年前去世的祖母和九年前去世的父亲举行隆重的安葬典礼。

醴泉村，当年的冰雹和蝗虫造成的灾难，早已不存在了。如今是新房成排，绿树葱葱，村庄也比昔日扩大了一两倍。徐家是大户，又做了高官，这些年便自自然然地形成了一座"徐家大院"：五进五出的庭院，高高的四角楼，涂着黑漆的翘角门楣，庭院中长成高大的梧桐树；院墙四周筑起圩，壕沟里长年有水，壕沟外绿树成荫。这徐家大院便占了村子的一半，是个极其阴森而又神秘的地方。徐家大院四周，便是排列参差、高矮不齐、草瓦间杂的小院子，有人说"这是群星捧月的布局"。

皇藏峪的和尚也都赶来为之超度。为首的，便是当年被狼吃了的法师的高徒叫妙空的。大约这位妙空法师也想借徐家的威风超度一番恩师，所以，一切仪程都做得十分认真。木鱼清嘹，经声悲壮，陡增了一番哀伤之气。

徐家灵堂是设在五进院的最后一进的堂屋正厅里，黑纱张挂，长长的条桌上摆放着徐树铮祖母和父亲的木制灵牌，灵牌后各写着一个巨大的"奠"字；两侧黑纱上悬着由段祺瑞落款的巨幅挽幛，挽联是：

恸哭松声回，悲泉共鸣咽。

灵堂左右侧壁上，便是京城中上至国务总理、各部总长、各省总督、督军，下至军营总办、总管、府、县衙的头头们的挽幛。灵堂正门挂竹帘，门外搭起灵棚，院中纵横拉起绳索，上边吊着成的串白色纸球和灯笼。一派恸哀凄楚气氛。

五进院的前一二两院，改成了待客的厅堂，窗明几净，茶香烟缭。那二进院的待客厅，是专门接待官方人士的，正堂穿道的右侧厢房，是段祺瑞和徐树铮的临时卧室兼会客室。门外日夜由两个穿着孝服的贴身警卫巡守。一进院的所有房屋里均为哀宴厅，从晨至昏，长宴不撤！当时的地方小报惊讶地说徐氏这次安葬"破徐属八县历来丧事之隆"。徐树铮选择此时出大殡，其实是"醉翁之意不在酒"。他在上海同段祺瑞商定"以出殡为名，联络长江流域各派军政首领以反袁"。结果，到醴泉村"吊丧"的有直隶、山东、江苏、河南、安徽、浙江、江西、上海、福建、湖北、湖南和两广等地的督军、总督或代表共二十余人，东北三省、西南云贵和西北陕甘等省均发来了唁电。段祺瑞、徐树铮喜出望外，他们得到了支持，看到了自己的影响和阵容。因而，丢下祖宗灵牌，便日夜和各地要员们接谈，或茶或烟，或赌或酒。最后，他们和一些省的军、政头目达成协议：共同反对袁世凯称帝，响应云南，伺机开展护国运动。

徐树铮回到上海，段祺瑞也去了北京，依然过他们的"隐士"生活去了。北京中南海里的袁世凯，称帝之心，日坚一日。眼看着大典将举，徐树铮也感到事情严重了。他对袁世凯毕竟是"随侍有年，受恩际厚"，他不愿"避斧钺之诛，缄忠谏之口，违忠勇之义"，还是以军队僚属身份再次给袁世凯写了一封忠谏信。可是，袁世凯登极大事在即，又记恨前信，信封都不拆，只用墨圈去信封上的名字，便派人还给他。至此，徐树铮才算真的下了反袁决心。

袁世凯的登极大典，是在中南海居仁堂大厅里举行的。

中南海里的居仁堂，历来不是一个庄严的地方，有人说它不伦不类。昔日，曾作过妃嫔们的宴舞厅，做过客厅，也作过宦儿们的赌场。最光彩的，当然该算今天，袁皇帝要在这里举行登极盛典。居仁堂大厅中，上首摆放着龙案龙座。龙座设在龙案前，两旁却无仪仗，只有袁皇帝平日贴身的几个卫兵排在座后。那些想在袁皇帝陛下御前争宠的文武官员们来得很早，很齐。这些人，有的朝服纱帽，有的长袍马褂，有的武装整齐，有的西装革履，还有的便服简装，形形色色，五花八门，简直像拥进大雄宝殿中的一群善男信女！谁能相信，就是这些人，正在这里举行一个"旷世盛典"！此时，大厅角落里，几个卑小的人物在叽叽喳喳："这就算改朝换代了吗？"

"怎么不算呢？算。有龙案龙座呢。""为什么不见黄陂？为什么不见合肥？""冯华甫也不见。"

"难道这些人不赞成项城当皇帝？""天知道？"

"这么说，有好戏看了……"

九时过去了，袁世凯才来到大厅。

袁皇帝一出现，大厅里所有的人都惊讶了——

袁世凯没有按照历代皇帝登极时穿戴龙袍、皇冠，而是穿着大元帅服。然而，他却光着脑袋。人们犯了猜疑。袁世凯的元帅帽子，顶部饰有叠羽，很威风，可是，他从来不戴。有人对比一下，觉得这顶元帅帽，无论如何要比大清皇帝当年赐给他的花翎顶子要高贵得多。他为什么不戴呢？据他的近卫透露，这顶元帅帽子颜色不正，绿色颇重，所以他不戴。

袁世凯在大厅站稳，目光呆滞，对任何人都没有表情，木雕般立在那里。

担任大典司礼官的是段芝贵。他朝大厅中间走去。笔直站立，目光扫视一下散乱的人群，便大声宣道："皇上有令，大礼从简。只需三鞠躬，一切从免！"

不知是人心慌乱，还是这位司礼官的宣诏含糊不清，大厅里顷刻大乱起来：有的人行三跪九叩礼，有的人撅起屁股深深地鞠躬，有的人在胸前合十。穿西装的撞着穿朝服人的头，穿马褂的踩着穿便服人的脚；穿朝服的尚未扎起袍衿，穿西装的已经碰落了他的纱帽，穿朝服的顾不得尊严，竟"哎哟——"地叫骂起来。袁世凯还是醉了。他立在龙案前，笑得半闭着眼睛，左手扶着龙座的扶手，右手扬起，掌心向上，不断地对行礼人点头，还不时向年长者故作搀扶姿态……

大约是袁世凯虽然有了做皇帝的决心和准备，但缺乏做皇帝的实践，一旦登上这个宝座，反而不自然起来——他，一副五短的身材，虽然上下身不怎么协调，由于行伍生活年久，昔日或立或坐，总是挺直着腰，目光平视。而今，他在龙案前，在龙座上，显得十分拘谨。有人说："颇像早年溥仪被抱上龙座，神情都紧张了。"谁都知道，袁世凯有一件离不开身的东西，那就是握在手中的一根下端镶有铁包头的藤手杖。这手杖他并非用它来支撑身体，他的身体很好，不需支撑；他是用它来防身的。无论是昼还是夜，别人只要听到"梆梆梆……"敲地的声音，就知道是他。他靠它敲地行走，他坐下时便把它竖在身旁。现在，手杖也不见了——是不是做了皇帝不许带手杖，还是手杖会影响皇帝的尊严？

拘谨了半天，袁世凯突然感到不对劲儿。他用目光扫视一下面前浮动着的各式面孔，觉得少了点什么？少什么呢？他静思一下，有些恼怒了："为什么大厅里没有一个人呼'万岁'？"

当初（1913年3月10日），他从革命党手里夺得大总统的时候，有个庄严的宣誓。他向议长宣誓，也是在中南海。袁世凯记得清清楚楚：他，着将军军装，笔挺站立，朗朗有声地念一纸誓词：

余誓以至诚，谨守宪法，执行中华民国大总统之职务。

誓词念了，文武官员们对他高呼"万岁！"他想："那时候，你们都呼'万岁'，今天为啥又不呼了？改帝制，赞成君主立宪，也是国民选出的一千九百一十三位代表全体通过的，今天为什么反而不认账了？"袁世凯想发怒，想骂这些文武大臣。不过，他没有骂出口，他不能骂。那一千九百一十三位国民代表是怎样赞他由大总统到大皇帝的，他心里最清楚——因为他从库房里"惠赠"了每人五百大洋。他怕有人当场说出真相。

他暗自恼怒半天，又有些自责："人家高呼'万岁'要待你宣誓——不，宣诏之后呀！你还不曾说出个子丑寅卯，仅仅由司礼官宣布个仪式，人家怎么欢呼呢？"袁世凯急忙从元帅服的衣袋里摸出早时阮忠枢为他写好的"诏示全国"改为"通令全国"的诏书，挺挺胸，清清嗓门，然后高声宣读起来：

……君主立宪，乃国民一致所求……

会场寂静倒是十分寂静，但是，很少人聆听。他们交头接耳，窃窃私语，或点首，或冷笑，或惊讶，或沉默。人们都明白，云南首起的护国运动之潮流，已经波及全国，袁世凯是在举国声讨之中往宝座上爬的。即使爬上去了，又能待多久？人们不得不想到：要为皇帝想，更要为自己想。

袁世凯没有去观察人们的脸膛和情绪，他想赶快把诏书念完。纵有千百种大事，也要待以后再说。

袁世凯念诏书的声调一直不怎么洪亮。立在角落里的诏书起草人阮忠枢也觉得少气无力，连句字也连贯不起，吐字也不准确。诏书念完了，他把双手垂下，胸又挺起，用比较浓重的河南话宣布："承受帝位，改元洪宪！"

他站立着，等着大厅里山呼海啸般的"万岁"呼声。但是，最后却没听到，他失望地瘫坐在"龙墩"上。

第九章
徐次长重膺冠带

袁世凯当了洪宪皇帝的第十天，徐树铮从上海大大方方地回到北京。他的朋友、旧部，大造声势，跑到前门车站去迎他，前呼后拥地把他送到铁狮子胡同旧宅，还大张旗鼓地设宴欢迎。

这一天，徐树铮很精神。北京城虽然仍是冰封雪盖，气候寒冷，他却便装简服，一身长衫，头上不戴帽，脚上不穿靴。离开上海时，新亚理发店的高级现代理发师为他理的西式短发，油光闪亮，红润的四方脸膛显得分外有神。他微笑着向所有的军、政界人士和朋友致意。那气氛之热烈，像一个远征的将军胜利归来一般。

徐树铮要在北京城制造一种气氛，要令朝野上下都知道"徐树铮没有死！不仅没有死，而又精神焕发地回来了！他要在北京立足，在北京风流下去！"

三十五岁的徐树铮，早已不是十五年前流落济南街头"谁与问飘零"的人了。他的自我感觉是：陆军部次长被免了，不一定是祸；袁世凯当了皇帝，不一定是福。他在上海动身时，云南的蔡锷已经挥师北上，长江以南各省纷纷宣言，独立的独立，附蔡的附蔡，反帝制运动已经形成高潮。尤其令徐树铮欣喜的是，江西、浙江、山东、江苏、湖南等五省军界首领联名发了一个通电给袁世凯，以十分强硬的口气要求袁"迅速取消帝制，以安人心"。这个轰动一时的"五将军密电"，其幕后策划不是别人，正是徐树铮！是他在皇藏峪的醴泉村家里办丧事的悲哀声中决定的。当时，段祺瑞打算像当初四十二将领署名向小皇帝进谏"请立共和政体"的通电一样，由他领衔，向袁世凯发一道通电。可是，徐树铮坚决不同意。

"老总，'请立共和政体'的通电您可以领衔，您同清廷没有直接瓜葛，没有私人恩怨。现在，您不能领衔。谁都知道，您跟项城有生死之交，您发难于他，项城恨您，一切交情都绝了；别的将军也会考虑合肥反项城是真是假？不一定会响应……"

"那你说该怎么办？"段祺瑞明白徐树铮的用心，便问。"我想，这个通电应该由冯华甫领衔。至少他得联名。"

"他干吗？"段祺瑞怀疑了，"早些时候他还领着小老婆到北京去见项城，名义上去说服项城不要作皇帝，可是心里却是去促成他当皇帝。"

"怎见得？"徐树铮惊讶地问。

"你知道冯华甫是怎么被说服的吗？"

"不知道。"徐树铮说，"我也不想知道他说什么。事情就是这样：他干他的，我干我的，在干中见高低。我不信……"

"你错了。"段祺瑞狠狠地摇着手，"知己知彼，才能百战百胜。你连冯华甫干什么了全不知，怎么对付他？"

徐树铮冷冷一笑，说："对付冯华甫之辈，怎需如此动脑筋？""不，得动脑筋！"段祺瑞说，"冯华甫口口声声对袁项城说什么'南方对于改革国体，并非不赞成，只是时间问题'。又说什么'将来天与人归，大总统虽谦让，恐怕推也推不掉的'。你瞧，他不是拥护帝制么。"

"正因为如此，才得让冯华甫领衔反袁。他一反了，袁项城才知道厉害！到那时，才更有好戏看呢？""好是好。"段祺瑞沉默了。他迟迟疑疑地说："冯华甫干不干？""干！冯华甫准干。"徐树铮附在段祺瑞耳边，私语一阵。段祺瑞虽点头应着"嗯"，心里还是拿不定。

——原来，徐树铮把当初冯国璋给袁世凯的挑拨信作为把柄，在醴泉村分别密告了几省督军。并说："冯华甫只有带头反对帝制，国人才会谅解他。否则，将同袁一起毁灭！"还说："段芝泉打算同冯和解，但得看他有无行动。"

冯国璋获得此情况之后，不得不有所表现，这才有联名通电之举。

现在，果然应了徐树铮的预测，"五将军密电"成为事实。徐树铮窃得电文之后，便马不停蹄北上，仿佛是要到北京"受封"一般。

夜深之后，徐宅的宴席散了，宾客先后离去，只有段祺瑞没有走。他躺在徐树铮的小卧室里，面前守着烟灯，凳上放着香茶，他却在失神地沉思，连眼珠也不转动；只是鼻子尚未歪，说明他心思虽重却并不生气。

徐树铮送走了所有的客人，这才转回卧室。

"树铮，"段祺瑞招手让他坐下，说，"你坐下，咱们好好谈谈。今日此举，我心里总有点儿不扎实。""有什么不扎实？"

"我去西山，你去上海，都是为了避开项城的耳目。他登大座，咱们不入，也是故意避开的。何况，他早有查办你的心。我觉得隐避还怕隐避不密。你这样大肆声张地进京，大宴宾客，岂不是告诉袁项城咱们回来了！他果然恼羞成怒，闹出事来，可怎么好呢？"段祺瑞心里很沉重，说话时也有三分悬着心。

徐树铮很坦然。他一直微笑对着段祺瑞，语言那么轻描淡写："看形势发展吧。我总觉得形势对咱们有利，而且不是一般的有利，是十分有利！袁项城能把咱们忘了，那是他的不幸，却是咱们的更不幸。我这样声张，其实是怕他忘了咱。""此话怎讲？"

"您不必担心，事情演变下去，您就会明白。"

段祺瑞不放心，他估摸不透会演变成什么样子。因而，他一直心思重重地沉默着。

晚上，段祺瑞没有走。徐树铮没有同他再推测今后会如何演变，他却带着妻妾们同段祺瑞打起牌来。

大典之后，袁世凯并没有过度的兴奋。他盼着做皇帝，真做皇帝了，好像还不如盼的时候令人醉呢。所以，大典完了，他却变得沉默、优柔起来，不仅龙袍不穿，元帅服不穿，连长袍马褂也不穿，却穿上一身黑色制服。那制服是矮立领，有四个暗兜。脚上着黑色短筒皮靴，那是羊皮衬里的，靴子的两旁嵌有两块马蹄形的松紧带。这两天北京天气稍冷，制服上衣外又加了一件厚驼绒坎肩。登极那天他光着头，回到家他竟戴起了四周吊着貂皮、中间露出黑绒平顶的皮帽——这是袁世凯几乎终生不变的冬季穿戴了，每年冬天他都这样打扮：小站练兵如此，山东做巡抚如此，做北洋大臣如此，被迫回彰德还是如此；现在到中南海了，他仍然如此。别看袁世凯处世朝三暮四，生活却十分规律。就是在内室吃饭，穿戴也板板正正。因此，他身边的人常见他每天吃饭便汗流满面。什么原因呢？因为居仁堂烧暖气，他仍然衣冠楚楚。

袁世凯不怎么兴奋，可是家人却欣喜若狂。虽然册封还未定局，每人都会有一份却是无疑的。"一人得道，鸡犬升天"，皇上更不用说了。

家人因袁世凯当了皇帝，便在居仁堂会议厅里仿着大户人家的堂会形式召来了个京剧班子，唱戏庆贺。开锣的时候，袁皇帝和于娘娘来到台下。掌班的拿出戏单交给侍卫，侍卫双手捧着送到袁世凯面前。

袁世凯在京、津虽然住了许多年，可就是不懂戏。往日，赶上他在场需要点戏时，便问别人"什么戏最热闹？"久而久之，他知道一出热闹戏，叫《浣花溪》，他喜欢戏里的玩笑。现在，他当上皇帝了，还是点了这出《浣花溪》。几个半丑半武的角色在台上嘻打追闹起来，引得他脸上现出了微笑。到娘娘点戏时，娘娘也是按照昔日的规矩，点了一出《打面缸》。

《打面缸》虽然不像《浣花溪》那样令人捧腹，但戏里有个叫"四老爷"的角色很惹袁世凯喜欢：一来袁世凯排行居四，戏台上一声一个"四老爷"，喊得他心花怒放；二是四老爷的癖好，处处和袁世凯相似，别人看起来好笑，袁世凯还以为是恭维自己，心里高兴。谁知今天发生了意外，袁世凯越听越看，心里越不舒服："怎么一声一声叫'四老爷'？我老四是皇上，叫'陛下'叫'万岁'才是正经。'四老爷'就这丑样？这不是暗骂我吗？我就是这个样子？"他转脸问于氏："怎么点这出戏？"

"这不是你平时最喜欢看的戏吗？"于氏惊讶地说。

"平时是平时。"袁世凯有些儿怒了，"今天怎么能与平时一般呢？""那为啥？"

"糊涂！"袁世凯说，"就你这心肠，怎么能做六宫之首？"

"啊？！"于氏惊慌了：如今的袁世凯不是昔日了，金口玉言，说叫谁死也是平常事。贬娘娘还不是一句话。于是，她说："不喜欢看就不看罢哩，气什么呀？"

袁世凯不再说话，又停了片刻，便不声不响离去。

袁世凯这几天十分焦急不安，云南起事，全国响应，这都在预料之中，他把它看成是正常现象：历朝历代，都是这样，不经风险是夺不得大位的；同样，不经磨难，大位也是保不住的。不过，"五将军密电"完全出乎他预料；五将军中有冯华甫，更是他想象不到的。"娘的，冯华甫就曾逼着我就大位。出尔反尔，今天又强逼着我速取消帝制。算什么人？"他又觉得"冯华甫不会这样做"。

袁世凯决定派个人去南京打听一下虚实。派谁呢？想想，身边已无得力之人了，只好请镇安上将军段芝贵走一趟了。

袁世凯找来段芝贵，亲切地呼着他说："香岩，此次南行，事关重大。若华甫真有此事，则应规劝，能表明'取消'更好，否则，也只好力争了。切不可抵触下去。"段芝贵答应着，退了出去。

段芝贵在南京见着冯国璋，"五将军密电"事避而不谈，竟替袁说了一片"不得已"之类的话。如：什么"众人齐推"，什么"筹安会决定"，又什么"大总统也是不已而才应了改帝之事"，等等。冯国璋明白这全是假词，段芝贵是来查实"五将军密电"的。所以，也就毫不含糊地说："香岩将军，此事既然木已成舟，我等也就无需说三道四了。只是，民心、众志都不得不慎思。云南之举，天下响应；日前，从国事大局出发，我也同其他几将军共同电袁项城，还是顺乎民意。看来，是无效应了。我担心日后呀！"

段芝贵趁势追问："密电一事，项城觉得恐非华甫公本意。"冯国璋笑了："如此大举，岂可儿戏？我是为了国家民族和项城本人的利益才这样做的。"

段芝贵一见一切都无可挽回了，便匆匆告辞，匆匆返回北京。袁世凯听了段芝贵的报告，软瘫下来。

三天后，袁世凯下了一道紧急令，调冯国璋来任参谋总长。又三天后，冯国璋送来"害病"不能远行，无法来京任职的报告；同时还在南京及至整个江苏发动各界人士挽留他，向袁世凯发出挽留的电请。

袁世凯这才感到"冯华甫这一臂是不堪依靠了！"不过，袁世凯还没有绝望，他觉得冯国璋不会为难他到底的。过去，冯曾向他再三表白："公——则心悦诚服，私——则恩重如山；分虽僚属，谊犹家人。"家人怎么会来反他呢？他经过三思，还是要重用冯华甫的。那是后话了。

目前怎么办？全国汹涌澎湃，萧墙内又众叛亲离，中南海再牢固，也不是安居之处。袁世凯感到他将要成为真正的"孤家寡人"了。

人就怕走到绝路，在绝路上不愿干的事也得干，不想见的人也得见。虽然昔日心死志决，今天也会改变初衷。

袁世凯费了九牛二虎之力爬上皇帝宝座，不想这个宝座就那么不易坐！现在，想稳也稳不住了。自己收拾残局，显然已无能为力。由谁来扶？渺渺茫茫。真是到了皇帝也山穷水尽了。此时，他不得不想到段祺瑞："芝泉还是我的知心人！"

他又把段芝贵找来——如今，在他身边能够左右逢源、上下沟通的，只有这一位段香岩了。他虽然不是袁世凯心上的支柱，但在所有的支柱都不顶用的时候，也只有靠他了。正所谓"山中无老虎，猴子称大王"！

"香岩，"袁世凯几乎是用不容商量的口气说，"我决定了，想尽一办法，请芝泉出来担当重任。""您决定了？"袁世凯点点头。"他会应诏？""你去请！""不出呢？"

"我去！"段芝贵心跳了，"袁项城呀！你这个皇帝当得也够可怜的了！"他仔细想了想，说："芝泉与您私交，那是无话可说，只是近年……"他停了片刻，才说："自从免了徐树铮的陆军部次长职，你们的关系就不如前了。芝泉隐匿西山，实际是与您抗衡。抗衡尚未解冻，他会出来收拾这个局面？"

"他总不会眼睁睁地看着别人杀了我？""你想怎么用他呢？""让他就任国务卿！"

段芝贵心里又一跳。"袁项城下大赌注了。不知段合肥愿不愿上这个钩？"他想了想，说："只怕那个'小扇子'对他钳制太大。""你说徐树铮？""是。"

"他早隐居上海去了。"

"不！"段芝贵说，"徐树铮在北京。他回到北京来了！并且还是耀武扬威回来的。"于是，他把徐树铮回北京众人迎接、设宴等一幕幕说了个详细。

袁世凯帅常惊讶，扫兴地软瘫在龙座上。许久许久，才说："那么，就把徐树铮一起请出。""不怕麻烦？"

袁世凯摇摇头。"顾不得那么多了。"

段祺瑞匆匆忙忙找到徐树铮，屁股尚未坐定，便扯着嗓门说："又铮，又铮！你真有神仙般的能耐。佩服！佩服！""何事如此欢欣？""找上门来了。""谁？"

"袁项城！"段祺瑞说，"袁项城差段香岩风风火火地找到我，说这些天'项城想得发疯，已经决定让你当国务卿了。无论如何，你不能不接受。'终于有这一天了，你推测得一百个对！"

徐树铮只淡淡一笑，说："山穷水尽，又四面楚歌，他自然会想起您。

若是举国上下皆山呼'万岁'，怕头一个遭难的就是您。"

"我懂，我懂！"段祺瑞说，"你以为我为了要当国务卿高兴？屁！我才不屑当这个官呢。我是觉得你有本事，就像袁项城肚里的虫一样，猜他猜得准。那一天你大办宴席，我还怕出祸端呢！今天，果然应了你的话，袁项城竟像听你的指挥一样办事。""您答应了？"

"答应？"段祺瑞狠狠地摇摇头，"屁！我段芝泉是堂堂的将军，不是他袁项城家中的狗：一瞪眼就夹着尾巴跑远，给块烂饼子就摇着尾巴偎上来！他要当洪宪皇帝那阵子，我死了他才顺心；现在，江河都反了，他的日子不好过了，这才想让我出来当国务卿？什么国务卿？挡箭牌，替死鬼！我不是三岁的孩子，不上这个当！""决定不干了？""对。不干！"

徐树铮把茶杯朝桌上用力一放，"嗵——！"水花四溅。他绷着脸说："您错了。错得十分厉害！"

"啊——？"段祺瑞顿时脸上消失了微笑，他瞪眼望着徐树铮，"我错在哪里？"

"您错在不出任国务卿。"

"不是你说'决不与项城合作'么？为什么……"

"此一时也，彼一时也！当初我说那个话的时候，是没有错的；现在说这个话的时候，同样没有错。"

段祺瑞糊涂了，他锁起眉头，低垂着头，沉默起来。段祺瑞是个性子急躁又直的人，心中存不住事儿。闷坐一会儿，便急得满面流汗。徐树铮笑了，"您别着急，我也不是危言耸听。您瞧瞧，袁项城当皇帝，成了众矢之的，八方英雄齐出动，四海能人都要显一显能耐。鹿死谁手，谁就是真正的英雄。任何所谓的英雄得了他，哪怕他再假，他也要把包括真英雄在内的人打下去！这是历史。不管您承认不承认，都是历史。"

"别说这么玄乎了。你看怎么办？"

"要去！就任国务卿。与其闲居受制，不如居高制人！"

段祺瑞明白，心动了。他重复着"与其闲居受制，不如居高制人！"段祺瑞一巴掌拍在桌上，眉头展开，感到自己又有用武之处了。"对，要居高制人！我干！"段祺瑞出山，自然忘不了徐树铮。他转过身，深有感慨地说："树铮，你呢？我看得要项城收回撤销次长的成命。"

"那倒没有必要。"徐树铮说，"他那个命令也是历史了，现在不撤也不生效了。”

“那你说该怎么办？”

徐树铮慢条斯理地说：“现在，他袁项城要用咱了，自然应该有用的条件。与其恢复次长，倒不如在您身边做一名幕僚实惠。”“又铮，你别说了，我全明白了。这事我会办好的。我走啦。”段祺瑞终于被袁世凯请进了中南海。

这是一次十分微妙，但又甚是尴尬的相会。那一天，气候依然严寒，刮着刺骨的西北风；风卷着长城以外裹来的尘沙，使北京城陷入弥漫的雾气之中。在居仁堂的小会客室里，袁世凯黑色制服，光着脑袋，那额角虽然还显得宽阔，但却明显地憔悴了；眼睛也无光，像是劳累多日未曾休息似的。见到段祺瑞，只深情而又颇有伤感地叫了声“芝泉！”便示意他坐下。

段祺瑞长衫便服，戴了一顶黑色礼帽。进居仁堂时，礼帽扣在手中，见了袁世凯的面，只深深地鞠了一躬，便默默地坐在袁世凯身边。此情此景，宛如袁世凯初丧考妣段来吊丧，不胜凄惨的样子。

唯有段芝贵此刻显得潇洒又自如。他风度翩翩，是宾又是主的款待着他们俩，乐哈哈地说：“你们这翁婿俩，风雨共济几十年了，戎马倥偬，从没有从容自如地开怀畅谈、开怀畅饮，今日难得，我就陪二位畅谈，畅饮！当说的说尽，然后一醉方休……”

袁世凯朝他努了一下嘴巴。段芝贵立刻煞住话题，又笑了。段祺瑞倒是先开了口：“祺瑞近期总是病病灾灾，精神振作不起，故而，少来问候。”

“我知道。不怪你。我也是事务烦冗，该去看你，想着而已。”两句之后，段祺瑞沉不住气了。他一边敞开胸襟，一边颇有感慨地说：“香岩日前去见我，对我讲了一切。当时，我甚感为难：其一，怕有负众望，怕辜负大人（他不呼‘万岁’，却称‘大人’以示关系异常）栽培；其二，懒于政事，处在有意隐退中，不想再有所作为了；其三……但又觉不妥，还怕大人误以为祺瑞也背离了您呢。所以，我还是答应了。现在，怕只怕胜不了大任。”

“这些话都不要说了。你是谁？我还不了解。平时咋着都行，困难当头了，能够患难与共的，也只有寥寥数人了。你，是能够理解、支持我的。除了你，还能有谁呢？！”说着，袁世凯用手背轻轻地揉着眼睛，眼睛也有些儿微红。

——袁世凯的确很忧伤。本来，他觉得大典一毕，便会八方来贺，万众归心，他便享受起来。哪怕享受几天也好。谁料一天也没有，便狼烟四起；日前那场旷古盛典，那么多平时的"知心"竟不到场。云南一旗竖起，大江南北、黄河上下，无不响应，连自己的三大支柱之一的冯国璋也打上门来！袁世凯心灰意冷，他百思不解："难道我袁慰亭功绩、声望就不及一个偏远地区的无名小将蔡松坡？难道老天爷有意要灭袁扶蔡？我奔波半生的成果就这样白白落到他人之手？"他想得很多，从小站练兵，到总督直隶；从投靠慈禧，到夺了孙中山的大权，一件件都想到了。"为什么这些堪称'英雄'的举动偏偏落下骂名？"袁世凯自认他的一生应彪炳史册，但都没有如愿。他真想对天长呼，问问："苍天为什么如此不遂人愿？"

瞧着他那忧伤的样子，段祺瑞一忽儿竟产生了同情感。"是的，项城能有今天，实在不容易。我得支持他。"一忽儿他又想起了这几年的交恶。"袁项城有野心呀！我得留一手！"他端起面前的茶杯，轻轻地喝了一口，缓缓口气把话岔开了："如今是治理天下的时候，往事当作历史，都掀过去吧。你目下很困难、无人可用是不是？我还是有人的，向你推荐一位，也希望你大用他。"

袁世凯、段芝贵都对段祺瑞的突转话题而且又单刀直入的态度吃惊——他们心里都明白，段祺瑞要推荐的人便是徐树铮。袁世凯觉得此话必提，但今天不会提；段芝贵也觉得此话必提，但想不到段芝泉冲口而出。他原想等谈话到适度时，由他段芝贵提出，袁世凯顺水推舟送个人情，和谐地恢复徐树铮的陆军部次长职位。现在不行了，袁世凯、段芝贵的如意算盘被段祺瑞打乱了，他们只得乱了乱打。于是，段芝贵迫不及待地说了话："段大人的意见，本来是在安排之中的。如此一位栋梁，怎能忘了他呢？马上定了，即告知大人。"

段祺瑞看到此事有麻烦，便说："那样也好。不过，我还是提议树铮做我的秘书长。此人我相信，他会把事情办妥帖的。"

袁世凯只笑笑，没有表示可否。但心里却十分不高兴："这太不像话了，军人总理，军人秘书长！这里是东洋刀，那里也是东洋刀！这能行吗？"

段祺瑞一见袁世凯态度暧昧，马上心中发怒："你袁项城到今天，还一点不肯放手！这样的心胸，怎么能臣服万民？"他不想让步，便软里有硬地说："既然对树铮尚持有他见，当然不能用可疑分子。再说，可疑分子放在京中，也多有不妥，何况他又是个八面玲珑人物！'卧榻之侧，岂容他人鼾睡！'明天我派人把他送出京城！"袁世凯、段芝贵同时惊恐不安地站起来。

"段大人，且不可如此！"段芝贵说，"没有人对又铮不相信，只是想用得更名正言顺些，以免他人口舌！"

袁世凯说："芝泉，你怎么能这样想呢？更不能那样做。你还不知道，当初在济南府，我对又铮便是极其信赖的；来京之后，也从未有异议。免去陆军部次长职，也属不得已而为之。说实话，免去又铮之职，几天中，我仍怀有'诸葛亮斩马谡'之痛！如今，痛定思痛，又铮是你的膀臂，当然要由你安排了。你若觉得他作秘书长合适，自然是不成问题的。"袁世凯违心地说出了这一串话——他不这样做不行。除了段祺瑞，袁世凯再无可用之人了。段祺瑞的"魂"是徐树铮，徐树铮要是出了北京城，段祺瑞便会变成木乃伊。段祺瑞口口声声要赶徐树铮出京，那是表明自己不干这个国务卿，也溜之大吉。袁世凯敢得罪他们？

"香岩，"袁世凯对段芝贵说，"回头你去告诉张国淦（张国淦，总统府秘书长。袁世凯虽然把总统变成皇帝了，总统府和总统府的机构、原班人马尚未决定怎么改动，故而总统府秘书长还是暂行着行政大权），又铮的任命事，请他抓紧办理。"他转身又对段祺瑞说："芝泉，这样行不行？让又铮暂就副秘书长职。不过，秘书长一职便不安排人了。你看如何？""一切听从大人安排！"

北京城里，袁世凯做了皇帝之后，段祺瑞便正儿八经地任了国务卿，徐树铮任了国务卿副秘书长，代行秘书长职。

第十章
短命的洪宪帝

做了国务卿副秘书长的徐树铮，虽然实际上行使着秘书长的职权，却很少到院理事。这件不大不小的事，引起朝野上下议论纷纷。有人说："徐树铮决心下定了，非将副秘书长的'副'字删去不理事。"有人说："徐树铮奇才，即料理一国大事，也不需用二三分精力！"

若论徐树铮的才华，袁世凯、段祺瑞两个人的位置让他自己坐，也会做得平平稳稳。时人称他"怪杰"，说他"能够目送归鸿，手挥五弦，四肢齐动，五官并用。"一次，段祺瑞偶然来到徐树铮窗下，想窥视一下这位"怪杰"是怎样理事的？却见他右手握管，左手打拍子；左腿架上座椅扶手，右腿连连摇晃。一边一目十行、飞快地边看文件边批答，一边嘴里还在中节中拍地唱着昆曲：无人欣赏，自家拍掌，唱得千山响。

段祺瑞轻举脚步，掀帘而入。原以为他不会感觉呢。足未稳，徐树铮便一跃而起，立正敬礼，规规矩矩问一声："老总可有什么吩咐？"弄得段祺瑞手足无措，一时哑口。这样的办事方法，事无巨细，件件办得妥妥帖帖。故而人以为他"无需用多少精力"。

至于徐树铮是不是在等去掉那个副秘书长的"副"字，只能姑且说说。其实，徐树铮的想法却是：国人反帝制的思潮，日渐高涨，袁世凯的皇帝，肯定做不了多久。一旦大厦倾倒，袁执政党这笔账肯定会有人算的。"我现在帮助袁世凯办多少事，将来便有多少罪！"这是袁皇帝驾前所有人包括段祺瑞在内也曾警惕的问题。再说，徐树铮蛊惑段祺瑞接受国务卿之职，也是想逼着袁世凯自悖前令不得不用他，并从中捞一把。

北京落了一场漫天大雪。纷纷扬扬的雪花，从昨天入夜起便飘个不止，直到今天傍晚，还在飘着。上午，徐树铮在他的小客厅里写字。他回到北京，还没有写过字呢！前天，他的爱妾沈定兰想写字，徐树铮还狠狠地摇摇头，说了句"没雅兴！"今晨，他竟叫沈定兰为他找文房四宝。"定兰，前日上海带来的一卷泾宣放在什么地方了？据说那是贡品，我想试试。"

"落雪了，天这么冷，做点别的不好吗？"沈定兰总是在徐树铮面前显示一下自己的与众不同，不像别人那样，一呼百应。

"去找吧。"徐树铮说，"这一时很高兴，或可写出一张佳品。"沈定兰把纸找出来了，墨也磨好了，案上铺起画毡。徐树铮脱去长衫，拣起一支湖州狼毫，蘸墨许久，竟是落不下笔，却又渐渐锁起了眉头——原来这诗书画之类，多因兴致而为之，或喜或怒，或愤或悲，借以抒发情怀。而今的徐树铮，既无闲职之大愤，也无荣升之大悦，正是闲居静观、养尊处优之际，虽手底功力现成，写什么，怎么写，便一时无主张了。

沈定兰牵纸半日不见落墨，便故意嗔着脸说："没有兴致，就别勉强吧。值得这样苦思冥想？"

"聪明一世，也有糊涂一时的。"徐树铮微笑摇着，"容我再思。""江郎才尽了！"

"一切都从头做起吧。""那你何不把旧作中最早的诗篇取出，好在是为书而书，谁又去思索它什么含意呢！"

"对。既雅致，又有心。"

徐树铮沿着自己人生的轨迹，眯起眼睛，由近及远地追索着，终于想起了济南被困、穷居高升小店时写的一首七律《醉中》——那是当时的真实写照，所以仍然记忆犹新。他便恭录出来：

性气粗豪不自收，等闲岁月最难留。
此生称意须何日？抵死衔环未肯收。
苏晋清才并仙佛，灌夫故志慢公侯。
安能化得身千亿，处处迎风上酒楼！

写毕，放笔自赏，津津乐道。沈定兰惊讶地问："我咋不曾见过这首诗呢？何时写的？"

"写这首诗时，你才三岁。"徐树铮说，"这首诗我也忘了，日前，在上海住着的时候，一位旧时的同窗录出来给我的。不然，怕是永远淹没了。"

沈定兰又触景生情了。她觉得丈夫虽然做了国务卿副秘书长，还感到不称意，她想劝劝他，把功名看淡些——这个才女，不知为何，总对官场不感兴趣，一心要过风花雪月的生活。于是，她一边展纸、蘸笔，一边说："树铮，我无诗才，借前人句，在这里为你助兴如何？""十分高兴。甘为心为小妹牵纸！""不敢劳动大驾。"说着，挥笔写道：

> 劝君莫惜金缕衣，劝君惜取少年时！
> 花开堪折直须折，莫待无花空折枝。

书毕，放下笔，微微一笑，说："见笑了，见笑了！"

徐树铮惊讶得一时不知怎么说才好！定兰丢弃了自己的章草，竟仿起徐树铮的行草，而且仿得如此乱真！若不是亲眼所见，他有些儿不相信呢。当他认真审度诗意时，他想："是在劝我及时行乐，还是在劝我少壮努力？"爱妾今天借来助兴，却更觉其意深远了。因而，他频频点头说："多谢小妹美意，咱们共同惜春吧。"

晚上，雪停了，云也散了，晴空万里，星月也显得格外明亮。气温陡然下降了许多。

徐树铮突然赶到段祺瑞的会客室。段祺瑞刚刚离开餐桌，正捧着茶杯出神。见徐树铮到，忙说："你怎么突然来了？"

"到您家来赏雪！"徐树铮说，"您家有蜡梅，还有竹子，哪里去约这'三位'共临呢！"

"我不信，你有这个雅兴？""那您说我来干什么？"

"你自己说吧。"段祺瑞说，"我只觉得，你是'无事不登三宝殿'的。"

"段芝贵又去南京了。您知道吗？""不想知道。"段祺瑞说，"冯华甫既然在'五将军密电'上签了字，我想他总不会出尔反尔。""就不会有新的打算？""什么新打算？"

"我已经掌握到了，特来同您商量。""什么情况，快说！"

——原来发生了这样的"新情况"：袁世凯把段祺瑞、徐树铮拉到身边，原想这两个人能够为他冲挡一阵。殊不知，一个只应应繁琐事务，一个却闭门哑口，举国轰轰烈烈的反帝制运动，他们竟充耳不闻，闭口不提。袁世凯又急又气。但是，他为他已把这两人拉到身边，不会马上卷入反帝制行列稍觉安慰。目前，冯国璋成为袁世凯最感棘手的人物。袁世凯自感形势对他不利，想找退路，仍想拉住冯国璋。段芝贵到南京，对冯国璋说："华甫将军，项城目下骑虎难下呀！你总不能袖手旁观！"

冯国璋叹息着说："华甫力单呀！再说，反帝烈火已经熊熊燃起。纵然我不参加，再努力周旋，只怕杯水车薪，无济于事！"其实，冯华甫心里倒不是不这样想的，他想："事端是北京引起的，袁项城不拿办法，我能如何？"

段芝贵却进一步说："目前宣布独立的，不过南方少数省。阁下可出面联合未独立的各省使之不再举事，以便局势缓和下来。""恐怕为时已晚。"

"这么说，毫无退路了？""也并不。""那怎么办？"

"现在看来，只有项城自己做出令人满意的表示，才可谈后话。""怎么表示？军事的？政治的？还是经济的？""立即宣布取消帝制！"

"这……"段芝贵不敢答应。但是，他同袁世凯说了这事之后，袁世凯答应了。不过，是有条件答应的。那就是请冯国璋出面，联合不独立的各省将军，再发一个"挽留袁世凯继续做大总统"的通电。"冯华甫愿意干？"段祺瑞急促地问。

"怎么不干！"徐树铮说着，拿出冯国璋等人的电文给段祺瑞。段祺瑞看都不看，便扔到一边。"有人说冯华甫是条狗。如今看来，还不如一条狗！"

徐树铮心里暗笑。"你段合肥骂冯华甫不如一条狗，你又何尝是一只虎？"——人传北洋有三杰："王士珍是龙，段祺瑞是虎，冯国璋是狗。"故而徐树铮如此想。他还是说："别看不如狗，凶起来，还是要兴风作浪的。"

段祺瑞沉思了半天，说："咱们怎么办？"

"咱们？"徐树铮故作惊讶地说，"咱们动什么？老态度，看形势演变。""对！再看一阵。"

"不过，"徐树铮说，"光是静坐，也不是个办法。我想，您得静中有动：常到项城跟前走走，看他在干什么。"

袁世凯虽然顺水推舟地向全国发布了"取消帝制"的通令，并且应冯华甫等人的"慰挽"而再任了大总统，可是，全国早已轰轰烈烈掀起的反帝反袁运动，却丝毫不见降温。袁世凯愁眉紧锁："你们不是反对帝制吗？现在不帝制了，我还当我的大总统，为什么还不行？"

尽管中国乱哄哄的，岁月还是规律地朝前进，转眼又到了五月末，天气暖了，树木也早已披上了绿装。北京城一派复苏景象！

袁世凯却显得更干瘦、更萎靡不振了。白天他总是吃不下饭，晚上尽做噩梦。袁世凯这"病"从春初就开始了：元宵节晚上，袁世凯在居仁堂楼上大厅举行了一次家宴，想好好庆贺一下"登极"后的第一个元宵。谁知还未等月亮出山，妻妾们便又因为"妃""嫔"之名争得狗咬鸡斗，六、八、九姨太率先结伴退走了；二、三、五姨太笑笑咧咧地说："咱们吃，咱们玩。还不知有没有明年的元宵呢！"于氏娘娘不高兴了："闹归闹，吵归吵，说什么丧门话！没有明年元宵有什么？难道说都不活了？"袁世凯一气之下，便甩袖而去。从那以后，他便渐渐衰弱起来。见旺的，是他沿着口边的一圈胡子。袁世凯的胡子很有特色，上下左右，全都超过嘴唇。他从不修饰，吃饭时，胡子嘴巴一起往碗里插，常常是汁汤沥沥拉拉沾满了胡子和衣衫；有人在身边伺候，便用别人递过来的湿巾擦去，无人在身边，他便拉起衣袖擦。因而，他的衣袖上着沾满各色痕迹。生病以来，衣袖上的痕迹和色彩更多了起来。

袁世凯不再下楼了。阮忠枢为他起草的电文稿件和送来的文稿，他也懒得看了。他很想找人谈谈心。可是，找谁呢？能谈心的人多不在京城，段祺瑞又老是跟他说官话。他想起了吴佩孚："这个人有学问，同他谈谈会有益处的。"可是，吴佩孚在哪里呢？见不着。如今在他身前身后的，就算段芝贵了。他越感到有点意外，在他的贴心旧识中，如称为"筹安会六君子"的杨度、孙毓筠、严复、刘师培、李燮和、胡瑛，再加上通称"十三太保"的朱启钤、周自齐、梁士诒、张镇芳、雷震春、袁乃宽、段芝贵等，只有段芝贵一人常露面。按说，袁世凯最得力的，要算北洋三杰。如今，称为龙的王士珍不照面了；称为虎的段祺瑞几乎成了一只死虎；称为狗的冯国璋，又是那样冷热无常。袁世凯想想这班人，心里有些儿又灰又冷："都无法指靠，他们都叛离了我。""香岩，"袁世凯对段芝贵叹息着说，"我觉得，这些时来你总在躲闪我，你有话也闷在心里。你是不是怕我添愁？别怕，我能经得起，你只管说。"

"没有什么大事。"段芝贵说，"也不是有意瞒您。只是，平时想着的，来到您身边便忘了。""想想，有什么事？"

"您还记得陈宦这个人吧？"

"怎么不记得！"袁世凯记忆很清楚，"当初劝我即帝位时，他最积极，你也亲眼看见的，怕我称帝决心不大，跪在我面前，口咬着我的靴子头，泪水横飞叫我快称帝。直到我点头，他才爬起来。"段芝贵淡淡地一笑。

"怎么了？"袁世凯从段芝贵的笑面上看出了问题。

——陈宦，是黎元洪推荐给袁世凯的心腹。此人能耐非凡，作了袁的参谋长之后，常出奇计，每遇大事，总是能够向袁献出左、中、右三策，并详述利害。袁世凯每每惊呼："君之所见，实获我心！"此人在袁身边曾做过两件惊天动地的大事：其一，帮助袁世凯消灭了辛亥革命首义力量，调黎元洪入京，把湖北控制在北洋系手中；其二，收复西南重地四川，并主动要求去川，以控制西南机要重地。为了表明对袁的忠心，临去四川时，除了长跪劝袁即帝位外，还把老母留在北京，以示忠心。

段芝贵说："陈宦已经发出通电，脱离北京，跟着冯玉祥到东南方面去了。"

"啊……"袁世凯圆瞪着眼睛，再也闭不上了。"这陈树藩也不是个正人君子。"段芝贵又说出一个。

袁世凯心里又惊。从座椅上猛然坐起，伸着头问："他陈树藩怎么样？他敢背叛我？！当年是我叫陆建章把陕西总督让给他的，他每每通电拥我为帝，称我是中国的'不祧之祖，共戴之尊'。他……他不会有异常吧？"

段芝贵把身边一纸电报取出，放到袁世凯面前。

袁世凯搭眼一看，是陈宦的《独立宣言》。他用力一甩，将电报甩到地上，"反了，反了！这些没有人性的东西！"他大声呼号着，骤然感到心口疼。他摇晃着身子，躺倒在太师椅子上。

袁世凯太懊丧了，他觉得中国"腐烂不堪"了，没有一个堂堂正正的正人君子。平时那些堂皇得像人的人，瞬间都变成魍魉，丑陋起来。"我袁项城没有对不起你们的地方，你们一个一个为什么都对我如此狠心？"他躺到床上，再不想睁眼。

晚上，袁克定来了。他坐在老爹面前，一声不响。

袁世凯知道儿子坐在身边，本来想交代他几件事，一想到家里的"太子"争夺战，便又气上心头。他仿佛觉得大儿子真的杀了老二和老五。他怨恨大儿子："太混账了，我的皇位都保不住，哪里就轮到你们这些人了？"他闭目装睡，一声不响。

袁克定看着老爹没理他的意思，便先开口说了话："大爷……""你不是到湖南去了么？怎么这样快就回来了？""没有到，半途折回的。"袁克定说。"咋不去？"

"那个汤……""汤怎么了？""您看错人了。"

"什么？"袁世凯又恼怒了——

汤，即汤芗铭，也是袁世凯一位得力大将，曾率大军与讨袁军作战，且杀过不少革命党人，人称"汤屠户"。保袁有功，被任命为湖南督军。袁世凯把他当成西南大门的护卫。不想，他却跟着乃兄汤化龙宣布独立了。袁克定说："湖南已不是咱家的天下了。"

"反了，反了！"袁世凯对儿子狠狠摇手，让他出去。儿子出去了，他随手把门死死地关闭起来——后人传说袁世凯是死于"二陈汤"，即指陈宦、陈树藩和汤芗铭。其实，袁世凯因为"二陈汤"病重是事实，其最后的死，还应该提到另一个人，叫唐天喜的。

唐天喜，外号喜儿，时任援湘军副总司令，是袁世凯钦命的。湖南方面山穷水尽了，袁世凯便想起了他，"只要喜儿心不变，湖南就不会出大事！"早几天，唐天喜从湖南发来急电，说自从他"到了湖南，蔡锷的军队便停步不前了"。袁世凯十分高兴，他总还算有一位贴心人，"喜儿，行！"

唐天喜年幼时，是豫剧班子里的一个唱旦角的后生，脸蛋儿长得几分女孩子相。袁世凯在老家项城时，就颇为赏识他，后来，把他带到军营。小站练兵时，提拔他为武卫右军的哨官，就跟如今的连长差不多。改建新军时，又升他为领官。曹锟的陆军第三镇发生京津保兵变时，唐天喜就当了第七混成旅的旅长。袁世凯当了大总统，唐天喜便当了京汉铁路北段护路司令。这后生算是升腾得够快的了。护国反袁运动开展之后，西南吃紧了，袁世凯派曹锟入川。谁知曹锟的队伍竟不堪一击，立足未定，便被打了出来。不仅四川不能保，湖南也吃紧了。袁世凯匆匆忙忙调派江西军务督办马继增为援湘军总司令。

唐天喜受袁世凯之恩重如山，一见西南烽火四起，便主动请命："大人，喜儿蒙老人家三十余年养育之恩，无以能报，我得上前线去打蔡锷呀！"

"铁路是命脉，你还是坚守京汉铁路吧。"袁世凯说。

"不，大人，湖南吃紧，我不能坐视！"袁世凯思谋："湖南是吃紧了。若湖南不保，湖北、河南、山东、北京将无一处可保了。既然喜儿有如此报效之心，那就让他去吧，也免得别人说我养一个'白脸蛋，只管看'的将领。""好，喜儿你就去吧，好好跟马总司令团结，以御蔡敌！"

唐天喜到了湖南，刚刚立住脚，正在酝酿着独立的湖南一霸赵恒惕便派人给他送去银元三十万。并附信说："薄礼欢迎唐将军，日后愿携手共成大事！"

唐天喜小人乍高升，见银子比亲爹还亲，就直截了当地问赵恒惕"要干什么？"赵恒惕也开门见山地要他"消灭第六师，杀了马继增"。果然，没多久，噩耗便传到北京……

马继增被唐天喜杀了，唐天喜跟着赵恒惕"护国"去了。袁世凯这一气，病便入了五脏六腑。

袁世凯的中南海一共有四个医生，两个中医两个西医。但是，袁世凯自恃体格好，不仅从不相信西医，也从不请中医为他诊脉开方。现在，他渐渐病重了，不得不改变态度，让中医为他诊脉，拿药。可是，袁世凯害的是羞愤交加、又恨又怕的病，药物是没有作用的。到最后几日，他的病便突出表现在膀胱上。他小便困难了，尿毒渐渐地在全身蔓延。袁克定作主，请了一位叫贝希叶的法国大夫到中南海。

这位贝希叶大夫诊断之后，决定要对他进行手术取出结石。袁世凯闭着眼睛，只管摇头，死也不出中南海。没有办法，只好在中南海做手术。

法国大夫在袁世凯后脊梁上扎了一针，接着便用五个玻璃火罐在后腰部位往外导尿。可是，导出的已经不是小便，而是血水。

袁世凯看不见，别人也不让他看见，他却是能够觉察到病情严重了！他痛苦地呻吟着，告诉家人："速把芝泉和卜五（徐世昌）请来。"

段祺瑞和徐世昌先后来到中南海，但谁也不说话，他们只是默默地站着，紧张地看着袁世凯身边一群忙乱的人。

袁世凯睁开眼，只用眼神望望这两个人，想欠欠身子，也欠不起来了。他示意让段、徐坐在他身边，他拉着两个人的手，久久地握着，但却依然一语不出。那脸色和眼神，都呈现出无限忧伤！好久之后，他才要人把大总统印取来。

他将大总统印交给徐世昌，然后有气无力地说："总统应该是黎宋卿的。我就是好了，也准备回彰德啦！"说完，便闭目再也不说话。

1916 年 6 月 6 日（农历五月初六日）早晨六时，这个做了八十三天皇帝又被迫废了皇帝称号的袁世凯离开了人间，活了五十八岁。他不想死，他觉得他不能死。至多他不当总统，回到彰德。但是，他仍认为，他还是会统治中国的。由于自信这么足，所以，他整个生病期间，虽然都是清醒的，他却一句遗言也未留，包括他的家事。

第十一章
谁来当总统？何必黎元洪

　　袁世凯刚断气，于氏娘娘第一个大哭大闹起来："你一辈子对不起我，养了这么多姨太，又养了这么多孩子，你死了都丢给我，叫我怎么办哪？"哭了说，说了哭，弄得在场的人目瞪口呆。姬妾们生的儿女一见这情形，纷纷跪倒，口口声声要求"大娘赐死，以免累赘！"袁克定是长子，正出，怕闹大了，就马上出来给弟弟妹妹们赔礼，说好话。又劝母亲："不要再闹了，要出人命的！"管家的五姨太，趁着大伙忙乱的时候，叫佣人把袁世凯屋里的铁柜、木箱全抬到她屋里，连墙上的大钟也摘走了。子女们正是举哀不止时，有人跑进灵堂报："三姨太太吞了东西！"这边医生抢救三姨太，那边六姨太又收拾细软"要回彰德！"……

　　老少无主，吵吵闹闹，直到三天后袁世凯的五弟、六弟分别从项城、彰德赶来，才入殓。时值盛夏，天气炎热，袁世凯的肚子膨胀得不成体统，为他准备的祭天礼服，上边装饰着日、月、星之类的平天冠，要穿到脚上的朱履，连一件能穿戴上的也没有；死那一天刚刚做成的"十二辰"阴沉木棺材，也放不下他胀鼓的身躯，只得另换一只棺材。闹腾了半个多月，才把灵柩移往彰德。

　　段祺瑞目睹着袁世凯咽了最后一口气，本想从徐世昌手中要回总统印再走，又怕当场闹翻，还觉得自己是国务卿，要总统印并不难，便压着气离开了中南海。

段祺瑞没有回家，也没有去国务院，而是急匆匆地直奔徐树铮家。"又铮！又铮！"一进门，他就大呼小叫地不停。"什么事？看把你激动的！"徐树铮出来迎他。

"大快人心的消息！"段祺瑞站立着说，"袁项城死了！""死了？！"徐树铮感到惊讶。"是的。是死了！"

徐树铮沉思起来——袁世凯，是一个人人诅咒的人物。徐树铮也在诅咒他。然而，袁世凯毕竟笼络了许许多多有势力的人，他能够从大清王朝到共和民国都显赫，无论你如何骂他，你不能不承认他有过人的本领！否则，为什么这么多人口口声声自称"英雄"，却不能当总统、不能当皇帝呢？不服气你们也当当，哪怕当一天也好！徐树铮有他敬服袁世凯的地方。现在，袁世凯死了，乱哄哄的中国，将会乱上加乱。徐树铮还没有看到有谁能够维持这个残局，包括段祺瑞。所以，他沉思不语。

段祺瑞没有想到这些，他也不想去想。他不管徐树铮眼下是什么心情，自己却喜笑颜开地说："项城死了，他这一生算结束了。中国人骂皇帝也骂累了，我看，现在该轮到咱们光彩光彩了！"

"怎么光彩？"徐树铮不动声色地问。

"这不明摆着么！"段祺瑞说，"取而代之！"徐树铮淡淡地笑着，轻轻地摇首。

"怎么样？"段祺瑞惊讶地问，"你说不行？"徐树铮点点头，说："至少是眼下不行。""为什么？"

徐树铮转脸看看段祺瑞，心想："你太着急了吧。想当皇帝？没那么容易。你看不透吗？袁世凯一死，各派势力必将有一场搏斗。鹿死谁手还未能料定。你合肥贸然出来，无论称帝还是作总统，你既驾驭不了，又会成众矢之的的。何苦呢？"这些话他并没有说出来。

徐树铮不说话，段祺瑞更着急。"又铮，难道咱们东闯西奔，只为了作人臣、侍候别人吗？那样的话，咱们不如回家抱孩子去了。"徐树铮还是不急不忙地说："老总，乱呀！中国太乱了！"徐树铮始终都这样称呼他，因为觉得亲切。"正因为乱，咱们才得出来显示显示！"

"难！"徐树铮说，"老总想过没有：显示虽应该，老总也有资格，但我总觉得时机还不成熟。能够再看一段时间，或许好些。""让别人瓜分后，我再去统？！"

"那也不必"。徐树铮说，"当今天下，四分五裂，各自占踞山头：奉系张作霖控制着东北，直系吴佩孚、曹锟控制着华北，南方有革命党，西南有蔡锷，鲁有张怀芝，苏有李纯，赣有陈光远，鄂有王占元。哪一家是省油的灯呀！请问，接下袁项城的总统，统了统不了？另外，陕西还有个陆建章。这个陆建章……"徐树铮只"哼"了一声，便煞住了话题。

徐树铮是个不惯于说废话的人，段祺瑞最欣赏他他这一点。现在，他一口气说了这么多话，而且句句都是有斤有两的。段祺瑞心里琢磨了："是啊！这些人我统得了吗？果然我宣布当总统了，他们还是一个一个独立起来，我不成了空头总统了吗？"他特别对陆建章这个人印象不好，关系也不好。他怕他捣他的蛋！

陆建章这个人是袁世凯的亲信之一，是冯玉祥的老舅，曾经参加过小站练兵，在北洋政府中任过军政执法处的处长，是个杀人不择手段的屠夫。陆建章虽然和段祺瑞是同乡——都是安徽人，可是，历来水火不相容。这个人现在扎兵陕西，凭借富饶的秦川，势力相当雄厚。段祺瑞统不了他。"那么，你说应该由谁出来收拾残局？"段祺瑞问。

"我在思考。"

房子里沉默了。段祺瑞、徐树铮都不说话。

徐树铮不说话，是他感到"国中尚未出现能够一统天下之人！"一群头面人物都是草莽英雄，只能占山为王，不能做一国之主。所以，他不声不响。

段祺瑞不说话，是他感到自己"应该是天经地义的国主，谁也不能夺！"可是，徐树铮的话又使他心跳不已："果然统又统不了，岂不画虎不成反类犬！"

袁世凯断气前说过话的，是要把总统传给黄陂黎宋卿的。段祺瑞当时一声不响，他以默不作声来反对袁世凯的遗嘱。"他黎宋卿凭什么当总统？论功劳，论能耐，北洋哪一家都比他强，怎么就能由他当总统呢？"他又想："你袁项城说了也白说，大总统不是世袭，你死了，你的大总统就完结了，你老老实实做你的鬼就算了，还留什么遗嘱？谁当总统谁不当总统，那是活着的人的事，是全体国民的事，要你费这个心？！"

现在，徐树铮不同意段祺瑞当总统，段祺瑞又觉得他不同意是有道理的，但心里又不服气。

沉默许久，段祺瑞还是把袁世凯遗嘱这件事说了出来。之后，他说："黎宋卿当总统，实在不是那块料。袁项城为什么就看上了他？令人不解。"

徐树铮兴奋了，他转身对段祺瑞说："袁项城有遗嘱？""有！"

"是让黎宋卿当总统？""是！"

"还有谁听到了？"

"还有徐卜五。"段祺瑞说，"总统印就是交给卜五的。""好，就让黎元洪当大总统。"

"啊？！"段祺瑞惊讶了，"你也同意让黎元洪当大总统？"

"同意，同意！"徐树铮说，"黎宋卿当总统，是再好不过的人选了。"

"树铮，"段祺瑞迷惑了，"你可是说过这样的话：黎元洪只能算半个豪杰。半个豪杰能当总统，国人怎么说呢？"

"是的，我是说过那样的话。"徐树铮说，"直到今天，我仍然认为黎元洪还有一半是屠沽。黄陂的为人和他握有的势力，无法和其他人相比。之所以要他出来担任大任，是想利用他！""怎么利用？"

"自然有办法。"徐树铮分析着利害关系，"您执掌国务院，又是陆军部总长，政权、军权全在您手里，他黄陂的总统还不是您赐的，他敢不听您的？这是其一。其二，让黄陂出头露面，应酬应酬各方面，看看各派的混战情况，咱们也好作个长久打算。这是一举多得的事，有什么不可？"

段祺瑞又陷入了沉思。许久，方才悟出徐树铮的"禅机"。忙说："好，好！就把这个总统暂时让给他黎元洪！"

黎元洪，字宋卿，湖北黄陂人。袁世凯死后要他继任大总统时，五十二岁，是个颇具传奇色彩的人物。二十岁在天津入北洋水师学堂，毕业后被派往海军服役。此人很识时务，很适合人的心理，跟谁做事，便会讨谁欢喜！在北洋水师学堂，学堂总办周馥、监督严复每次表彰学生，他都是首名。毕业后分到北洋水师"定远"舰当驾驶，后来又调任"广甲"炮舰任大车，又受到水师提督丁汝昌的器重。中日甲午战争爆发，"广甲"舰在黄海大东沟战斗中被日舰击伤，逃跑途中触礁沉没。大多数人溺水而亡，黎元洪靠着身上仅穿的救生衣，竟在茫茫海上漂流十几个小时，奇迹般活了下来！甲午战后，黎元洪到了南京，投靠两江总督张之洞。张之洞是丁汝昌的好友，丁有附信，张随即任命黎为狮子山炮台总教习。他施展了才华，受到张之洞青睐。张之洞调任湖广总督，便把黎元洪带到武昌，委任他为军马队管带，并且三次派他去日本考察、学习。黎元洪长了不少知识。1906年清政府在彰德举行秋操演习，黎元洪以不凡的身手——他熟悉的日本一套新练军法，无论平原峻岭，凡临操临战，他都能在五分钟内发出五百字的命令，而且言简意赅，令所有旧军目瞪口呆——被誉为"东南各省中，实堪首屈一指"的军事将才！也该着黎元洪走运，驻在湖北的第八镇统制张彪是个嫉贤妒能的人，凡稍有才气者，无不被他排挤；而黎元洪却能被提拔重用，很得官兵之心。此刻，黎除了任职新军暂编第二十一混成协统领外，还兼任武昌武备学堂校长。没有多长时间，黎元洪在政界、军界的声望都高了起来。

更有奇者，是辛亥革命帮了黎元洪的大忙。

武昌起义胜利的时候，本该杀了黎元洪——黎元洪十分仇恨革命，他的部下谁向革命军投降、协从则撤职开缺，为首、主动的，无论官兵一律斩首。他亲自用东洋刀杀了两名起义的士兵！可是，革命军武昌胜利后，患了一种幼稚病，觉得"党人知识不如黎元洪，不够号召天下，诚恐清廷以叛兵或土匪罪名，各省不明真相，响应困难"等由，硬是用大枪逼着黎元洪出任都督；黎元洪还不想干，东洋刀压着脖子，还是别人替他在就任都督的《安民告示》上签了个"黎"字。这么一逼，黎元洪竟成了比革命党还革命的党人！

说真话，黎元洪被迫当了湖广总督影响确实不小，各省响应的，争先恐后，其实，袁世凯最了解他，知道他"决不会和革命党合作"。因而，袁世凯从革命党人手里篡夺了大总统位置之后，立即把黎元洪举到副总统位子上。袁世凯要死了，还留下遗嘱，务必要黎元洪担任总统职。住在东厂胡同里的黎元洪，自从袁世凯病重，他就心情甚是不安。他知道，自己是袁世凯大树上的一只猢狲，袁世凯只要倒下了，他就得自寻出路。在这座幽静的四合院中，他却心绪不宁："我还能在这里住几天？早几天，我不该搬进这里来。我住我的老院子多好，为什么偏偏要搬进这里来呢？"

——东厂胡同里的这个房舍，原本是清朝重臣荣禄的旧居。清廷退位之后，王室许多亲王、近臣都改变了住处。袁世凯作了"洪宪皇帝"，也学着清廷旧制，封王、赐第。黎元洪被封为"武义亲王"，这座荣禄的旧宅赐给他。不过，自从黎元洪搬进这里之后，似乎天天在闹鬼。闹得他心神不安，老是觉得身前身后、身左身右都是鬼：追命鬼、讨债鬼；还有一些嬉皮笑脸的色鬼，跳加官式的丑鬼。他想用力排除他们，但总是甩不掉。他曾经把金永炎、哈汉章、黎澍、丁佛言轮番找来，让他们帮助驱鬼，可还是驱不去。这四位无能为力了，还有谁能呢？黎元洪觉得没有了。这四位是他黎宋卿的支柱，是他身边著名的"四大金刚"。"金刚"不行，谁能行？金永炎向他解释说："大约与国人反帝反袁有关，是精神上的错觉。别怕，称帝不称帝，是项城决定的，利害与你都没关系。事情好做呢，在京城做下去；不好做，大不了副总统不当，还回湖北去。事情再坏，也坏不到你头上。你只是副总统，又不是副皇帝，咋不着你。"黎元洪想想，心里开阔了许多。

不久，袁世凯死了，黎元洪吃惊不小。"国内如此乱，烽火四处起，你走了，这副烂摊子谁来收拾呢？"黎元洪不想收这个摊子。这不仅是他有没有能力，而是同僚们、国人是不是让他收拾这个摊子？他毕竟是作为袁世凯的副手做了一些让国人不高兴的事，他怕国人算他的账。

正在黎元洪洪心神不安的时候，徐世昌来了。黎元洪迎他到客厅，忙说："卜公，你一定是有大事才到这里来的。""是的。"徐世昌说。

"那么，就请你开门见山吧。"黎元洪说，"我黎宋卿有多大罪，自己知道，国人知道，卜公你也知道。中国共和了一阵子又改为帝制。平心而论，我也是不赞成的。我怎么能扭过项城呢？如今他去了，国人若决意加罪于我，我也只好接受了。"

徐世昌有些糊涂了："宋卿公，你这半天说的是什么意思呀？"黎元洪说："卜公，你不必隐瞒了。此番光临，你是伐罪来的。我黎宋卿早有精神准备。"

黎世昌笑了。"哈哈哈！宋卿公，你怎么会朝这方面想呢？不仅没有人来向你伐罪，我是特来请你接受大任的！""什么大任？"黎元洪问。

"实话告诉阁下吧，项城是当着我和芝泉的面嘱咐的：大总统之位由你来继任！我和芝泉也是这个想法，并且已经与各方面洽商，大家一致拥戴你出任大总统。你就不必犹豫了。"

徐卜五说话的时候，态度十分坦诚。黎元洪听话的时候，却半信半疑：徐世昌同意他当大总统，这是可信的。黎元洪想："袁项城当皇帝之初，国务卿这个担子本来是徐卜五挑的。不久，竟又易到段祺瑞的肩上，徐卜五成了寓公。他当然会乐意让我出任。除了我，便是段祺瑞。段芝泉有与他争国务卿之嫌，他不会拥戴段。可是，段是个野心很大的人，同袁项城终日在争高低，袁项城死了，谁人能在他眼里？他怎么会同意我出来当总统？"所以，徐世昌的话刚落音，他便说："这么说，芝泉也是拥护我出任总统的了？"

"是的。"徐世昌说，"他是诚心诚意的。这一点，你可以完全相信。"

"那么，'小扇子'的意见呢？""你说徐树铮？"

"是的。"黎元洪说，"芝泉的主张，多出自此人。"

"你说的不错。"徐世昌说，"据我所知，在这件事上，徐树铮比段芝泉还坚决！"

"这又为什么？"

"这个人对事情还是比较冷静，也比较务实的。大约他觉得芝泉还有许多不足处，出任大总统怕国人议论，还是你出任大总统合适。""果真如此，徐树铮不愧为'怪杰'！看得还算长远！"

黎元洪神气了，不光不顾虑国人问他的罪，相反，又品评起别人的短长来了。腰板也挺得更硬，高大的身材，显得更魁伟！面色似乎也一下子红润多了。

黎元洪也并非是怕官压头的人。当初他去水师学堂的时候，就想捞一官半职。"广甲"舰触礁的时候，他飘流在茫茫大海上，还悲痛地想："我黎某人壮志未酬，难道就这样默默地葬身鱼腹？"武昌起义席卷大江南北时，黎元洪眼看着末日到来，只身逃往荒郊，还派专人回到家中收拾细软。正因为有此一举，革命党人才跟踪找到他，那一幕悲喜剧也真够精彩的，后来他只炫耀喜的一面，却把悲的一面死死掩饰不露。

——黎元洪跑到郊外黄土坡上的一个叫刘文吉的农民家中，他派了一个伙夫去家中取贵重物品。因久去不回，他就怀疑，连忙又跑到四十一标三营管带谢国超家中。革命党人赶到谢家，他躲进床底下去了。由于他的个子大，又肥又胖，床下藏不住他，还是被革命党人搜了出来。他满身灰尘，老泪纵横。一见革命党人中多为他原来的部下，便说："我平日待你们不薄，你们为什么要来与我为难？"

捉他的人对他说："我们不为难你，是请你出来当我们的都督呀！"黎元洪瞪着眼，惊慌未定，还是说："你们说什么？我听不懂。我哪里也不去，你们莫害我！"

他怕死。怕得那模样是何等的狼狈！

现在，要他当大总统了，他不害怕了。可是，这突如其来的殊荣，该怎样对待？他却没有主张。昔日，他完全过着被人制约的生活，无论当都统、当都督，还是当副总统，都是有"婆婆"指挥他，事情办坏办好，"孩子哭了交给他娘"，自己不需定长定短。当大总统了，一国之事得自己拿主张。能不能拿好主张？拿出主张了，各派各方会不会协调？黎元洪顾虑重重。他对徐世昌说："卜公，各方的盛意，宋卿领了。只是这总统大任，我还得再思索一下。请转告各位，一两日内，宋卿一定有个明白的态度。"

徐世昌知道，这是黎元洪的假谦虚，并且是想争取时间，与他的"四大金刚"商量一下。便顺水推舟地说："宋卿公既然如此大度，谦虚而又谨慎，这就是中华之幸，国人之幸。不过，事也不可过执，还是择个时间宣布就职为好。国不可一日无主呀！"

黎元洪又说了几句谦虚的话，方才送徐世昌走了。

送走了徐世昌，黎元洪陡然感到不安："段合肥为什么不争大位？他并不是一个安分守己分子。徐树铮为什么支持他不当大总统？"

想起徐树铮，黎元洪就有些儿谈虎色变。他们虽然尚未直接发生利害冲突，但徐树铮的为人和才干，他是领教过的。他常常想："我身边虽然也有'四大金刚'，可是，四个人合起来也不如一个徐树铮！徐树铮是'合肥魂'，他只会帮助合肥夺天下，怎么会把天下拱手让给我呢？"

黎元洪急急忙忙地把他的"四大金刚"之一金永炎找来。他觉得在"四大金刚"中，此人还是有点智谋。"炎公，"一照面，黎元洪便开门见山地说，"事情你都知道了，徐卜五、段芝泉一唱一和，务必要我出来当总统，我觉得此中有文章。""什么文章？"金永炎问。

"项城死了，段合肥完全有资格争这个大位。徐树铮也会帮他争。他们早垂涎三尺，现在机会来了，他们为什么不争？"

"副总统递升总统，这是天经地义之事。他们可能怕争不到，故而，不如送个人情。"

"不那么简单吧？！"

金永炎见黎元洪顾虑重重，便知他是怕治不了徐树铮。便说："当今天下，能与合肥争雄的，怕只有宋卿您了。当总统不当总统，都是一码事。双雄住一室，已是不祥之兆；双雄争一把交椅，那是非斗得你死我活不可。如果甘居人下，被人家不声不响地吞掉，倒不如居高临下，实行有利的抗衡。

纵然斗不过他们，最后死，也死得轰轰烈烈。”

"这么说，你同意我出任大总统？”"当然同意！极力拥护！”"不怕合肥刁难？”

"怕有何用。”金永炎说，"大总统权拿到手，再说下步。”

黎元洪眯着眼睛，垂着头，缓缓地踱着步子，心里反反复复地想着大总统这个位就不就？"是的，应该先拿到大总统这块印！'一旦印在手，方可把令行'！我不信，高居极位，斗不过部属！”

黎元洪正想立刻答应就任之事，忽又觉不妥："南方各省动荡的动荡，独立的独立，到时候，那里不响应，或响应不积极，我还是当不成总统。那岂不是骑虎难下？”他又皱起了眉头……

南方，至关重要；为使袁下野，北洋系南方督军早已不听从北方命令了，四川陈宧独立，湖南汤芗铭独立，安徽倪嗣冲不明不暗，江苏——黎元洪犹觉冯国璋是个举足轻重的人物。"他不点头，在某种程度上，有过于段祺瑞！”即使系中，与南方有密切关系的要员也在纷纷观望，而且，外交总长陆征祥、财政总长孙宝琦已经先后辞职。"无论如何，得把南方拉过来，然后再定大局。”

黎元洪尚未把大总统抓到手，便累病了。去南方周旋的人选未定，他发了高烧，直觉天昏地暗，倒在床上，再也起不来。家人和近僚还以为他是"大喜过望、激动过度”所致呢，暗地议论起是不是劝阻他就职。还有人说："袁项城走时是要黎宋卿为他做伴的。所以，他是凶多吉少。大总统要赶快易人！”更有甚者，散布流言，说："徐世昌到东厂胡同去，是明着请黎出任大总统，暗地带了毒药，要毒死黎元洪。袁世凯断气前，为什么不把黎元洪叫到面前嘱咐他当总统，而是把徐世昌、段祺瑞叫到面前？说不定袁项城就交代杀了黎元洪呢！”

流言蜚语，沸扬京城。黎元洪又气又急，他躺在床上发狠："我非当总统不可！”

地方各省在曾毓隽的游说下，倪嗣冲虽大骂黎是两面派，可还是在冯国璋"拥黎当总统”的联名电上签上了自己的名字。冯国璋等认为："黎元洪是副总统，副总统继任总统，顺理成章，非他莫属！”

袁世凯死后第三天，黎元洪抱病宣誓就任新的中华民国大总统！他在病中走马上任，走上一座招灾招祸的宝座！他没有使中华走向健康、富强，而是走向"病入膏肓"，走向更加的四分五裂……

　　黎元洪当了中国总统，北京城落了一场冷雨。有人亲眼看见雨中还有雪花！这又令人心神不安。只有国务卿段祺瑞和他的秘书长徐树铮，心中十分泰然。黎总统的就职仪式刚结束，他们便躲进一个密室……京中，又要掀起一场大搏斗！

第十二章
府院同床异梦

做了国务院秘书长（袁世凯死后不久，国务卿复名为国务总理，属官国务卿秘书长也复名为国务院秘书长）的徐树铮，多日来生活得十分轻松，他不常到事；有时去了，也停不住脚便走出来。为这事，国务院里里外外风言风语：有人说："'小扇子'是段国务的心腹，该为合肥出一把力，使尽全身解数。怎么就振奋不起来？"有人说："'小扇子'对黄陂有意见，难道对合肥也有意见？不会吧？秘书长就是合肥力争的，他不会不知道。"还有人说："徐树铮是怪才，睡着了也不会上别人的当。他做的事，常人看不到。一旦看到了，只会大吃一惊！"

徐树铮听到这些议论却淡淡一笑，有贴身人问他，他便说："国家大事有总统，黎宋卿不是堂堂正正宣誓就职了么！国务琐事有总理，芝泉也是堂堂正正坐到国务总理位子上去的。再说，还有各部总长，大家各司其职，没有多少事需要我做。"有几天，他闷在密室里写字，着实用了一番功夫在临摹《怀素自叙》。他觉得那是一本狂得出奇的帖！他喜欢那个磅礴气势。昨天，他又独自跑了一趟琉璃厂，几乎把所有的书画、玩物摊点、铺店都走遍了，竟购了十几种书籍、碑帖，如《韵石斋笔谈》《画禅室随笔》《历代名画记》《东观余论》，等等。鼓鼓囊囊的两纸包，累得他满额汗珠。他并不满足，还是急匆匆行走各摊铺，想再购一本《十七帖》。令他十分扫兴，就是没有找到。不想因此事，还闹了一点点不愉快——

徐树铮是个十分刚愎自用的人，又加上头顶有一个"国务院秘书长"的大衔，他想办的事办不成，岂不太扫兴了？以致，当他又热又累又渴地坐进一爿茶馆、守着一杯香茶的时候，他竟说出了自己的不满心肠："这名噪海内外的琉璃厂，竟然买不到一本《十七帖》，赶快把那些书画商通通赶走算了！"

徐树铮无心自言自语，隔座一位老者却有意搭讪起来："客官，买不到《十七帖》值得如此动气么？我看，不足惜。"

徐树铮转颈一打量，见是一位约莫六十岁的老人，细长身条，赤红面皮，唇边一绺稀疏的短胡，光着脑袋，着一身黑色油绸便装；两只眼睛不大，却流露着高雅神气；面前一壶香茶，独斟独饮。徐树铮想："此人不是平庸之辈！"便也搭讪着说："敢问老人家，你也是喜好右军书帖的？"

"不敢说喜好，"老人说，"听人说说而已。""《十七帖》还是很珍贵的。"徐树铮说。

"是的。"老人说，"右军那本信札，体势雄健，为历代学者之范本。只是，流传各本，都不是真迹。"

"怎见得？"徐树铮感到惊讶。

"史有记载，宋以后便再无真迹，最珍贵的，也只是宋摹本，即今宫藏书也是宋摹。"

"先生怎知其详？"

老者对徐树铮打量一下，淡淡一笑，悠悠慢语："敝亲吴郡缪家，是本朝——不，是前清江南大收藏家，曾收有此帖。后转让给海宁查氏。查氏以珍品贡京，就是目下宫藏这一件。"

徐树铮见他谈吐不凡，便诚心相约："能否择日到舍下一叙？"那老者似乎猜着徐树铮不一般的身份，便说："有事人，有事忙；无事人，无事也忙。萍水一遇，已是三生有幸！再说，而今正是国家不国家，民主不民主的时候，不知有没有来日。还是各人忙各人的事吧。"说罢，饮尽杯中茶，道声"保重"，拱拱手便走了出去。徐树铮不想竟被这样的人无意中嘲弄了，他十分气怒，但一时又无处发作！悻悻地走回家中，把精心买来的书、帖也胡乱地朝橱边一放，再也不去理它们。

徐树铮变得越来越沉默了，行动也显得迟钝，边幅也懒得修了。他素来最注重理髭、理发，唇边总是清清爽爽，头顶是齐崭油亮。任何人同他一照面，第一感觉便是清秀。近日有些不同了。嘴边胡茬子黑蓬蓬的。尤为明显的，是他那双目光：失神了，失光了。还不到不惑之年，竟显得苍老了。

有一个故事，说战国时一个叫伍员的人，为了闯过昭关，一夜竟白了头发！可见昭关在伍子胥的人生路上该多么重要！徐树铮为什么呢？他面前难道也有一座"昭关"？

徐树铮并不像他表面上那样轻闲。他很忙，比总统、总理都忙。段总理早已是握在徐秘书长之手了，现在是，秘书长要思索如何指挥总统。他有决心，也有信心。当初他主张把总统位子让给黎元洪，就是出于指挥他、掌握他、让他总统成为徐某的傀儡！他做得很得心应手。第一步，他帮助段芝泉把国务院变成了责任内阁，一切国政都归国务院。总统架空了，国会几乎散了板。这件事，朝野上下，颇为震动。黎元洪像一头被惊醒的睡狮一样，在总统府内大叫："什么责任内阁，明明是篡权！我不能作傀儡，我要召开新的国会，我要制订宪法！"

徐树铮很敏感，他觉得黎元洪已经摆出了宣战的架势而所借助的"开国会""制宪法"，又是那么名正言顺，他想不出一个名正言顺的抵制办法。他顿觉心绪烦躁不安。他去找段祺瑞。

作了国务总理的段祺瑞，心情非常轻松，他正邀两位棋友在小客厅下棋。那是在小客厅的南窗下，一方大理石面的桌子，那个盛棋子的紫檀木匣子左右折开，便是棋盘。木匣内装着两只又矮又胖的黑白罐，那黑色罐子是黑色玉石精工凿成的，乌黑发亮，内装的黑色棋子也是黑色玉石研磨成的。那白色罐子是用一节完整的象牙雕琢而成，罐子里的棋子也是象牙做成的，一个个莹白可爱！徐树铮见着这个棋具，暗自笑了："你当成珍宝了，我可是用了四万两银子购来孝敬你的呀！"徐树铮心里又动了一下："芝泉对这套棋具，平时总是爱如珍宝，秘不示人。今天怎么会拿出来和人对局呢？"徐树铮望望他对面那位棋友，很生疏，心想："难道这位便是江南的张淡？"——当时，张淡是和段祺瑞南北齐名的，棋界有"北段南张"之美称。徐树铮无心观棋，他焦急地等待着结局。

局结了，段祺瑞把客人匆匆安排一下，便把徐树铮领进一间密室，开门见山地问："又铮，有事？"徐树铮点点头。

"快说！"

"黄陂正在蕴酿召开国会、制订宪法。您知道吗？"

"怎么说？"

"黄陂要夺权了！他要通过国会，拆散责任内阁！""他敢？"

"他怎么不敢？"徐树铮说，"这几天，金永炎、哈汉章、黎澍和丁佛言频频出入总统府，行动诡秘，绝无好事！""他敢开国会，我就让议员免了他！"徐树铮摇摇头。

"咋？"段祺瑞说，"我能扶他，我就不能免他？我不信。"

"什么理由？"

"这……"段祺瑞眨眨眼，咂咂嘴，就地兜起圈圈。

"免总统，可不是一件轻而易举的事。不到万不得已，不能草率为之。"徐树铮说，"目前应做的，上策是阻止开国会。国会开不成，宪法出不来，他黄陂纵然理由千条，权也到不了手！"

"嗯……"段祺瑞轻轻点头。

徐树铮没能阻拦黎元洪召开国会。因为南方多数省主张开国会，恢复约法，更加上海军李鼎新以宣言独立，威逼开国会。黎元洪终于在1916年6月29日召开了国会，制订了宪法，选举了副总统，又组成了包括国民党议员在内的混合内阁。

徐树铮这一气，非同小可：他气段祺瑞"太无能了！怎么就眼睁睁地让黄陂把国会开成了？你'合肥'就左右不了……"他气"黎元洪太狠毒了，一上台就野心勃勃。我不会服帖你的！"

一天，徐树铮拿着他和段祺瑞商量好的任命福建省三个厅长的名单，要黎元洪加盖总统印记。黎元洪端详着名单，心里在暗想："新国会开过之后，和合肥关系不算融洽。为了大局，有些事就让他们办吧！"不过，他还是问了一句："三个人的情况都查了么？各方的意见如何？"

徐树铮本来是借故探听一下总统抓权抓到什么程度了，以便采取对策。听得黎元洪如此问，心中就老大地不耐烦："你大总统还不是我们给的！给你大总统，就是要你来签字盖章，怎么盘问起我来了？"他冷冷地一笑，说："总统不必多问了，请快点盖印吧，我的事很忙。"

黎元洪干憋气，还得盖章。

徐树铮拿着盖好总统印的任命书走了，黎元洪望着他消失的背影狠狠地骂道："你徐树铮算个什么东西？公然目无总统！看我不处治你！"气怒之余，他说："我非找段芝泉评评这个理不可！"

他的谋士之一丁世泽对他说："别找了吧，论战不是上策。段芝泉早就说过，

'逐日文件均由徐树铮躬递。该员伉直自爱,不屑妥语,其于面对时,凡有声明为祺瑞之言者,祺瑞概负全责。'徐意即段意,徐为即段为,找段有何用?"

黎元洪只好把气吞下,但暗下决心:"非除徐不可!"

徐树铮决心搞黎,黎元洪决心搞徐,徐的后面是段祺瑞。因而,以黎元洪为首的总统府和以段祺瑞为首的国务院,从此矛盾日深,各怀鬼胎。

在黎段府院矛盾逐渐加深的时候,这里单说一个叫孙洪伊的人。此人五十上下,瘦面细眼,一副超人的机灵神态,以阁员身份,竟在总统府指挥一切,又任着内务部总长。就此,这位孙阁员便成了徐树铮的冤家对头。此时,中国银行为总兑现,借到美金五百万元,言明按九一交款。此事系阁议秘密决定,未与银行团商量,孙洪伊竟将此事泄漏出去,报纸很快作了披露,引起五国银行的抗议。报纸透露,外国银行抗议,市面本来平静的票价,顷刻间陡涨。徐树铮爪牙甚广,很快抓到孙洪伊泄漏之实据,便到处宣称"孙以贱价购买中票,以高价抛出,损公利私,谋取厚利!"此事由暗攻变成明斗,以致在内阁、议会上,发展到相互冲突,大闹起来。继而,府院各项工作互相掣肘,无法进行。

黎元洪正为除去徐树铮无理由,恰逢此事,便果断地以平息府院之不和为由,罢免了孙洪伊的内务总长和徐树铮的国务院秘书长之职。

徐树铮的国务院秘书长职被免了,现在他"无官一身轻",便领着妻妾儿女潜进天津别墅,过寓公生活去了——当然,万万不能把徐树铮当一只死老虎看待。不久,他就会掀起另一场狂风巨浪……

中国的事情,常常受着世界事情的牵动。黎段府院矛盾渐渐加深的时候,全球也在大乱:从1914年起,以英、法、俄为核心的一方和以德、奥为核心的另一方在欧、亚、非三洲进行了一场空前规模的帝国主义战争(即通称的第一次世界大战)。这场战争的起因和目的,就是为着争夺商品市场和重新瓜分世界。以萨拉热窝事件(1914年6月28日)为导火线的大战爆发之后,7月28日,奥匈帝国向塞尔维亚宣战;8月1日和3日,德国先后向俄国、法国宣战,并于4日大举进犯比利时;英国于8月4日向德国宣战;战争期间土耳其和保加利亚先后加入同盟国;日本、意大利、罗马尼亚、希腊先后加入协约国。这场战争共卷进去三十三个国家,人口在十五亿以上。

对于这场战争,中国掌权的,各有各的看法。因为中国各派军阀,早已寻找好自己的靠山,靠谁自然倾向谁。段祺瑞是亲日派,他极力主张"中国应该加入同盟国，可立即对德国宣战！"

段祺瑞刚愎至极，身居国务总理，国政大权在握，他决定的事，在北京，在中国，都得地动山摇！谁违背他，他都会毫不含糊地报复。黎元洪免了徐树铮的国务院秘书长职，他冲着总统府直骂娘："黄陂也动杀戒了！好，我要不叫你跑到我门外求饶，誓不为人！"他对徐树铮说："树铮，你不要离开国务院，我看他黄陂会把你怎么样？"

徐树铮摇摇头，说："赖在席宴边，菜肴均无味！"

"那你就甘心倒下？"

"此处不留爷，自有留爷处！"

"不！"段祺瑞拍着胸膛说，"你等我把总统府闹翻之后，咱们一起走！"

"那不是对策。"徐树铮说，"那是冒险。现在，黄陂撤我，实际是杀我这只鸡，给您那只猴看的。您去闹，不正是称了他的意了么！""他会怎么我？"

"不堪设想！"

"我……我……"

"不必忧心，要耐心等待时机。"

段祺瑞忍了又忍，只好把这口气吞进肚里。

现在，中国要在这场世界大战中表明何去何从了，段祺瑞摆出一副"太上皇"的姿态，以国务院之名，发表对德国宣战，开会通过对德断绝邦交并在国务院内组织了国际政务评议会，自任会长，驱逐德国公使辛慈出境，召回中国驻德公使颜惠庆，收回德国租界及津浦铁路北段租用权，停付德国赔款……段祺瑞兴奋之至，他像战争前沿的指挥官一样，指挥刀一挥，所向披靡，雷厉风行。"我段某人就不相信，没有他总统的话我就办不成事！不，我一定要办成大事！所有的大事我都得办，我都能办成！"

黎元洪自从召开了国会，自觉腰杆硬了，所以敢免徐树铮职。他也知道，此事段合肥不会袖手旁观。"果然如此，我将利用国会对付他！"段祺瑞对德国采取的这一连串行动，有人迅速呈报给黎元洪，黎甚感意外："如此大事，我这个总统怎么不知道？他段合肥未免太专行了吧？"

黎元洪原先也是亲日的，这场世界大战之始，他也是倾向于依附日本。但是，他的"四大金刚"基本上是持中立态度，"观看一段，等等战局"。可是，由于同德国断交和相继采取的措施，自然引起了德国人的反应。德国人通过荷兰公使向总统提出交涉，认为断交可以，赔款等问题不能接受，并就此向中国政府提出抗议。黎元洪恼怒了："段芝泉太不自量力！与德国断交，已属个人好大喜功之举，参战则更是危险行动，简直是儿戏！"

黎元洪虽愤怒至极，但他个性孱弱，要他马上采取对段的处置措施，他确实拿不出，也不想拿。此时，他的"四大金刚"之一丁佛言恰在身边，他对黎元洪说："不能由着事情发展下去了，总统要行使总统权力。"

"怎么行使？"黎元洪心中无数。"不是有议会么？"丁佛言说，"召开特别议会，由议会决定战争进退。"

黎元洪自己无主张，丁佛言又说得如此堂而皇之。于是他立即决定：召开国会，议定参战大事！

也该着段合肥流年不利，国会中的国民党议员，正怀着对黎、段政府的不满，并且认定政府实权握在段手，早有借故倒段之情绪。故而，国会一开，首先展开了一场倒段活动。段祺瑞傻眼了，他原先以为国会大多议员会赞同他的"对德宣战"决定，所以，就未作过密布置。现在，国民党议员首先发难，加上其他议员中对参战案意见分歧，因而，国会上立即嘈杂不堪，群情激奋。

段祺瑞呆坐在国会会场，鼻子渐渐歪了起来——段合肥是没有随机应变之能的。往天，徐树铮在他身旁，碰到事，眼珠儿几转，便决定进退，只需附耳密语，段便可以化险为夷，运操自如。如今，徐树铮到天津做寓公去了，没有人在他左右摇羽毛扇了，他只有焦急、烦躁、鼻子歪着生气。

段祺瑞耳目众多，早有人把此情形报于段在京的心腹。作为段祺瑞"四大金刚"之一的傅良佐，闻知此情，未与段商量，便纠合公民团和段的一些亲信人等闯进了议院。那个庄严而充满着火药味的国会会场，立即被冲得鸡鸣狗叫，人仰马翻。

段祺瑞见此情景，颇感困惑。他找到傅良佐大怒训斥："怎么能这样做，闹国会还不如闹总统呢，赶快给我退出！"

此刻，纷乱无首，傅良佐也无法控制了。段祺瑞只好调遣兵警，方才将公民团赶走。

公民团是走散了，许多议员以此为借口，纷纷离去。国会不足法定人数，自然被迫停开，参战一事，只好悬而未决。

段祺瑞是个不甘失败的人，国会不能开下去了，民主的方式使他陷入窘况，他要用武力来达到目的。段祺瑞是国务总理，又兼着陆军部总长，他便以这个身份立即将各省督军召来议政。

督军们纷纷到京，段祺瑞盛情款待，开门见山讲明："请各位来京，共商参战大事。"段祺瑞说："世界大战已经全面展开，战争的最后，也是最终目的，是重新瓜分世界。当然，强者是利益既得者。在这场战争中，无论什么国家，都是不可避免地要卷进去的。要么，参加同盟国；要么，参加协约国。中立是不可能的。谁中立，最后谁吃大亏。现在，有一种错误观点，认为德国技术先进，他们用先进的科学投入战争，必胜！我看不见得。东亚日本也是科学发达国家，又是我们的近邻，我们必须考虑同日本结盟问题。否则，日本成为战胜国，首先受害的就是中国。因而，在排除所有原因之外，中国必须对德宣战！"

段祺瑞这么一说，督军们个个点头。就连曾经通电"请求中立"的安徽督军倪嗣冲、湖北督军王占元也马上对段说："前此有电请求中立，实系误会。今日来京方知参战之必要！"于是，各督军出面，邀请两院议员在外交大楼当面疏通参战事宜，并面陈黎总统。

黎元洪获知此事，虽觉措手不及，但知督军会尚未结束。便匆匆赶到外交大楼，一再表示"此事应由议会主持，非督军所应干涉"。

议员们一看，总统、总理针锋相对了，便都采取消极态度，有的干脆退出。最后，乃以"法定人数不足"而无法开会。督军们当然是看段祺瑞的脸色。于是，联合发了一纸指责"宪法之歧误"攻击议会，而后相率从容离开北京。事情陷入僵局！

段祺瑞这一气，鼻子又歪到一边去了——往日，他会拂袖而去，找个安静的地方，生他几日闷气，而后有人出来调停，了事。现在，他却不！不仅不回避，反而力争，不实现对德作战目的不罢休！段祺瑞破釜沉舟了，他要同黄陂决战一场，"看看究竟是你总统威风，还是我总理威风？我——要解散国会！"

黎元洪也不做不休了，几番较量，他感到国会众多议员是支持他的。他想选冯华甫做副总统，冯便当选了。他想通过制宪扩大自己的权力，议会便如愿地通过了。对德宣战问题虽然未通过议案撤销，可也未通过议案支持。这样，他黎元洪还是算大半胜利了。不过，黎元洪谨慎地审时度势之后，觉得靠自己的力量除去段祺瑞，还有许多不测之处：万一段祺瑞起兵逼宫，有什么办法可以阻止他呢？黎元洪心里明白：袁世凯死了之后，中国天下便三足鼎立：奉张占据东北，直曹（锟）势在京津，皖段虽意在长江，可活动地点在京中。目前形势，张作霖还没有霸主的动向，而曹锟对段祺瑞却早已虎视眈眈。于是，黎元洪决定单独会见曹锟，以商定除段大计；万一曹不积极，也争取他在搞段时，曹会袖手旁观。

国会不欢而散的第二天，曹锟便被邀请到总统府。

这是一次十分神奇的会见：在总统府后院一间幽静的密室里，大总统黎元洪便装简饰，满面带笑坐在主人位上，他对面是军戎齐整的直隶督军兼省长、现在又任着川粤湘赣四省经略使的曹锟。他们品着香茶，窃窃私语，除了一位招待侍从有时被唤进添茶、装烟之外，室里再无他人——曹锟原本是瞧不起黎元洪的，他不时在人前面后品评他，说："黎宋卿算个屁！只会投靠势力，有奶便是娘。那大总统还不是合肥赐给他的，他还不得唯合肥之命是从！"后来，他听到府院日渐不和、黎段矛盾加深，便十分庆幸。近来又听说因对德宣战两人闹翻了，便想趁火打劫，横插一杠子。还未找到机会，便被黎元洪请来了。曹锟进总统府时便想："要么协黎驱段，要么协段赶黎，去从对我皆有益无害！"二人对面坐下之后，曹锟已明白大半，"现在是助黎反段了！"

"仲珊兄，"黎元洪恭恭敬敬地呼着曹锟，"合肥的为人，你和世人都有共同看法的……"

"是、是的！"比黎元洪大两岁的曹锟，不等黎把话说完，便顺着杆儿往上爬了。"挟天子，令诸侯，是个典型的曹孟德式的人物！""对，仲珊兄说得对极了！"黎元洪亲自为曹锟添了茶，又说："就说这参战大事吧，何去何从？举足轻重。说不定一失足，便会全国人民遭殃。不慎重怎么行呢？他合肥却独断专行，擅自宣布对德作战。我担心呀！"不等曹锟说话，他又说："国家至上，民族至上！似合肥这样一意孤行，国家何治，人民何治？仲珊兄，我是无能为力了，但又坐此位，不能不忧心忡忡呀！不是宋卿说句乞怜的话，国家、民族大任，全赖老兄了。我早有设想，寻个适当的机会，把此总统重任交给老兄。"

曹锟本性以名利为重，黎大总统这样"慷慨"许诺他"大任"，他晕了：全身摇晃，房屋、桌椅都在摇晃。他理了理服装，正了正军帽，胸脯挺起，先深深一揖，而后扑通跪倒。"深谢总统知遇之恩！"

黎元洪忙将他扶起，急言快语地说："仲珊兄，你这是何苦？若这样拘礼，老兄岂不见外了！说心里话，我一直是尊敬你的人品和气节的。咳，我堂堂中华，舍曹仲珊便再无人可以执牛耳了！"说着，他潸然流下了两行热泪。

曹锟与段祺瑞争雄之际，想拉黎，多苦于没门路。今见他如此认真，便拍着胸膛说："宋卿，你不必为此事忧虑，合肥不就是有那几路兵么。当今之中国，他只占一隅，别看他常蹲在北京、天津，我啥时候叫他走，他就得乖乖地走！要知道，北京、天津是我的，我是直隶省长！他段合肥只能在合肥威武。老弟，你下令吧，我曹仲珊一定为你赴汤蹈火，在所不惜！"

黎元洪扶着曹锟坐下，轻轻地摇着头说："中国，兵荒马乱多年了，人心思安，干戈动不得了。"

"那怎么办？"行伍出身的曹锟，除了枪杆子，他是拿不出其他办法的。

黎元洪没有马上答话，但他心里明白，曹锟已经完全被他说服了。思索半天，才说："仲珊兄，我看这样吧。"大总统把嘴巴贴到曹锟耳边，低声说："合肥要我下令对德宣战，我说国会不同意，他扬言解散国会。这岂不是没把国会放在眼里。我看，咱们还是得利用国会……"他作了一个手劈的姿势。

曹锟连连点头。"好，马上开国会，除段。"

黎元洪叹息一声。"议员们这一段时间也灰心了，不知会不会到会？"

"不要紧。"曹锟说，"北京、天津、直隶的议员我包了。就是捆也得把他们捆来！"

"还得以礼相待。"

"那是，那是。"曹锟说，"南方川粤湘赣的议员我也包下了，大不了每人给他五千。"

黎元洪这才坦然一笑，但还是说："夜长梦多……我这里急待为此事用印呢！"

曹锟点头，恭敬地退出。

中国又乱了：段祺瑞的国务总理被总统免了，伍廷芳被任命为国务总理。

各省乱了，先是叽叽喳喳，议论纷纷；后来，则一个一个宣布独立。

第十三章
段祺瑞欲动干戈

段祺瑞的武力逼宫没有奏效，他在国务院过了两天，尚不见黎元洪回心转意，便决定暂避一下，隐居天津。

1917年5月下旬的一天，他一大早就带着六名上差和二十多名便衣手枪手，在他的内弟、现任长江上游总司令的吴光新陪同下，赶到前门车站，坐进他的总理专车。

但是，总理专车就是不开车。吴光新以为是卫队营长没有向车站交代，对卫队营长杜奎发怒道："为什么不叫他们开车？"

杜奎也莫名其妙，便匆匆去找站长。回来说："站长回话，说：'不经总统批准，任何人的专车也不许开出。'所以……""快把站长叫来！"

站长来了，吴光新问："为什么不开车？"

"总统府有电话……"站长的话尚未说完，段祺瑞早站在车门口，歪着鼻子骂道："混蛋！这是我的专车，谁的命令都不顶个屁。开车！"

杜奎见段祺瑞发了怒，立即从腰间拔出手枪，一个箭步上前抓住站长的脖子，大声说："车开不开？"

站长脸色变黄了，像狼嚎一般大喊："开车，开车！快，快！"段祺瑞余怒未消，还在骂："我还是总理，他娘的，把我也管制起来了！"吴光新说："黄陂也太不像话，怎么能这样对待总理。"

吴光新，日本士官学校出身，段祺瑞原配吴氏的胞弟。常在段左右，成为皖系军阀的重要人物。来京参加督军会议，碰到黎段矛盾激化，便留在段身边助威。虽然吴氏夫人早殁，段对他依然如故。车开之后，他对段祺瑞说："姐夫，不必同那帮小人一样。日后访查一下，该办的办，就完了。"

段祺瑞愤愤地说："狗仗人势！人狗我都饶不了！"话虽如此铿锵，内心却更加不安："黄陂会怎么样？难道他敢对我下毒手？"他迷惑地叹声气，又后悔地想："当初就不该听徐树铮的话。若是不把总统位子让给他就好了。"

天津。二马路上的意大利租界内，有一处六底六间的双层洋房，那便是段祺瑞从一个大亨手中买下的别墅。每当他情绪不佳的时候，他便躲进这里。楼下是侍卫人员住室，楼上是客厅、餐厅和卧室。楼房构造，半东半西：檀香木雕空的花棂，五颜六色的玻璃，翘檐长厦，外观古朴，而室内一律西洋设备。往日，段祺瑞住进这里，便有一套很死板的生活规律：上午，他要作诗，他身边有一二位较有名气的诗人，如邢宝斋等；午睡之后，便要下棋，他身边豢养着多位棋手，如易敬羲、张国英、刘有碧、汪云峰等；晚上，打八到十二圈麻将，总是上差贾润泉为他去邀请牌友。剩下的时间，他便独坐幽室。这次来天津，贾润泉还是随身紧跟，把那只徐树铮用四万银元买的檀香木棋盒谨慎地带在身边。此人跟随段祺瑞有十多年了，有一套察言观色的本领。

贾润泉按照昔日的规律，在段祺瑞到天津的当日午后，便首先告诉了易敬羲："易先生，午睡后请——"易敬羲明白了，点头哈腰，连连答应："是，是！"到了午睡该起的时候，贾润泉就是不见段祺瑞出卧室，左等右等，还是不出。他怀疑他病了！走进去一看，段祺瑞独自一人正坐那里发闷。于是，他便蹑着脚步进去。"大人，棋盘摆好了。"

段祺瑞头不抬，目不转，说："不下了。"

"有人奉陪大人！"

"请他们自便吧。"

贾润泉虽有些迷惑不解，还是退了出去。

晚上，段祺瑞本来想单独同徐树铮谈谈。北京发生的事，段祺瑞当初估计低了，他觉得他自己会办成。何况，当时"小扇子"早已到了天津。所以，他独自办了。谁知黎元洪把督军们弄乱了。现在，何去何从？正是紧要关口，得找徐树铮。

徐树铮来了。话尚未谈，曹汝霖、徐世昌、陆宗舆先后来访，他们只好把话题岔开，无聊地东拉西扯，度过了一个晚上。段祺瑞觉得"时间还有，改日再慢慢谈吧。"

段祺瑞想得太乐观了，他总觉得黎元洪的大总统是他给的，他应该对他俯首听命。他离开总理府，匆匆来天津时，是想给大总统一点压力。当大总统感到这种压力了，黎元洪自然会负荆登门。"没有我段芝泉，看你黎宋卿能办成事？！你没有那个胆量！就是有，你又能拿出什么样的治国安邦良策呢？还不得来找我！"前门车站对他的刁难，段祺瑞歪了两天鼻子，也就好了。只要黎元洪能回心，一切可以不计较。他安心等黎元洪特使来"请"他回京。

果然，没过三天，北京有了特殊消息。传消息的人不是大总统的特使，而是皖系军阀中的骨干之一、时任浙江督军的倪嗣冲！倪嗣冲不是喜鹊，而是乌鸦！

"不好了！真没想到！"倪嗣冲没头没脑地说。

段祺瑞十分平静，他指指桌边的紫檀木椅子说："坐吧，有话慢慢说。"

"出大事了，不能慢说。"

"那就快说！"

"黎宋卿动杀机了！"

"怎么动？"

"他说您……"倪嗣冲说，"说您不经国会通过，竟自对德宣战，这是不合法的，有违民意，有违总理职权……"

"他敢怎么样？"

"决定免你国务总理之职！"

"什么？什么？什么？"段祺瑞以为黎元洪只有向他讨教，绝不会、也不敢免他的职，是倪嗣冲信口胡说。

"免了！黎总统把您的国务总理免了！从今以后，您就是庶民了。"

"他，他敢……！"话虽然还是响当当的，可那脸却顷刻变了色，尤其是鼻子，歪得特别快，也歪得特别厉害。

——纱帽这玩意，别看分量不重，威力可真不小。戴在头上的时候，怒目、挺胸、狂言，发号施令，凌人之上；一旦摘下来，连眼神都会变，变得失去光彩！

段祺瑞的纱帽被摘，摘得太突然了。他挺着胸怒了一阵之后，便沉默起来：脸膛苦丧着，头低垂着——那一天，他在外交大楼还发怒对总统说："我不干了！"不幸竟被自己言中。而且不是自己不干了，而是被人家免了，不能再干了！剩下的，便只有沉默、闷气了。

倪嗣冲豪气不减，他继续大声说："什么娘的议会？什么法？总理就是总理，是责任内阁的首脑，总理说的就是法。不经总理说话、没有内阁的复议，谁也无权罢免总理！"

段祺瑞没有反应，他像一头被杀倒的猪，血流尽了，只剩下一具尚未僵硬的尸体。

倪嗣冲继续说："他黎黄陂算啥？武昌之变，听到枪声他就往床底下钻。因缘时会，依人成事，忝居高位，优柔寡断，竟然妄自尊大，摆起皇上架子，什么玩意儿？！"

倪嗣冲的话，终于在段祺瑞耳中起了作用。浙江督军说的，正是他一贯坚持的。"黎元洪算啥？有何能耐？在北洋班底中，哪一家都比他强！"他站起身来，皱着眉头，歪着鼻子，愤恨地说："国事方艰，庸才足以误国！我不能眼看着事情坏下去！发兵！我要发兵！"

段祺瑞发怒了，发狂了！一声吼，整个院落便地动山摇！

几天中，段祺瑞由京到津，闲居在这里的人已觉不祥；总理突然被免，更有"风满楼"之感。人人面上笼罩着一层阴云。如今，段祺瑞决心定了，他要与黎元洪兵戎相见了。大家似乎看到了一种希望，一种光明。人人翘首，要看看他如何发兵？有的人还跃跃欲试，想显一显身手。

段祺瑞有兵可发，当着国务总理时，他便死死抓住兵权，兼任着陆军部总长，名正言顺地指挥着全国军队。此外，他的皖系看家兵，目前不仅虎踞着京津要津、淞沪江浙，就连长江中下游也全是他的亲兵。段祺瑞调任何一支军队，都可以把黎元洪赶跑。所以，他说发兵，人人认为必胜。

当初，就是他段祺瑞领衔，以前线四十二将领名义向清廷发一纸电文，清帝便乖乖地离开宝座！袁世凯当大总统，还不是凭段祺瑞那纸通电！那纸通电这么有力，还不是段祺瑞手中有军权！"我不信他黎宋卿能比溥仪的根基深！难道我就束手无策？"

起风了。

气流裹着黄海的水腥，浸透了天津城池。海河浪翻波滚，冲击着河岸，吞噬着海滩。停泊在塘沽海港的、挂着五颜六色旗帜的船舶，被冲得摇摇晃晃。风从地面、从房顶旋向空中，又从高空俯伏而下。不知是气流随风还是风带气流，似乎要把天津翻个个儿！

段祺瑞的六底双层楼房也被翻动了，院中发出纸屑、木片和金属被风吹得发出"沙沙啦啦"的声音。

发兵——已是段祺瑞下定的决心。只要他向他的亲信将领们一挥手，兵便会潮水般涌向北京，北京城就会翻天！可是，段祺瑞却死死沉默着，不挥手。他待一个人，要看这个人的态度！此人便是徐树铮！

弹指间，徐树铮和段祺瑞相处十五年了。十五年所共之事，件件使段祺瑞对徐树铮心悦诚服。离开徐树铮，段祺瑞似乎连小事都失去了主心骨。在北京不爽，他匆匆到天津来，因为天津有徐树铮。现在要发兵了，连吴光新、倪嗣冲都表示赞成了，段祺瑞是在等着徐树铮，要看看的他意见如何。

段祺瑞今天的景况，徐树铮从他自己的国务院秘书长被免职那一天起便估计到了。不过，他不像段祺瑞那么紧张。宦海沉浮，那是寻常事，对策也不是一朝一夕就要拿出的。对付黎元洪，徐树铮一直认为是轻而易举的事。只是何时举、怎么举？尚待思索。段祺瑞的别墅正闹哄哄时，徐树铮反而不露面了。段祺瑞又急又怨地嘀咕："这是为什么？"他派人把徐树铮请来了。

徐树铮礼帽长衫，一副学士派头，面带微笑，神情轻松，仿佛正赶上一件十分愉快的事情。他坐在段祺瑞的小客厅里，反宾为主，泡茶拿烟，行动举止，都十分主动。只是像徐庶进了曹营一般——一言不出。

段祺瑞踱着沉重的步子来到他面前，沉思多时，才说："又铮，北京的事，不需对你细说。原来我还想着可以同黄陂调停共处，今天看来，没有希望了。"

徐树铮点点头。仿佛他对段祺瑞说的事，比段祺瑞还清楚。段祺瑞把话说开了，以为徐树铮会有个迅速的反应，表示一个明白的态度。可是，徐树铮没有那样做，像是心不在此，点头之后，也就算了。

段祺瑞沉不住气了，他请徐树铮来是想听他对此事的意见的，沉着不语，算什么？所以，他迫不及待地说："又铮，我咽不下这口气，我要出兵北京！"

徐树铮还是平静地不语。

"此事我已和其他几人谈了，现在要同你商量一下，你看如何？"

徐树铮这才把脸转过，窥视段一阵，说："老总意见甚好！甚好！"

"我是问你！"段祺瑞说，"要你处理此事，你会如何？"

"我？"徐树铮迟疑了。他再正眼看一下段祺瑞，见他鼻子歪得很厉害，知道他仍在盛怒之中。他很了解段祺瑞，遇事怒起来，最易偏激，而在怒中，也很难采取别人的意见。与其马上说出可否，造成一种进退维谷的局面，倒不如暂缓一时，待段心绪稍微平静时再说。于是，他认真地说："举兵之事，事关重大，容树铮再思索一下如何？"

段祺瑞的心顷刻悬了起来。他了解徐树铮，此时此事他不表示赞同，说明他的见解是不一样的。"难道他不同意出兵，他还有更高明的办法？"段祺瑞纳闷："大权失落了，难道还去找黄陂谈和？"段祺瑞虽然纳闷，可他知道"徐树铮既对出兵持消极态度，他总会有个积极的办法。那就等他想想再说吧"。

"好吧，"段祺瑞说，"此事虽憋人，也不一定今日就抗争。你想定了之后，咱们再商量。"

往日，遇到此情，徐树铮便会匆匆告退了。今天不同，他不退，并且说："老总，昔日戎马倥偬，寻不出一个对弈的机会，今天我们都名副其实的'无官一身轻'了，我想跟老总战三局。如何？"

"下棋？"段祺瑞狠狠地摇摇头，"哪有那副心肠！"

"值得如此动肝火吗？"

段祺瑞绷着脸，不出声。

"贾管家，把棋拿来，老总要下棋。"徐树铮采取激将法了。贾润泉答应着，匆匆将那个棋盒抱来。

徐树铮摇着头说："不要这个。把那副象棋拿来，我和老总隔着'楚河汉界'对阵！"

段祺瑞不能再推辞了，勉力应酬，坐在徐树铮对面。

别墅之中，人人正为老总鼻子歪而犯愁。忽听老总要下棋，无不高兴。大家纷纷赶到客厅。家里豢养的几位棋手，更是雀跃起来：易敬羲对张国英说："'小扇子'是棋手？还不知道呢。"

张国英说："嗯。听说少年时，在古城徐州就大显身手，把一位老棋圣拉下马。"

汪云峰对刘有碧说："平时怎么就不见他动声色呢？说不定只是为了宽

慰老总，才不惜献艺吧！"

刘有碧说："千万别这样说，历来都是'高人不露相，露相非高人'！咱们还是看个究竟吧。"

段、徐对坐之后，一面摆棋，徐树铮一面说："听说老总府上备有许多名茶，何不取来助兴？"

段祺瑞对贾润泉说："去，到檀香柜里，把日前海南朋友送来的最新的伽南香取来。"

徐树铮立即摇着手，说："算啦，算啦。海南产的这品种，咱北方佬肯定是享受不了的，还是换一点习惯了的吧。"

段祺瑞说："不要伽南香，拿一点虎丘天池如何？也是最新品。"

徐树铮点点头。

段祺瑞一边对阵，一边问，"树铮，你对茶也有研究？为什么不要伽南香呢？"

"一知半解。"徐树铮说："伽南香，实为榕树木材，生长越久者越贵，也叫奇南香。亦称奇蓝。说起成茶，倒是有许多讲究。这种香木为火蚁所穴，蚁食石蜜，遗渍水中，岁久而成。香成而未化者，谓之生结；不死而成者，谓之糖结；色如鸭头绿者，谓之绿结；掐之痕生，释之痕合者，谓油结，是伽南最上品。"

"领教了，领教了！"段祺瑞等人齐说。

徐树铮又说："此品虽著名，北方人却饮不得，因香型奇异，且含有膻气。"

"虎丘天池如何？"段祺瑞又问。

"好。好极！"徐树铮说，"这两种品种因产量极少，故素被称为'天下冠'。"

"怎么两种？"段祺瑞问。

"是两种。虎丘为虎丘，天池为天池。"徐树铮说，"虎丘产自苏州虎丘山下。据《苏州府志》所载，烹之色白，香气如兰，每岁所采不过二三十斤。天池产自苏州天池山，《茶笺》称它'天池青芳馨，可称仙品。'所以说，虎丘、天池两种茶品。"

座中有位江南人士，想探探徐树铮茶识究竟如何，便插话说："我的故乡有一种茶，名叫苍术，不知先生品尝过没有？能赐教一二吗？"

徐树铮一面下棋，一面说："苍术多指香，句容茅山产，细梗最佳。茶、香多系说说而已，久不见其品了。"他见在座人多不观棋，而对论茶发生了兴趣，便若无其事地说："茶这东西，人皆好之，其在中国历史更为悠久。唐竟陵人陆羽著有《茶经》，宋仙游人蔡襄著有《茶灵》，以后的《北苑别录》《茶董补》都对茶品、茶味作过详尽述录。光是煮茶之法，便大有文章。"

段祺瑞入迷了。他急问："说说，煮茶还有什么学问？"

"怎么没有学问？"徐树铮说，"缓火为炙，活火为煎；水初滚时有泡沫上翻者，为一沸，即如鱼目微舒；四周水泡连翻者，为二沸，即如涌泉连珠；全面沸腾如波涛，为三沸，即腾波鼓浪。水沸后，水气未消，谓之嫩，水逾十沸，谓之老。嫩老皆不能发茶之香……"

徐树铮品茶论煮间，连连过关斩将，早杀得段祺瑞只有招架之功，无出击之力了。眼看头"老将"被困，他拂拂袖说："又铮，咱们不战了。你论了半日茶，现就请你亲自来煮，我也享受一番。"

入夜之后，人们都走了。徐树铮坐在段祺瑞对面，才对他详细说明自己的办法。

"出兵北京，不是上策。"

"为什么？"

"出师无名！"

"他黄陂动杀机就有名了？"

"正因为如此，才说'出师无名'。"徐树铮这才摆出利害，"老总发兵北京，总不能说'因为大总统黎元洪免了老总总理，老总就推翻他'吧。这样做，世人会如何看待？国人会如何评说？再说，推翻了黎元洪，下一步怎么办呢？国家没有总统不行，老总出来当总统也不行。"

段祺瑞说："又铮，你对国家的态度，是不是太消极了？"

"不消极。"徐树铮说，"在此情况下上台，好比一盘散沙硬要用来筑塔，一场轻风，即会吹倒。"

此时，段祺瑞手持白瓷茶杯，便指着说："此杯固是聚合而成，我握之掌中，可暂不碎，若我放手，便落地碎矣！"

徐树铮笑了。"杯不由我碎，待碎时由我全之，则反易耳！"

"这……"段祺瑞心里一惊。

"这是其一。"徐树铮说，"其二，目下世界潮流倾向共和，中华命运，依赖共和。帝制刚刚取消，共和方兴未艾，黎元洪乃共和国的总统，应潮流，顺民心。老总出师伐他，岂不自讨罪过……"

"啊？！"段祺瑞坐不住了。他挺身站起，手中那只泡着虎丘香茶的杯子"吱溜"——坠落地上，"哗——"一声清脆的响声，水流四溅，瓷片纷飞，连他新换上的鞋裤都溅湿了。段祺瑞闯荡半生，由小到大，当了国务总理，他还想当人王地主。他没有想到，出师讨黎，将要成为千古罪人。他六神无主了。停立许久，又懒懒地、软绵绵地坐回那个檀香木椅子上，眼也闭了起来。

徐树铮望着段祺瑞这副垂头丧气的样子，暗自好笑。"段大总理，你只会发兵吗？只有这么个心眼儿吗？！"

徐树铮不忧不愁。他端起茶杯，悠然自得地饮着，在这片铺着日本地毯的天地上踱着不急不慢的步子。

风停了，一轮明月悬在西天，星光闪闪。二马路上，不时传来汽车笛鸣。徐树铮走到窗边，举目眺望，灯火与星光上下辉映，倒也平静宜人。他轻摇脑袋，像是在低吟，又像在清唱。

段祺瑞没有那种闲情逸致，他焦急地待在椅子上，想主意，又想不出；想把此事丢下，又丢不下。他侧目看看徐树铮，见他那样悠然自得，心里倒有了气："都啥时候了，他还有心肠赏月！"

"又铮"，段祺瑞来到徐树铮身边，原想说几句焦急的话，一见徐树铮如此平静，便改口说，"难道我们就这样甘心被人欺侮？你得拿拿办法呀！"

徐树铮笑笑，说："办法倒是现成的，只看老总用不用？"

"什么办法？快说。"

徐树铮自斟自饮了杯中茶，先扶着段祺瑞坐下，然后自己坐下。段知道他要表明态度了，悬着的心终于落了下来。他静候他说出意见，他认定那是可行的意见，会使他满意的意见——

人称徐树铮"北洋怪杰"，这不夸张。平时，徐树铮总在人不注目的地方，默默无语；即使他分内的事情，他也表现出一副无所事事的庸碌相。一旦碰到要事，他便会显出非凡的才能。尤为怪的是，办任何事情，困难程度多大，他便会显出多大才能。在任何问题面前，他都有相应的对策。只是在琐事上，他从不用心。他过早颓秃的头顶和面上呈现出的皱纹，都说明他大脑的负荷太重了！

徐树铮沉思了半天，对段祺瑞说："老总知道最近发生在徐州的事吗？"

段祺瑞愣愣神，没有说话。

"徐州发生的事情，很有意思。"

段祺瑞想起来了。他轻蔑地笑笑，说："你说张定武是不是？"他又摇摇头。"成了不大气候。"

"不可轻视此人！"

"难道说张勋有可用之处？"

徐树铮点点头——此人常以点头、摇头、不点不摇头来表示自己的态度。

——张勋，定武军的首领；徐州是定武军的根据地。张勋极忠清室，国人无分兵民，在朝廷退居之后无不剪去辫子，唯独张勋的六千定武军不剪，以辫子独树一旗，利用苏、鲁、豫、皖接壤的徐州为根据地，想有所作为。

袁世凯当大总统之后，张勋便曾伙同冯国璋密谋，企图在袁与护国军对立时，造成"第三势力"，继而改变大局。密谋的条件是：张保冯作总统，冯委张为江苏督军。事未举，袁世凯死了，张勋恢复清廷的"雄心"又萌发了。自1916年6月9日起，先后三次在徐州召开会议，张勋想取得盟主地位之后挥师北上，实现雄图。怎奈各派首领并不齐心，尤其是段祺瑞的皖系势力，不仅不支持，且有掣肘之态。所以，三次徐州会议，均未有结果。张勋心不死，还想再开。

"张勋……"段祺瑞犹豫不决。

"老总了解张勋此人吗？"徐树铮问。

"怎么不了解！"段祺瑞说，"他至今还不剪辫子，'司马昭之心……'！徐州开了三次会议，有什么结果！"

"我想怂恿张勋在徐州召开第四次会议。"徐树铮说，"并且一定让他开成功！"

"这个……"段祺瑞又糊涂了。他摸不透徐树铮又是怎么安排的这局棋，他只想着一个固定的规律：推翻一个假共和总统，要落千古骂名了；支持别人恢复一个失宠的、被赶下台的皇帝，难道就不落骂名了？段祺瑞不歪鼻子，却把脑袋歪成秤钩子，眼睛眯起，在紧张地捉摸着这件事。

"我们应该支持张绍轩（张勋字绍轩，因为是定武军首领，人们又称他为张定武）。"徐树铮说，"他果真举事时，我们应该增援。至少是保持沉默态度。"

"我不干！"段祺瑞不加思索地说，"即使张绍轩有能耐干成此事，我也不会和他同流合污！"

徐树铮笑了，不是冷笑，而是仰天大笑。

段祺瑞从未听到过此种笑声。所以，他有点紧张，"又铮，昔日，无论在国务院还是在我的家中，也无论军机还是政务，你都是言简意赅，说完便走。赶上吃饭也从不驻脚，所说之事也明了简洁。今天什么意思呢？好像在摆迷魂阵。你直说吧，成不成，都不会怪你。"

"我无意借他人之刀杀人！"徐树铮说，"何况张绍轩这把刀也钝得很，杀不死人。"

"你知道吗？"段祺瑞说，"张绍轩果然进了北京，他是必然要把小皇帝扶上位的。我们怎么能跟着他搞复辟呢？"

"复辟，那不是咱们的事。"徐树铮这才把支持张勋的事说了个明白——段祺瑞听完了徐树铮的"锦囊妙计"，简直惊呆了，他拍着自己的脑袋，连声叫绝："此计妙极！我决定派你为我的总代表，立即赶往徐州！"

徐树铮连夜动身，从天津赶赴徐州。

第十四章
复辟狂张辫子

　　徐树铮赶到徐州，给刚刚平静的古城带来一阵不大不小的骚动：驻在徐州的长江巡阅使张勋，听说徐树铮来拜，先是一惊："他？段合肥的魂来拜我？不见！"——显然，他想起了不久前在徐州开的第三次督军会议，正是他徐树铮的神态不阴不阳，那次会议才不欢而散。不见徐树铮吗？他是皖系军阀的主心骨，皖系又是当今一雄，他徐树铮在中国这片土地上举足轻重，张勋实在是惹不起他。张勋左思右想，最后还是说出了一个"请"字。

　　到门外迎接徐树铮的，是张勋的秘书长万绳栻。此人也算得当今一位"智多星"。张勋的举手投足，无不是此公在背后左右。溥仪当不成皇上了，国人不再留辫子，万绳栻就要张勋"过一段时间再说"。袁世凯当了八十三天洪宪帝死了，国人欢欣鼓舞，万绳栻鼓动张勋以徐州为大本营，联合各省督军，同心同德，再立龙旗。于是，张勋在根据地徐州，1916年6月9日（也就是袁世凯死后的第三天）召开了由奉天、吉林、黑龙江、直隶、河南、安徽、山西等七省督军参加的会议；9月、12月又连续召开了第二次、第三次徐州会议。万绳栻白费心机，会议开了，议而不决。尤甚者，第一次徐州会议，复辟事简直列不进议程，气得张勋一连骂了万绳栻三声"混蛋"；而万绳栻也从此暗下决心："再不为张勋出谋。"万绳栻对徐树铮，既仇恨（恨徐树铮才智过他）又想攀附。早几天，他们各自代表主子到南京为副总统冯国璋做寿时，仍然由于"双雄不能并立"而相会得不愉快。现在，徐树铮专程来访了，来意为何？万绳栻摸不透；用什么态度迎接他，万绳栻一时拿不定主意。

万绳栻匆匆赶到门外，徐树铮竟先伸出双手，满面带笑，喊了一声"雨公！"

万绳栻字公雨，昔日徐树铮从不呼他此号。他认为一个草莽汉子的随从不配有什么号。今天，不光是呼"号"，而且把"公雨"换成"雨公"，自然又增加了几分尊敬之意。弄得万绳栻无所适从，尴尬了半天，才回了一声"又公！"

"又多日不见了，"徐树铮显然指的是"南京一别"，"徐州是我的故乡，款待不周，还得请雨公担待一二！"

"哪里话，哪里话！"万绳栻说，"贵乡物丰民朴，厚待兵将，自当向又公表示谢意！"

寒暄之中，进入客厅。早有人献上香茶。

——万绳栻也是个极精明的人，同徐树铮的瞬间接触，立刻猜度到"此次光临，吉多凶少"。心里便觉得坦然，昔日的隔膜，顷刻消失。那副矮胖的身躯似乎也灵活多了，宽宽的脸膛，赔着微笑，语言也特别流利。

"又公，张帅正和一个日本人会谈，马上就过来！"

"不忙，"徐树铮说，"匆匆来访，已属不恭。怎敢过于打扰定武将军？我们叙叙，不是更好么！"

张勋没有马上出来见徐树铮的主要原因，是因为摸不准"他来干什么的？"想留个退步：可见则见，不可见便闭门。将来见着段祺瑞时，也可回避不谈。万绳栻说张勋"会见日本友人"，也是事实。

三次徐州会议没有结果，张勋有点儿焦急了。他闭门思索，想了许多原因。其中重要原因之一，便是洋人靠山不牢。他接不上洋人，没有后台。现在，临时抱佛脚，也感到茫无头绪。正值此时，北京陆军讲武堂的新任堂长张文运陪着一个叫田中义一的日本参议次官来到徐州。

张文运是张勋的盟兄弟，只是往日往来很少，印象也不佳。今日，张文运是代表陆军部来的，陪的又是日本军政界的名人，张勋不能慢待他们。于是，他率领定武军大小头目，在徐州火车站举行了一个隆重的欢迎仪式，随后，在豪华的花园饭店盛宴款待。张勋的用意是攀附靠山，没想到三巡酒过，小个子日本人首先展开了文化攻势。他拍着张勋肥胖的肩膀说："张大帅，我们很了解中国的将领，他们不仅是军事家，还是政治家、历史家、文学家！大帅驻军徐州，无疑是'徐州通'了。徐州历史悠久，有许多神奇的文化遗产，有些极迷人的东西，我想冒昧地请教一些问题：西楚霸王项羽在徐州遗留下的唯一古迹是戏马台，究竟是'戏'马台还是'系'马台？徐州有座范增墓，范增在中国人心里是忠还是奸？唐朝时徐州有个节度使叫张建封，他和他的儿子都对一个妓女关盼盼十分器重，这是为什么……"

日本人的文化攻击，张勋敌不胜敌，早已汗流浃背，心虚张皇了。"天哪，项羽、范增还略知一二，什么系马台？没听过！谁叫关盼盼？我哪里知道？除了溥仪爱新觉罗氏，中国哪里还有英雄呀？"他擦着汗，说："将军，将军！我很敬佩将军的本事！中国历史太长了，各朝各代都有英雄豪杰，有枪就是人头王，也说不清谁奸谁忠……"

陪客的万绳栻知道大帅丢丑了。忙对日本人说："大帅近日心情不佳，精神受挫，常常不能自制。将军所提诸事，其实也是大帅常谈之事，并卓有独见……"于是，他替张勋解了围。

饭后，张勋气得直骂："一个小小的日本参议，竟敢当众出我的丑！我真想当场宰了他。要不是……"

张勋想投靠日本人，所以，无论心里恶，还得表面欢笑。次日，也就是徐树铮到徐州的这一天，张勋亲自去回拜日本参议。田中义一最后对张勋说："中国革命成功，是靠日本支持的。孙中山就在日本建立同盟会。最近日本政府考虑，共和政体与中国国情不合，最好还是恢复帝制……"

张勋忙问："此话是真？"

"这是本国政府的意见！"田中义一说，"我个人，还没有这个高见。"张勋惊呆了，他几乎要向日本下跪，要高呼"万岁！"

事情就这么巧合，日本人刚刚表明"中国还是恢复帝制"，皖系的决策人物又亲自上门来。据秘书长回报，徐树铮"分外亲善"，张勋这才决定亲自去见徐树铮。

张勋军戎齐整，将军服上挎着一把土里土气的大刀；足蹬马靴，背后却吊着一条又粗又长的假发辫。他先是坐在客厅正位的太师椅上，拉出一副等待徐树铮朝拜的架势，后来觉得不妥："这个人，连袁世凯、黎元洪都不放在心上，万一他顶撞我一下，又是在我的家中，岂不令天下人笑话！"他站起身，让人把桌椅迅速调整一下，排列成一个宾主相对的位置。"徐树铮毕竟是当过陆军部次长、国务院秘书长的人，如今官没有了，牌子还在，千万不能慢待他！"张勋正在如此这般地心神不定，人报徐树铮到。他理了理戎装，大步走出客厅。

"又铮将军，哪阵春风，把你又吹到徐州来了！欢迎，欢迎！只是张勋来迎迟了，还望……"张勋的话还没说完，徐树铮早已恭恭敬敬地深深一躬，行了一个晚辈礼。"这……这"张勋的脑壳立刻涨了起来，"这小子啥意思？前次徐州会议，他脑袋仰上天，搬都搬不下。今天为啥甘心当孙子？"

徐树铮满面赔笑，说："树铮没记错的话，大帅今年是六十三岁。可我，要到后年才三十六岁，树铮怎敢超越国人之常礼！"

"这……这……"张勋一时想不出词，半天才说，"有志不在年高！咱主上——嗯，那宣统登极的时候还是个娃娃，谁不得对他三叩九拜！咱都是草木之人，不必行如此大礼！"

"除大帅年高之外，道德人品、治军策略，无不使树铮五体投地，树铮早有相攀之念。今日相聚，自当聆听示教！"

这个意外的照面，使张勋一时昏然起来。昔日，他想攀段祺瑞，段祺瑞连个正面都不与他见；想同徐树铮说句话，徐树铮竟"没有工夫"。实在说，张勋南京败退徐州，在徐州安营扎寨，唯一忧虑的，是怕皖系军队不容他，借故把他赶出去。三次徐州会议，只是会议而已，他不敢贸然出兵，也是怕皖系不容。张勋对段祺瑞、徐树铮，长久怀着既想攀附又忌恨的心情。徐树铮意外"亲善"，张绍轩昏然之余，还在忐忑不安："人所共知徐树铮是个怪杰，足智多谋，诡计多端。昔日，他与我定武军并无深交，此番一反常态，究竟为何？"

客主对坐，茶过烟足，徐树铮说了话："定武将军胸有大志，合肥和树铮都是敬佩的！定武军乃当今劲旅，我皖军早有携手共扶国难之念，但是……"

张勋没忘流产的徐州三次会议，便略带报怨地说："徐州开过三次会议了，张勋虽有雄心，怎奈无用武之地！"徐树铮精明，张勋想干啥？他一听便知。

"那是时机不到！时机到了，难道大帅之雄心仍属空有？"

"这么说，合肥知我了？"

"岂止知！"徐树铮说，"大帅之心，我们不仅洞明而且深表同情。树铮此来，只想明说。京都之中，府院纠葛重重，而今，黄陂已先下手。大帅也知道，合肥也不是弱小之辈，值此良机，大帅若能以'调解'之名北上，名正言顺，用武之地，岂不辽阔无边？"

"那么，合肥和阁下的意思……""大帅今后任何行动，我皖系绝不为难，并尽量给以方便。"徐树铮此话一出口，张勋即刻惊喜不已。他甩甩手，简直像要见皇上那样去行大礼，但他却去理军帽……"合肥，乃我益友良师也！"

得到皖系的支持，张勋立即决定：在徐州召开第四次督军会议。

张勋，江西奉新人，出身小贩世家，三十岁投军，直到四十五岁还无声无息的，当一名比兵大不了多点儿的官。他想不干了，回奉新摆摊。不想，四十五岁竟时来运转。这一年（1899年），袁世凯在山东镇压义和团，张勋为他出了力，一下子升为总兵。又过了十二年，朝廷竟加封他为江南提督领北洋大臣衔。这一年，革命党闹得非常红火。革命军打到南京的时候，张勋顽固抵抗，还是被赶出来，北逃徐州。

张勋到徐州，先把徐占凤的徐防新军给吞了，又洗劫了徐州所有商铺店堂。革命军逼近徐州，张勋跑到兖州。眼看着一败涂地，幸亏袁世凯拉了他一把，为他拼成了定武军。北伐军讨袁不成，张勋又回到徐州，1913年9月做了长江巡阅使。张勋总觉得皇恩浩荡，他应该以肝脑涂地来报效朝廷。今天，他的复辟梦终于有希望了，他十分兴奋。

把徐树铮安排停当之后，他就叫万绳杖"赶快发电给各省督军，请速来徐州！"然后，他乐不可支地回到室内，亲自下手，从樟木箱中把朝廷赐给他的那套带马蹄袖的朝服翻出来，弹去尘灰，像奉神似的挂起来，端详半日，然后张开双臂朝朝服扑了过去。他"呜——呜——"地大声哭起来。

张勋为复辟而召开的第四次徐州会议，1917年5月在徐州霸王楼举行。各省督军的代表共二十多人，副总统冯国璋也到会了，曹锟、张作霖都派了代表，徐树铮代表段祺瑞参加会议。一时间，徐州要员齐集、岗哨林立。

这天早晨，张勋大喜过望，竟然摸出了朝服穿上。他心爱的小姨太太傅筱翠提醒他说："我的大帅，您也太心急了，八字还少一撇，您怎么就蟒袍加身了？难道这些督军的代表们，都是万岁爷的孝子贤孙？我劝您还是先免了吧。事情办成了，有您穿的。"

"咋办不成？"张勋苦丧着肥胖的脸膛说，"连段合肥都帮着我干了！我看还有谁敢反我？谁能反得我了？"

"那也不能现在就穿呀！"傅筱翠说着，连拉带扯，从他身上脱下蟒袍，又为他换上军装。

这一年，徐州的气候很反常，进入五月之后，阴雨连绵，穿城而过的黄河故道，提前一个月呈现出大汛；从大街到小巷，泥泞不堪，人们匆匆出现又匆匆消失。老天和张勋不合作，他派出去为宴会采购山珍海味的人，直到督军们先后莅临，还没有办齐。气得张勋要去主持会了又回头对参谋长恽禹九训了一顿："你们怎么这样不晓事呢！这是比天还大的事，倾上家也得办好。皇上复位之后，定武军的统领们，人人都可以升任总兵、统领或者参将。你们的好处大着呢！要好好干。"训完他走了，很快又回来，说："还有一条，务必要办到，宴席上用的，一定得是我老家江西景德镇官窑特制的古式餐具，还要桌桌不同样。让他们瞧瞧，见识见识咱们江西的宝贝！"

恽禹九不是江西人，他也只好随声应和："好。是。是应该让他们见识见识咱们江西的宝贝。"

霸王楼是徐州名楼之一，当年项羽雄踞徐州，建此楼以盛宴宾客，虽年久多废，但总有人修。张勋想借项羽"力拔山兮气盖世"的雄威，来重振皇室大业，张勋也以霸主自居，在开幕式上大谈项羽霸业："各位今天聚会霸王楼，很有意义。知道项羽这个人吧？他虽然没有斗过刘邦，可是，他那种'生为人杰，死为鬼雄'的人格，是后世人人敬仰的。我们在他的旧宫开会，就要学他那种霸王气概……"

张勋的开幕词竟然大谈西楚霸王，实在是不伦不类。可是，他的话竟引起了与会人的兴趣！兴趣就在这个草莽也谈历史、谈古人了。其实，那是日本人田中义一早几天逼得他一知半解。那日在日本人面前出了丑之后，一怒之下，张勋找了几位"徐州通"，盘根究底细问了项羽的情况，今天才可能丢三落四地说出项羽如何。

"各位知道，"张勋又在卖弄了，"徐州还有座戏马台，是当初霸王项羽训练武士骑马的地方，也是为观看跑马筑的台子。项羽当初的兵马，还不如我们多，就够热闹的了。他在台上一声令下，千军万马都得齐声应'喳'！那声音，惊天动地……"

"'喳'来了？"

"张勋只知道'喳'。"所以——人们相对笑了。

张勋说了一通胡话之后，在皖系代表徐树铮的倡导下，各省代表一致举张勋为盟主，共同商讨复兴大事。

这次会议开得还算顺利，万绳栻在徐树铮帮助下起草的协议、宣言书，几乎一字不改地通过了。

张勋脱去军帽，几乎连假辫子也扔了，解开钮扣，露出上半胸，双手抱拳，朝所有到会的人拱手，狂笑。

万绳栻似乎看出点什么门道。他把张勋拉到密处，低声说："大帅，您看大家态度如何？"

"好，好！"张勋说，"都支持咱们么！"

"为了慎重起见，"万绳栻说，"这次会议上，大家务必签一张'金兰同心帖'。日后若有变化，也好拿出佐证！"

经秘书长一提，张勋昏呼呼地头脑立即冷静下来。他皱皱眉，说："对！你想得周到，应该有个'金兰帖'。别看今天都吃得满嘴油光，说话喷香，说倒戈也不定哪一天。"张勋转过脸，对一个贴身侍从说："赶快到街上去买一块黄绫子来。"

那人应了一声"喳"，转身要走，张勋又喊住他。"慢。不要到街上去了，二太太那里有一块，拿来用就行了。"

万绳栻说："大帅，那块绫子不是给少爷作压邪祟用的么？已经盖上印了，只怕……"

"拿来吧，我有急用！"

黄绫子拿来了，张勋朝八仙桌上一放，笑咧咧地说："各位，古时候办大事，要歃血为盟，咱们不轻易流血。今日各位能到徐州，又都共同一心，说明咱们的血早流到一起去了。我想咱们这样做，借用民间的'金兰之章'，大家都在这黄绫子上签个字。一来是咱们同心同德，二来日后皇上那里也有个照应。既然各位抬我张某为盟主，我就先提提笔了。"说着，抓起大笔，在绫子的左上角歪扭扭地写上"张勋"两个字。

徐树铮先是蔑视地笑笑，后来也拿起笔在绫子上写上自己的名字。

各路军阀的代表相互递了个眼色，好像在做思想交流——一块绫子、几个人名，就可以携手到底么？屁话！明天变了脸，老爹都不认，签字算啥！——所以，大家纷纷拿笔，写上自己的名字。

段祺瑞兴奋了几天，忽然冷静了。冷静之后，忽然又觉得徐树铮去徐州之事不妥。

他急忙着人把曾毓隽请来。呼着他的字说："云霈，我有件大事，想跟你商量一下。"

曾毓隽是段家的常客，也是亲信之一。段祺瑞找他何事？他是猜透几分的。徐树铮动身之前，已经把找张勋的事同他谈了个明白，说"这是段老总当前头等大事！"他出现在段面前，不动声色地说："老总，有事您吩咐。"

"树铮到徐州去了。你知道吗？"

"知道。"曾毓隽说，"他走时见我了。"

"嗯——"段祺瑞只"嗯"了一声，便不再说话。他心里却还在翻腾："曲线搞黎，故是一个良策。假若日后此事一暴露，我段某人岂不成了阴谋家。人家会骂我两面三刀、出尔反尔，骂我是今日曹操！""云霈，我想派你立即去徐州，作为我的私人代表。"

"去徐州？"曾毓隽有点糊涂。"树铮不是已经去了么？他足以代表老总了。我再去干什么？"曾毓隽故作猜不透段合肥想做什么，他说："徐州会议，不就是一个张绍轩么？那里的事情，树铮一个人绰绰有余。"

"不。你务必去一趟。"段祺瑞坚决地说，"到徐州之后，你对树铮说，我决定改变主意了。"

"不再支持张绍轩进北京？"

"是的。"段祺瑞说，"你务必做到：一不谈支持辫子军进京，二不同张绍轩签任何同盟，三对任何人都不议论张绍轩所要采取的一切措施。"

曾毓隽见段祺瑞如此坚决，心里很纳闷："段老总决心利用辫子军搞垮黎宋卿，为什么一夜之间又变了卦？"他迷惑着望望段祺瑞。段祺瑞很平静，鼻子端端正正，面上略带微笑。曾毓隽自问："这是为什么？难道他有更高明的手段？"

乱世出英雄！许多人的本领，常常是被形势逼出来的。曾毓隽笃信这个道理。他本身也是这个经历。不过，曾毓隽对于段祺瑞，是深知的，"此人离开'四大金刚'，很难行步。"现在，徐树铮去徐州了，还有谁能帮他想出比徐树铮更高明的计策呢？

"老总，"曾毓隽说，"树铮徐州之行，该算是上策。""算！"段一开口，马上又说，"你务必把我的意思带到徐州去。"

"树铮若问………"

"你告诉他，回来我对他详细解释。"他就地转了个身，又说："云霈，我再说一遍，你若见了张绍轩，可以表示：他定武军干什么，我都不干涉；他跟谁接触，要我避开我避开，要我让路我让路。只是……"

曾毓隽装了半天糊涂，见段祺瑞心已死了，便说："好，我去徐州，一定按老总意思办。"

非常意外，曾毓隽到徐州的时候，徐树铮已经在张绍轩的黄绫子上写下了自己的名字。不过，当曾云霈把段祺瑞的忧虑告诉徐树铮时，徐树铮坦然地笑了。"老总过虑了。张绍轩的一切，全由万公雨作主。姓万的是个赵公迷。到时候，出几两银子，还不得要啥给啥！何必忧虑那些。"

曾毓隽轻松地舒了一口气，心里暗想："徐树铮呀，徐树铮！张绍轩南征北战三十年，不想会栽倒在你这一片的赞扬声中！"

在张勋黄绫子上签名的，共有十三个省的督军代表。捧着这幅黄灿灿的绫子，张勋心花怒放了：宽宽的额头，变得红光焕发，丰润有神；双眸喜滋滋地眯着，深眼角里饱含着晶亮的两颗泪花，唇边那两抹黑黝黝的短胡须，在微微地跳动。不知是风吹还是手动，那幅黄绫子轻飘如流，欢欣舞动！

张勋特别对签名中的"徐树铮"三字发生浓厚兴趣。"段芝泉终于还是和我走到一起来了！"他把万绳栻叫到身边，说："公雨，有大事要你办。"

万绳栻说："大帅，出兵的事，已作了全面安排，各旅、团首领都交代过了，车辆交通也无问题，只待大帅一声令下。"

张勋摇着头说："不，不是这事。这事你办得了。此次北上，指挥大权就拜托你了。我想跟你商量的，是另外一件事。"说着，他把黄绫子捧到万绳栻面前。"公雨，这件东西，可是咱们的无价之宝！比皇上的圣旨还珍贵！咱们定武军今后的兴衰存亡，全仰赖这段绫子了。给你，你保存起来。"张勋双手捧着绫子，交给万绳栻。那认真劲儿简直就像当年刘玄德白帝城托孤一般！

万绳栻接过绫子，迷惑不安地望着张勋，心想："这算什么宝贝？莫说几个人签的名字，皇上的圣旨，说成废纸就成废纸了！"

张勋看出秘书长的不经心，便说："公雨，你太书生气了。你不知道，跟这些人打交道，你得像狡兔一样，有三五手准备才行。别看他们一个个衣冠楚楚，正人君子，形势对他们不利了，什么缺德、丧良心的事全干得出！"

"不至于吧。"万绳栻说,"他们多是与大帅共事多年的朋友,有的还是大帅的把兄弟。我想,总不至于拆大帅的台吧。这幅绫子固然有特殊意义,但不见得那么贵重。"

"不对!"张勋说,"说不定日后有大用。哪一家叛了我,我就把它拿出来。果真我撑不住了,我就向报界公布,让全中国、全世界都知道!"经张勋这么一说,万绳栻反而觉得奇货可居了。

万绳栻收拾黄绫子的时候,张勋又想起一件事。"公雨,还有一件东西,不知你存好了没有?""什么东西?"

"年初,冯华甫从南京转来的那封信。"

"信?"

"嗯。你忘了?"张勋说,"就是段合肥要我合作、北上的那封信。是段的亲笔,我认得,狗撒尿一般,稀稀拉拉,粗粗细细!"

——这又是一件奇事:府院关系激化之后,段祺瑞想赶走黎元洪,又不想自己出兵,便写了一封信给冯国璋,请他由南京出兵。冯国璋虽然也想倒黎,但兵力不足,又因为自己是副总统,觉得不便出兵,便将原信转给张勋,请张勋派兵北上,并派总参议胡嗣瑗到徐州。张勋对胡说:"这么大的事情,我怎么办得了!还得请副总统出来主持才行。"事未举,张勋把那封信交给万绳栻保存。现在重提及此事,万绳栻才想起来了。

"信我已保存好了。"万绳栻回答着,又说,"大帅,此次出师,应有个正名才好,否则,怎么向国人申明呢?"

"什么名?"张勋说,"我的兵,我做主。徐州穷,蹲不下去了,我得往高处飞!这就是名!"

万绳栻笑笑。"这自然是可以的,不过……"

"怎么说?"

"我想,还是名正言才能顺。"

"你看怎么说才叫正?"

"目前,京中府院大闹,总统免了总理,总理也不会甘心。大帅若以第三种势力出面,打着调解府院矛盾的旗号北进京华,岂不更好?"

"好,好!"张勋忙说,"早几天,徐树铮也这样说过,是个好理由。黎宋卿也会拍手欢迎我。咱就以这个名出师北京!"

徐树铮回到天津的时候,段祺瑞突然病倒了,病十分严重,水米不进,眼不愿睁。把那些从北京跟来的上上下下都吓得不知所措。

贾润泉机灵，匆匆跑回北京，把太太和姨太太们全搬过来。姨太太中有一位边氏，是个细心人，"老爷病了，一定得把家庭医生带着去！"于是，便对那个叫罗朗斋的医师说，要他同去天津。不想，这位医师就是不去，并且说一句极不中听的话："死不了！谁也不必去。去了也没有作用。"

边姨太气得直骂，但也无办法。——这位罗师爷，也算一个奇人：双目失明，却是医术极精。中医诊断的四大诀窍，望、闻、问他都不用，全凭一个切字，脉理极精通，手搭在病人的寸关尺上，切得结果，分毫不差。曾经一剂药救了袁世凯的命。此人有个怪性子：无论多大官职的人，不投机就不给看病；下人伙计有了病，不叫自到，还常常白白地奉送药品。罗朗斋之所以这样做，也有点儿有恃无恐。他的儿子罗凤阁，自幼生长在段公馆，是个很讨人喜欢的孩子，段祺瑞尤宠爱他，便认他为义子，后来还任命他为陆军部的副官。其实，这位小罗却一直随在段身边。袁世凯当了大总统之后，段祺瑞坐着军舰到汉口去迎接黎元洪，途中出了故障，几乎被淹死。为救段，小罗死在长江里了。为此，段祺瑞对这位看不见天日的老罗，便恩宠尤加。他不去天津，谁也没有办法。

罗朗斋不去天津，有他的道理：他虽双目失明，耳朵却特别机灵。上差贾润泉向太太们报告段祺瑞病情时，他听得真真切切。心想："老总的病，我无能为力。只要'小扇子'一到，他就会全好。"

徐树铮只到段祺瑞面前站了站，便再也不照面了。气得段祺瑞病加三分。

原来曾毓隽曾从徐州发给段祺瑞一个电报，说清楚了徐树铮的徐州作为。段祺瑞"病"了。他很生徐树铮的气："空口说话，日后还有个退步，签上名字了，板上钉了钉。一字入宫门，九牛拉不出！徐州之行不是弄巧成拙了么？"段祺瑞这么一急，天津又正是少有的暴热，他便病倒了。

徐树铮两天没进二马路，段祺瑞沉不住气了："务必把树铮找来！"

忙得贾润泉东奔西走，找也找不到。原来徐树铮和靳云鹏几人一起听昆曲去了。

徐树铮再次来到段祺瑞身边，段祺瑞只对他点头示意，便又合上双眼。那副神态，是个重病的样子：面色灰黄，皱纹更多了，连呼吸都颇为艰难。徐树铮单刀直入地说："老总不必为那幅绫子忧心，价值并不大！"

"签上名字了，得算失误呀！"段祺瑞说。

"姑且算作失误吧，"徐树铮说，"那也是一件小事。对于张绍轩，却不亚于一张催命符！"

段祺瑞摇摇头，不再说话。

徐树铮这才把话说透："张绍轩手里有了它，便会立即发兵。早兴早灭，岂不快哉！""谈何容易！"

"容易！"徐树铮说，"有了这个绫子，张绍轩才会死心塌地，大胆出兵。我们却可以暗地里破费几个小钱，把那绫子收回来，不就完事了。"

"能收回来？"

"能！"徐树铮坚定地说，"张绍轩手中还有冯华甫转给他的咱们的信，顺手牵羊，物归原主。"

"有把握？"

"不必担心了，一切全安排好了。"

"要多少钱？"

"没有细算。"徐树铮说，"以把事情办妥为限吧。"

"好，就照你的办！"

第二天，段祺瑞的病就完全好了。

第十五章
龙旗飘夕阳斜

中国的事情非常奇妙，有时奇妙得连极精明的人都惊讶不已！张勋煞费苦心，在徐州召开了四次军事会议，终于决定北上扶帝。就在这时候，那个被张绍轩决定要首先推翻的大总统黎元洪，竟以"拱卫京师"为名，明令张勋"率部进京以武力调停府院之争"。这真是旱天落了一场透犁雨！张勋正好名正言顺地挥师北上！

——黎元洪心神不定呀！段祺瑞的国务总理是被他免了，但是，段祺瑞却还活在世上，他依然是庞大的皖系军队的最权威首领，他果真发难于总统，京师无任何人挡得住，他黎元洪只得束手待毙！黎元洪手中没有兵呀！北方的兵尚无反段的意向。所以，他不得不把眼光放在张勋的辫子兵身上。这便在中国近代的政治舞台上，演出了一幕闹剧。

张勋起兵的那一天，徐州城天高气爽，阳光明媚。九里山格外雄伟，云龙山更加碧翠，废黄河的早汛也退缩下去了，只剩下一脉余波带着贫瘠和悲凄，汩汩下流。张勋匆匆吃了早餐，便去检查家人和随从为他收拾的行装，他生怕把朝廷赐给他的翎顶袍褂忘了。"此番进京，必需朝圣，没有袍带是不成体统的！"他真想立刻就穿上！中国土地上至今又出现一支蟒玉冠带指挥的军队。

张勋坐进北上的专车，心情十分激动。他觉得自己要去做一件平生最伟大的事情，并且能够一举成功！从此，他张勋便成为可以和人王地主并驾齐驱的人物。他微闪双目，望着飞驰车外的碧绿田野、星散的村庄和片片树林，一股留恋之情油然而生："徐州，我张绍轩得恩于你呀。今日一别，绝不相忘！"他捋着唇边翘起的八字胡，真想打起嗓子，好好唱一段孩提时唱过的山歌。

——张勋能有今天，说实话，并不容易。不用说三十年出生入死，就几大难关，他过得也十分艰难：国民政府成立了，国人谁敢不剪辫子？他张勋和他的定武军就是不剪；袁世凯扑灭二次革命，是张勋先杀进南京城的！他在南京不眨眼地杀人，结果，把日本领事馆的官员也给杀了。日本人提抗议，他不得不到日本领事馆赔礼、认罪，还付了一笔巨大的赔款。大清朝的隆裕太后死的时候，他是遗臣中唯一敢发"国丧"唁电的人。今天，他把平生练出的胆略和勇气都拼上了，他要打倒一个共和国的总统，要把被历史淹没的皇上重新扶上龙座，他张勋还不是旷古的英雄？

他又想到了徐州会议上的那幅黄绫子，他沾沾自喜起来："当今天下，能与我定武军并肩的有三人：徐世昌、段祺瑞和王士珍。而今，徐、段的名字都签在我的绫子上了；王士珍正在北京欢迎我。中国，我是当今的核心人物了！"他喊来他的随从、要员，在车厢里摆下盛宴，一瓶一瓶地打开口子酒，终于都醉得如烂泥，途中地方官来拜，他也无法应接。

张勋到了天津，只带着统领苏锡麟和几个随员，回到德国租界他的住宅——张公馆。

长期驻守公馆的，是他的原配夫人曹琴。这位曹夫人，也是年近六十岁的人，老成持重，沉默寡言，不好争强，从来不愿出天津。可是，她的威严却不一般，佣人、侍卫无不敬佩她。张勋北上的事，早有人向她禀报得一清二楚。张勋和她对面坐下，她便说："不要去北京了吧！"张勋用种种理由解释，她却再不开口。气得张勋直瞪眼！所以，张勋进北京，只把二太太邵夫人和姨太太王克琴、傅筱翠带去。张勋在公馆尚未定神，便有人来报："段大人段芝泉来拜！"张勋心里一惊："这么快，他就知道了？"张勋连忙戴上帽子，匆匆出来迎接段祺瑞。

"老总亲临寒舍，张勋实不敢当。"张勋站立着说，"原想稍事安排，便登府拜望。"

"我是闲员了。"段祺瑞摆出一副谦虚的姿态说，"你又是老大哥，自然要先来拜的。许久不见，无时不在惦记中……"

段祺瑞慢条斯理，张勋心潮激荡。他见段祺瑞简装轻履，满面带笑，昔日那种隔阂，便烟消云散了。他把段迎到客厅，又把椅子朝段祺瑞靠靠，把佣人献的香茶往他身边移了移，这才开口："芝泉老弟，辛亥之后，国事不安，你我终日颠簸，行迹无定。近来虽共和一统，形势依然混乱不堪，你我兄弟连个促膝谈心的机会也没有。说实在话，国事令人焦心呀！"停了停，他又说："黄陂做事，太刚愎自用了。仿佛当今天下只有他一人才是真心的忧国忧民。这岂不……"张勋虽然粗鲁，但有时粗中有细。他说上述那些话时，又想到那幅黄绫子。可是，他还是把指责黎元洪的话到嘴边又收住了，他想听听段祺瑞的。"对于黎元洪的品评，若能从他段合肥口中说出，岂不更好？"

张勋估计错了。

段祺瑞此番匆匆来拜，并非为他助威，而是揣着另一副心肠。只是，段祺瑞主动拜客，给张绍轩带来一种误解罢了。北洋军阀中，他段祺瑞得算"老"字辈，除了袁世凯，谁敢同他相比！何况此人自从做了山东武备学堂总办起，就再不拜客。此次来拜张勋，并非因为他已被免职，而是非拜不可！

段祺瑞呷了一口香茶，还是以缓缓的口气说："大哥来了，很好。北京是天心，牵一发而动全身！国人为此方之动乱，无不忧心忡忡。大哥到了北京，首先要维持治安。这是顶要紧的事。"

张勋听着，点着头，心里还是想："你那国务总理都被免了，还有心肠想着北方治安。这不是空话么！"

段祺瑞又说："别的事情么，我想大哥会妥为办理的。"

张勋糊涂了："别的什么事情呢？我北上干啥？你是知道的，你的代表签过字了。除此之外，还能有什么事情？"他把语气加重了些说："国家兴亡，匹夫有责！芝泉老弟虽暂离公务，那副忧国忧民的心肠，是国人皆知的。张勋此次蒙阁下大力帮助，方有勇气北上。"

段祺瑞一听此话，感到张勋复辟之心是坚不可动了，便说："大哥，我有一言想奉劝，不知可以吗？""你我兄弟，有话尽讲。"

"保清帝复位的事，还不到时候。即使勉强办了，就算北京答应了，南方也不一定答应。我看，这事还是慢慢来为好。"段祺瑞不急不缓这么说。

"啊——！？"张勋堆满微笑的脸膛，立刻寒了下来。心想："段芝泉你这是说的什么话？徐州会议，有你的代表签的字，墨迹还没干，你怎么又这样说呢？难道你变了心？"张勋想跟他面对面把话说清楚，但转念又想：段祺瑞历来奸猾狡黠，常常声东击西，表面是人，背后是鬼。至今，他是不是想脚踏两只船？"我不怕，有你代表的字据，想逃你也逃不掉！"张勋只淡淡一笑，说："尽人事，听天命吧！"

就在段祺瑞拜会张勋的同时，徐树铮正在急匆匆地拜会总参议员胡嗣瑗。

胡嗣瑗，北洋家族中一个颇会周旋的说客，张勋的秘书长万绳栻的好友。此人常常走动在各派之间，能和事，也能坏事。至今，他闲居在天津。当初，就是他把段祺瑞给冯国璋的信秘密送到张勋手上的。现在，徐树铮来找他，正是为这件事。事情已经迫在眉睫了，徐树铮开门见山地对胡嗣瑗说："日前，冯华甫有信请嗣公转给张绍轩，是么？"

胡嗣瑗说："有这么回事。"

徐树铮说："冯华甫是副总统，辫子军一日成功了，甫公岂不成了'身在曹营心在汉'的人物了么？"

胡嗣瑗明白徐树铮的来意了。淡淡地一笑，转守为攻，也咄咄逼人地对徐树铮说："是有一封信在张绍轩手中。那是代表合肥转奉的。倘不是我亲手所转，我真不敢相信合肥会做此事！"

徐树铮头皮热了一下，可是，他马上转变声调说："这么说，是副总统被总理利用了！咳，咱们这两家的事，究竟是'庄周梦见了蝴蝶，还是蝴蝶梦见了庄周'？一时也说不清楚。当今之计，是你我均有责任排除后患！"

胡嗣瑗暗自笑了："你徐树铮也太狂妄了。哪有拿着棍子求人办事的道理。"他问："又公，你的意思……"

"当然是支持张绍轩了。"徐树铮说，"有徐州签订的协议在么。""这不无话可说了么！"

"不！"徐树铮说，"果真那样了，甫公、合肥均极不利。我想……""明白点说。"

"咱们要给张绍轩来个暗度陈仓！"

胡嗣瑗轻松地舒了一口气："'小扇子'想把那幅黄绫子和那封信给暗度过来！"他说："不易呀！张辫子的宝物全在万公雨手中。那个人谨慎有余，怕难到手。"

"万公雨是个极崇拜赵公元帅的人。"徐树铮说，"嗣公做做小手脚，自然是易如反掌之事。至于款项么，当然从天津（即段祺瑞）拿了，何必再惊动南京（指冯国璋）。"

胡嗣瑗也是个不怕钱炙手的人物。听说有钱，又不需大动干戈，何乐而不为。便说："只恐少了难打动他！"

徐树铮也慷慨利索，一边点头，一边拿出一纸四十万大洋的支票给胡嗣瑗。

胡嗣瑗一见支票，简直不敢相信。"这足够我和万公雨享用后半生的了！"但他还是说："让我试试吧。万一成功了，也免得节外生枝！"

张勋的辫子兵，没有进北京城，只在城外安营扎寨。张勋却独自进了北京城。他穿着青纱长衫，只有几个贴身侍卫随从，便匆匆走进毓庆宫，偷偷地拜谒小皇帝。小皇帝出来迎他的时候，还不认识他。见他脸腔黑黑，眉毛浓浓，脖子那么短，还以为他是御膳房的太监呢！摆摆手，要赶他走。张勋机灵，扑通跪倒，头叩地，说："臣张勋，跪请皇上圣安！"

小皇帝这才明白，这个黑不溜秋的汉子原来就是张勋。忙把他扶起，拉着他的手，按照别人替他提示的几件事，问问张勋一些徐（州）亳（州）地方军队情况、群众生活情况，便不再说话。张勋真真假假一一作了回答之后，又说："圣上真是天禀聪颖，黎民必有洪福！"

皇上早已逊位，许多时候连人跪他也没有了，听得张勋如此恭维，忙说："我差得很远。我年轻，我知道的事也少。"

张勋慌张了，忙又叩头，说："皇上宽宏大量，过于自谦。本朝圣祖仁皇帝也是冲龄践祚六岁登极呀！"

"我……我……"小皇帝不知该说什么了。半天，才吞吐着说："我哪敢比圣祖！"张勋到北京之后，并未掀起多大风波。他除了朝见小皇帝之外，还去与大总统黎元洪会晤多次，没有流露倒黎之事，也不建议恢复段的总理职务。但却回来告诉他的部下："北京要办的事都办完了，再过一两天就可以回徐州去了。"人们迷惑了："张定武是来调解府院矛盾的，没有做什么调解呀！"他的近身人员则议论："进京就是扶小皇帝复位的，怎么不让小皇帝再登极呢？"

张勋有他的打算。一天晚上，在他的南河沿公馆召开了一个紧急会议，他的亲信张镇芳、雷震春、吴镜潭、万绳栻、康有为、张海鹏等二十余人全到场了。有人问张勋："请皇上复位的事大家都签字了，这时不办要等什么时候再办呢？"

张勋说："北京的事，我想再跟北方的人商量一下。"

雷震春说："事情到现在了，还要跟这个商量那个商量，商量到什么时候？干脆，要办就办，不办就算了！"

"既然这样，那就办吧！"张勋说。

深夜，张勋下了开火的命令。由于谁也没有准备，张勋一声令下，便马到成功：先把黎元洪赶下台，再挂出龙旗……

挂龙旗的这天凌晨，张勋又急匆匆地跑到毓庆宫。他先见了朝廷的老师陈宝琛，说明来的意思。陈宝琛让他小坐片刻，便同皇帝的另外两个老师梁鼎芬和朱益藩一起去找溥仪。陈宝琛说："张勋又来了。"溥仪说："他又请安来啦？"

"不是请安，是万事俱备，一切妥帖，来拥戴皇上复位听政的。大清复辟啦！"

这突如其来的好事把小皇帝弄昏了。他呆呆地望着自己的老师，不知道该说什么，更不知道这"真皇帝"应该怎么当。

老师交代他说："不用和张勋说多少话，答应他就是了。"老师又提醒溥仪："不过，不要立刻答应。先推辞，最后再说'既然如此，就勉为其难吧'。"

溥仪在养心殿召见了张勋。张勋跪着向他朗诵了复辟奏折，说了"隆裕皇太后不忍为了一姓尊荣，让百姓遭殃，才下诏办了共和。谁知办得民不聊生""共和不合咱的国情，只有皇上复位，万民才能得救"等话。

溥仪说："我年龄太小，无才无德，当不了如此大任。"

张勋又把康熙六岁做皇帝的话说一遍。尚未说完，溥仪又问："那个大总统怎么办呢？给他什么优待还是怎么的？"

张勋说："大总统自然会奏请退位的，皇上准他的奏就完了。"溥仪故作沉思，许久才说："既然如此，我就勉为其难吧！"张勋复辟成功了！

这是1917年7月1日。人们一觉醒来，北京城各家各户都挂起了龙旗；有的人家没有布制的，便用纸临时糊一面。大街上出现了清朝的旗袍；报贩们高声叫着"宣统上谕"！张勋成了朝廷的议政大臣，还兼任着直隶总督！

黎元洪虽然领了朝廷给的"一等公"头衔，却不得不匆匆跑进日本人的公使馆。

北京城里发生的事情，曾毓隽及时地向天津作了报告。

段祺瑞端着茶杯，拿着电话听筒，一边听一边问："挂上龙旗了？黄陂怎么处理的？"

"听说奏请奉还国政，自己当寓公去了。"

"老百姓情绪如何？"

"看不明白。"曾毓隽说，"只见许多人到估衣店铺里去买朝服、马褂，还有人纷纷央人用马尾做假辫子。热闹非凡！"

沉默了许多天的段祺瑞，忽然极其兴奋起来。他大声呼唤："告诉膳房，速备盛宴，传请各位都到客厅，我要和各位痛饮！务必拿好酒！"

徐树铮很冷静。他蹲在密室里，把早已拟定好的计划重新审视。当初起草时，他还是十分精心，而且也是比较满意的；现在，要付诸实施了，他反而信心不足了，对自己原先的设计不满意了。他在修订，想下一步能够走得更如意。

——袁世凯死去刚刚一年，中国表面上似乎还是平静的，没有外战，也没有国人的互相残杀，议会多少还是议了些人们关心的事。"该过几天安逸生活了！"人们自然这样想。然而，在徐树铮看来，这种平静蕴藏着极大的危险性。未来，不久的未来，将会有一场极大的混战！这场战争，也许就从张勋的进京起，或者说是从即将展开的反复辟战开始。战幕一拉开，就不止一个战场，而且也不会是短暂的。

长江流域，自湖北起东去，几乎全是皖系势力。这支势力北抵京津，南达浙闽，早已摆出一副独吞天下之势！段祺瑞要成为主宰中国的主子。

北方，以京城为中心，直系势力统治已久。他们不仅抓住了晋直，且早已把触角伸到豫陕。直系的二号人物吴佩孚，长期驻军洛阳，和盘踞保定、天津的直系头号人物曹锟遥相呼应，争夺霸主之心从未泯灭。

富饶的东北，奉系张作霖的地盘，别人连针也插不进去，实际上早已形成了"奉系王国"。不仅如此，张作霖早有入关之念。他要在辽阔的长城以内，瓜分一片他想占有的地盘。

当年北洋的同根兄弟，而今家家都在扩充自己，人人都想独霸中华。再加上那些无系的督军、司令，边陲诸地的地头蛇，中国事实上已经四分五裂，没有任何一个人统得了了。

徐树铮思来想去，觉得凭着皖系的势力，目前想打起霸主的旗号，还相当困难。既做不了霸主，又避免不了争夺，今后还将有一段十分艰难的道路！推翻张勋和被张勋扶起的小皇帝，那是易如反掌的事，不需动多大干戈，只需虚张一下声势，也就足矣！"打倒张勋之后怎么办？"……

段祺瑞的盛宴摆好了，还不见徐树铮到。他有点着急了。"快！快去请又铮！"段祺瑞大声叫人。

徐树铮被请来了——他一副疲惫的样子：衣冠不整，精神不振。"又铮，你怎么不来呀！"段祺瑞说，"北京的事，你知道了？"

"知道了。"徐树铮说："得悉了北京的情况以后，才不想来的。""啊？！——"段祺瑞愣了一下，马上明白了。"快，快把意见告诉我！"段祺瑞把徐树铮拉到密室，又说："我以为你忘了大事呢！张绍轩成功了，咱们该怎么办？"

徐树铮把他的打算和部署说了个梗概，段祺瑞听得很称心，连连点着，并且一再说："好，好！就这样办，就这样办！"

"现在剩下的问题，便是处置黄陂的问题。"徐树铮说。

"废了他，不就完了？"

"不行。"

"你的意思……"

徐树铮轻轻地扬起巴掌，又斜刺着狠狠地劈下来。

段祺瑞一愣。好一阵才问："有必要么？"

"以免后患！"

"让张勋下手？"

"不，让小皇帝！"

二人对视沉思片刻，才共同地笑了。

宴会正在热烈举行，有人报："天津也挂起了龙旗！"

段祺瑞端着的酒杯，"嘡——"放在桌子上，一股玉液四溅开来。"天津？这么说，直隶省长朱家宝是赞成复辟的了？"没有人应话，他又说："好，我就先从朱家宝头上开刀！"

刚从北京回来的曾毓隽，轻轻地扯一下段祺瑞的衣襟，低声说："朱家宝，不过是一只狗！值不得动怒。"

段祺瑞深深地舒了一口气，重又端起酒杯对着所有的人举杯，按照徐树铮的计划，语气沉甸甸地说："大家举杯，为迎接一个新的形势，咱们干杯！"

大家举杯，一饮而尽。

"明天，"段祺瑞说，"请大家都到马厂，有大事相商！"

马厂的誓师大会，开得简短而又顺利。曾毓隽讲了一下北京的情况，段祺瑞便正式宣布："张勋复辟皇室，是一种逆潮流而动的举动，是违反民意的反动行为，我们必须讨伐他，推翻他！我宣布：讨逆军总司令部现在成立！"大家同声欢呼！

接着，徐树铮宣布任命：

段祺瑞，任讨逆军总司令部总司令；徐树铮，任讨逆军总司令部总参谋长；段芝贵，任讨逆军东路军司令；曹锟，任讨逆军西路军司令；倪嗣冲，任皖晋豫三省联军总司令，以作后援……

接着，又任命了参赞、参议、军需、交涉、交通、军法等处的处长，便各自去作准备去了。

一支五万人的讨逆大军将掀起一场规模巨大的北方战争。人们大多散去的时候，徐树铮突然来到段祺瑞面前，心事重重地对他说："老总，你注意到了么，段芝贵要指挥的混成十六旅，不一定指挥得动。这支部队……"

段祺瑞马上明白了——十六混成旅是冯玉祥的部队。前不久，因为战、和问题，段、冯意见分歧，段祺瑞以陆军总长的名义把冯给换下来，只让他到正定去带领三营"练军"，十六旅长由一个叫杨桂堂的团长充任，部队仍驻廊坊。这个旅的官佐，全是冯玉祥一手提拔的。段芝贵万一指挥不动这支部队，廊坊这个去北京的咽喉便无法通过。他想了想说："是个大问题！你看该怎么办呢？"

徐树铮摇摇头，说："老总，我还有别的事，您看着办吧。"说罢，徐树铮便走了。

新任命的讨逆军总司令部交通处长叶恭绰凑到段祺瑞面前，说："老总，段芝贵还是个空头司令。"

"我正为此事犯愁。"段祺瑞说。

"冯焕章仍在廊坊，请来委以一路军总司令，他必会因为光复故物、名利双收而踊跃从命的！廊坊一扼，京津路断，辫子兵将何之！"

"言之有理！"段祺瑞说，"请冯焕章来似有些不恭，那就请阁下走一趟如何？"

叶恭绰摇摇头。"'解铃还得系铃人！'总司令身边有十分合适的人选，何必派我呢。"

段祺瑞恍然大悟："说得对。当初，是曾毓隽出面告诉冯焕章被解职的，现在，还得他去为冯焕章复职。"

曾毓隽怀揣一颗临时刻好的、颇具吸引力的司令部关防，匆匆赶到正定去见冯玉祥。

冯玉祥一见曾毓隽，便明白三分。微笑着对曾毓隽说："云霈公，是段总司令要召见我了吧？"曾毓隽点点头。"何事？"

"要送给你一份功劳吧！"

"焕章精神不振呀！"

"人皆知十六旅是你的。"曾毓隽放下关防，先来了个激将法。"坐听张勋在京复辟，你的声威何在？难道你十六旅要听张勋的指挥吗？"

冯玉祥是个坚决的反皇派，曾毓隽话刚落音，他便说："我冯某之部，绝不为皇上服务！"

冯玉祥又当旅长了，曾毓隽回天津复命。

曾毓隽报于段祺瑞时，段在天津交通银行借出十万大洋，又备办许多物品，亲率文官郑韶觉、武将李释勘前往廊坊。

段祺瑞坐在专车上，临窗外眺，心情比四十天前他出走天津时好多了，室外，田园纵横，稼禾碧绿，连列车的奔驰声，也似一曲进军乐章！在廊坊，段祺瑞匆匆走下车厢，和冯玉祥久久握手、拥抱。虽无一言，却胜似千言万语！随人把交通银行的支票及专列的货物单交给冯玉祥，冯玉祥交给随从，这才说："老总将要成为再造共和国的英雄了！"

"讨逆胜负，全赖尊部！"

"我在北京恭候老总大驾！""我备好最高勋章！"二人相对仰面长笑……

第十六章

再造共和的假货

徐树铮要杀黎元洪的意见，是通过小皇帝的老师梁鼎芬告诉小皇帝的。溥仪听了之后，颇为震惊！眯眼皱眉，沉思半天，一言不发。在座的另一位老师陈宝琛，觉得皇上没有个意见，也不好向段祺瑞这些握有军权的人交代。便走到溥仪身边，喊了一声"皇上……"

溥仪抬头望望老师，吞吞吐吐地说："民国对我不是也优待过么，我刚复位，怎么能赐黎元洪死呢？这是绝对不应该做的！"

梁鼎芬惧于段的势力，又进一步说："黎元洪太不像话了。我劝他离开总统府，遭到拒绝。这不是有意抗旨么！"

陈宝琛也说："这样的乱臣贼子、元凶大憝，焉能与天子同日而存？"

溥仪只是沉默，并不表示"杀""留"——他心里也在想："黎元洪早已跑进日本的公使馆了。赐死他会不会死？日本人让不让他死？"小皇帝尚未领略自己"金口玉言"的分量，总怕说出来没有效应。所以，此事也就搁置下来。

黎元洪不知道小皇帝对他此番"恩泽"，觉得"暂到日本人那里躲躲，形势平静了，我还是总统，我还得回到总统府"。黎元洪舍不得放权，他的总统来得不易，他还没有过足总统瘾。

马厂誓师的消息传到日本公使馆之后，黎元洪立刻雀跃起来：他从密室走到天庭。舒臂仰面，对天长出一口气，欣喜得无法自制："张绍轩呀张绍轩，你做得岂不太愚蠢、太笨拙、太不识时务了么！"他想采取一种形式，狂欢庆贺一番，庆贺自己将要重返总统府了。"我还是大总统！"可是，他身边没有几个人呀！唱和不起来，总不能自己庆贺自己吧。"好，我以民国大总统身份发通电！"

黎元洪的通电发出了，总共三项内容：一、声讨张勋叛逆；二、委段祺瑞总理国事；三、请南京冯国璋依法代行大总统职权。

通电发出之后，黎元洪仍然情不自禁。他向日本公使讨了一瓶不知名的白酒，把日本人提供他的午餐（他当时无心肠吃）剩残杯盘端出，自斟自饮起来。

黎元洪的通电到了段祺瑞手中，段祺瑞只轻蔑地扫一眼，便交给了徐树铮。

徐树铮拿过一看，怒了："小皇上没有杀了你，算你幸运。如今又摆起总统架子来了！你算个屁！"没有同段祺瑞商量，他就拿起电话，命令前线指挥陈文运："立即进驻总统府，不许任何人进出！"

讨逆军全面进攻北京的时候，是7月3日。段芝贵的东路军当天便占领了黄村；由旅长吴佩孚率领的西路军，7月5日占领了卢沟桥。到7月7日，在段祺瑞指挥的东、西两路大军夹击下，张勋从徐州带来的辫子兵已无法招架，只得匆匆退缩北京城，准备待援——然而，待谁来援呢？他想起来了，在徐州会议那幅黄绫子上签字的，不是有十几个督军的代表么，他们不会袖手旁观。"赶快发电求援！"可是，京津全是皖、直势力，战斗瞬息万变，那些远在天边的"盟军"解得了"近渴"么？他只好让自己的辫子兵在天坛、天安门、景山、东西华门和南北河沿布置了炮位。

张勋的炮位尚未布置好，驻在京苑的李奎元师响应讨逆军号召，竖起降旗也打起他来了…

北京城被段祺瑞的讨逆军围困得水泄不通，且步步紧逼；辫子兵节节后退。眼看着张勋全军覆没了，讨逆军却停止了进攻。

徐树铮对前线发出"暂停进击"的命令之后，对段祺瑞说："好了，现在该看看如何收拾残局了。"

"为时早不早？"段祺瑞问。

"北京是文化古城，请老总注意文物。"

"张绍轩……"

"已是山穷水尽了。"徐树铮说,"可以改为政治攻势了。"

7月8日上午,段祺瑞的交通处长刘崇杰,便以特使身份进京劝降,向张勋提出投降四条件:一、取消帝制;二、解除定武军武装;三、保全张勋生命;四、维持清室优待条件。

本来张勋不相信段祺瑞会进攻他。几天前,段祺瑞在天津还一声一个"大哥"的尊敬他,怎么会在几天之后便翻脸成敌呢?可是,段祺瑞千真万确地在声讨和攻打他,并且调集五万大军把他逼得已经无退路了。现在,只剩下天坛到天安门这一段短线了,他才感到问题严重。他急忙把秘书长万绳栻找来,说:"公雨,段芝泉真的会吃掉我们?"

万绳栻摇摇头,但摇得很轻。

"我不怕他!"张勋颇有胆气地说,"真正大家都撕破了脸膛,咱们也饶不了他!"

万绳栻明白:张勋的武力是不行了。现在,他想要出最后一张"王牌"——要用徐州那幅黄绫子了。万绳栻暗自冷笑了:"大帅,你等着那幅黄绫子吧!"——原来那幅黄绫子,早被胡嗣瑗用徐树铮给他的四十万大洋的一半买走了,并且还另附一封段祺瑞给冯国璋、冯国璋又转给张勋的那封信。

张勋不知道这些事,他依然有恃无恐。"段祺瑞的'四项条件',我不能接受!他欺人太甚了。帝制不帝制,可以商量;解除我的军队是何企图?难道要我作他的子民?混账话!我不是三岁的孩子,吓不倒!"

正是张勋气壮如牛的时候,两架飞机在北京上空隆隆飞过,不大会儿,竟投下两枚炸弹——这两枚炸弹,开创了北洋军阀的空战史——两声巨响,张勋神魂都离了本体——他不知道从空中来的武器威力究竟有多大。其实,那只是空军教练机,它们只能助威!"公雨,公雨!"张勋慌张了。

万绳栻正焦急着找机会溜走,一听张勋叫他,心里就忐忑不安。他又不能不到。

张勋对他说:"段祺瑞下毒手了,咱们也摊牌!你马上告诉住京的中外记者和报界名人,就说我要宣布一件重大秘密!""是!"万绳栻答应了,但并不走。

"不能再犹豫了!"张勋说,"我要向世界宣布,段祺瑞不是个东西!他明明在黄绫子上签了字,如今……我要公开那幅黄绫子!"

"黄绫子？"万绳栻故意装糊涂。

"就是徐州最后一次会议上大家都签了名字的那幅黄绫子！"张勋说，"我交给你，让你好好保存的呀！"

"那原本是给大少爷避邪的吉祥物。"万绳栻平平静静地说，"我怎么敢轻易存在身边，早交给曹夫人了！"

"啊——？！"张勋瞪眼了。"这么重要的东西，你怎么好交给她呢？那早已不是什么避邪物，而是一件无价的盟约了。你……你……"

"大帅，"万绳栻不紧不忙地说，"这样吧，我马上偷偷地去天津一趟，从夫人手里拿回来，然后再向报界公布。"

张勋虽然心急如焚，也只好如此了。便说："你要用最快的速度来去！"

"是，是！"万绳栻像漏网之鱼、出笼之鸟，匆匆走出去——这一出走，便再也没有回到张勋身边。这里，说一个小小的插曲：

张勋徐州起兵的时候，在黄绫子上签字的所有督军，没有一家派兵相助的。唯独奉张的二十八师，却协同张勋进了北京。

奉军二十八师师长叫冯麟阁，是一个挨近五十岁、性情极为刚愎的人。原来他和皖系的段芝贵有私怨，想借机搞段——

这话还得朝远处说起。当初，拉杆子的张作霖降清的时候，曾拜在段芝贵的父亲段有恒名下为义子。张为表示亲善，便把段芝贵拉到东北当了奉天的督军。恰在此时，冯麟阁也想弄个督军干干而没有到手，便千方百计排挤段芝贵。段芝贵只干了几个月的督军，便被逼退了出来。张作霖知道冯、段不睦，既不挽留段，也不提拔冯。冯麟阁怀恨在心，寻机报复。

冯麟阁和张勋一起进了北京之后，着实欣喜了一阵子，觉得复位的朝廷不会亏待他。谁知黄粱梦短，冯麟阁眼见着辫子兵生存无望，便连夜找到日本后台，要求护送他回东北去。日本人够朋友，派了一个叫犹峙的军官，包了一节头等车厢，偷偷地把冯麟阁化装成日本人运出北京。

段芝贵是讨逆军的东路司令，北京经天津去东北，全是他的地盘，什么消息能瞒得了他。段芝贵得知冯麟阁跑了，便以叛国罪要求段祺瑞惩办冯。段芝贵为段祺瑞立了功，段祺瑞正用得着他，自然满口答应。因而，冯的专车刚到天津，就被甩在一旁了。虽然犹峙虚张了半天声势，最后还得悻悻走开，冯麟阁成了段祺瑞的阶下囚。自此始，皖、奉两派也埋下了仇恨的种子。此是后话，暂不提。7月12日，段祺瑞用电话向前线发出命令：兵分三路，直取北京！

张勋的辫子兵，到段祺瑞发布进军令的时候，只剩下一千人了，而且又是惊弓之鸟，哪里还有抵抗之力！他们只在天坛放了几枪，便举手投降。

张勋没有等来黄绫子，记者会自然开不成；救兵也是一抹淡淡的雾气，连望也望不到影。他绝望了。他想向人问计，也找不到人了——他，不得不带领家属匆匆跑进荷兰大使馆躲藏起来。北京城重新挂上了五色国旗——共和国重新出现了！

第二天，即7月13日，京城所有的报纸都在头版，用显著的标题称赞段祺瑞为"最后推翻帝制的英雄！""再造共和的旗手！""中华民族的救星！"段祺瑞醉了！

讨逆军的全体官兵醉了！

当好事者把一张张油墨未干的报纸送到段祺瑞手上时，他先是惊，特别惊！他原本没有想去当什么"英雄"。他的最高、最终目的，是报复一下黎元洪，把黎元洪赶下台："让他尝尝下台的滋味！"惊一阵之后，又喜，特别喜！老天给了他一个千载难逢的机会，使他因祸得福，使他一夜之间成了历史上能够"永垂不朽"的英雄："中国漫长的封建社会终于在我段某人的作为下推翻了！彻底地推翻了！历史从此掀开了新的一页！"

段祺瑞从指挥室走出来，仰面看看天，今天的天空特别蓝，蓝得透明！空气特别沁心，就像甘露浸透着干枯的禾苗！他轻踱几步，伸伸因连日劳累过度而酸疼的腰身，却情不自禁地喊道："回北京，立即回北京！"

段祺瑞离开天津，匆匆进京。——屈指算来，段祺瑞离开北京已经四十四天了。四十四天又算什么漫长呢！然而，对于段祺瑞说来，这四十四天几乎超过了他走过来的人生路！因为这四十四天是他失去纱帽的四十四天，他的纱帽又是那么令人垂涎！

坐进专车，他才想起一件大事，"啊！我着什么装，以什么面目进京呢？"

是的，段祺瑞以讨逆军总司令的身份进京，十分威武！可是，讨逆军是自己组成的，总司令又是自己封的。在中国这么混乱的土地上，讨逆军究竟算什么？总司令算什么官？谁说得清楚？段祺瑞自己也说不清。几天前，他到廊坊去见冯玉祥时，是穿着陆军部总长服装去的。今天，他觉得那个"总长装"已逊色了。以国务总理身份进京么？国务总理是被总统通过国会名正言顺地免的。现在，国会并没有通过对他的再次任命，自己怎么能成为总理呢？"再造共和英雄！"那只是一种荣誉颂扬，并没有什么言语规定着什么装。思索了许久，他还是穿上有上将标志的军服。

北京车站聚集着许许多多、各色各样的欢迎人群。段祺瑞的专车一到，先是"噼里啪啦"的鞭炮响，节奏欢快的军乐声，震天的口号；后来便是各方面头面人物的拱手、笑脸和难以分辨的颂词。段祺瑞双手举起，频频摇动；后来，把军帽脱下，又不住地向人群点头。欢腾许久，段祺瑞才坐进汽车，在人群夹道欢迎中，朝总理府驶去。总理府早已被人清扫干净，恢复了段祺瑞执政时的模样。

在二门迎接他的，还是上差贾润泉。像往常一样，上差向他先搭个躬，然后匆匆闪在一旁，等段走过去，他才颠着屁股跟在身后，一边碎着步子轻颠，身子侧着，脸仰着，等待主人吩咐什么。这一次却不同以前，段祺瑞只管匆匆行走，却一言不出——他出什么言呢？高参和助手们，在天津的在天津，在军中的在军中，有些事因为时局变化如此迅速，还来不及商量决定。——他很后悔："为什么不把徐树铮带在身边？他一人在，不是什么事全有章法了么。"

徐树铮没有到前线去。他先在天津，陪着段祺瑞发号施令；段祺瑞去廊坊时，他还是留在天津。他在干什么？没有人知道。每天除了拨、接电话，凭着电话同外界联系以外，他的小院也很少有人走动。段祺瑞接到胜利的喜报，匆忙去北京时，徐树铮还是沉寂不动。"北京还不到需要安置的时候，老总到北京，北京自有人协助他，把该处理的事都处理好。"他这样想着，便轻松地想好好休息一下，"三天之后去北京，该干什么，自然会因势利导，先急后缓。"他想到北方大剧院去看一场戏。他听说上海有个昆剧团正滞留天津，天天公演《牡丹亭》，已经连演半月有余，场场客满。战乱岁月，剧场能够天天满员，可见剧团的功底！徐树铮一生尤爱昆曲，对《牡丹亭》十分熟悉，哪一只曲牌唱错了词，唱走了韵，他都能分辨清楚。所以，一想到《牡丹亭》，他便神往，便摇头晃脑地哼起那段《山桃红》：

> 则为你如花美眷，似水流年，是答儿闲寻遍。在幽闺自怜。
> 转过这芍药栏前，紧靠着湖山石边。和你把领扣儿松，衣带宽。
> 袖梢儿揾着牙儿苫也，则待你忍耐温存一晌眠。是那处曾相见，

相看俨然，早难道这好处相逢无一言。

唱毕，徐树铮轻轻摇头，暗自嘲笑起来："现在是什么时候，哪有心肠来卿卿我我地思索绵绵情意？"他不想去大剧院了。可是，一曲艳词，竟把闲愫勾起，喉中总觉发痒。索性坐下来，自己击拍自己清唱，又来了一曲张养浩的《山坡羊·潼关怀古》：

> 峰峦如聚，波涛如怒，山河表里潼关路。望西都，意踟蹰，伤心秦汉经行处，宫阙万间都做了土。兴，百姓苦；亡，百姓苦。

他不再唱了。他没有心肠再惦记古人的事。段祺瑞一个电话，又把他拉到现实生活中来。

"合肥回到总理府了！"他放下电话，又惊又喜。"这一天终于盼到了！"

段祺瑞要他"速来北京！"他有点犹豫。片刻，他又迫不及待地要人准备专车，"我立即去北京！"

段祺瑞把徐树铮迎到小客厅，迫不及待地就开门见山问道："又铮，你不到北京来，我心里有点慌乱。如今这个局面，可谓百废待兴，究竟先着手什么事呀？"

"我正是为此匆匆赶来。"徐树铮说，"无论有多少事，都先放一下。今天，最紧迫的事是去拜见黄陂。""啊——？！"段祺瑞蒙了。

"不仅要拜见，"徐树铮说，"还得盛情请他出来复任。""这……？！"

徐树铮笑了。"老总，报纸上称颂您什么来着？""'再造共和的英雄'！"

"是啊！黎元洪还是共和总统，老总再造了共和，却把一个共和总统赶下台，舆论会如何评价？""那是张绍轩赶他下台的。"

"老总不又从张绍轩手中'再造'了么？共和再造了，不明不白把总统废了，合适么？"

"黄陂果然赖着……"

"黄陂是一个人！"徐树铮说，"我想，他不至于会去争当魁魁。""又铮，"段祺瑞想起几天前徐树铮要杀黎元洪的事，"你的思想变化多端呀！还记得在天津的那个意见么？"

"天津是天津！"徐树铮说，"朝廷复辟了，自然该杀共和总统，我们只是敦促他。他没有杀，我们有点儿遗憾。他果然杀了他，我们不是正可以在'再造'的旗帜上增添几分光彩么！今天，不是复辟，也不是反复辟之初，而是反复辟成功。老总成了'再造英雄'！他黄陂敢和您平分秋色？！他现在正提心吊胆怕您杀他呢！"段祺瑞沉思了。他垂着头，反剪着手，在幽静的小房子里踱步。"老总，不必犹豫了！这是光彩的事，非这样做不足以使'再造'更光彩！要知道，黎元洪已经是一只死虎，他再不会吃人。"段祺瑞终用力拍一下桌子，"好，我现在就去！"

在日本驻华使馆的一个小而豪华幽静的会客室里，段祺瑞和黎元洪会面了。

黎元洪便装轻履，光着脑袋，面上蒙着厚厚的尘垢，似笑非笑，神情十分疲惫，目光也显得凝滞。他很紧张，紧张得有些发抖，双手在不停地移动，从身子侧边移到前胸，又从前胸垂下去，似乎要搓手，又立即分开。他不知道他该做什么，他想不到会出现如此尴尬的局面。他慌张、焦急、为难，突然感到室内异常闷热。

黎元洪做梦也没有想到，他会在如此情况下，在如此地点同他的仇敌相会。人已过了"知天命"之年，入北洋水师到现在也三十四五年了，他自认一直在为国家奔波，寸步不离北洋始祖袁世凯。黎元洪在湖南新军破坏革命党时便出了名；辛亥革命时他又是大杀手，许多革命义士死于他的屠刀下；袁世凯从革命党手中夺了权，当了大总统，黎元洪就当了副总统。赫赫一生，没有想到今天会跌倒在段祺瑞面前！他后悔自己当初没有杀了段祺瑞。段祺瑞，是以胜利者的姿态出现的，他当然落落大方，并且颇显得傲慢——若不是徐树铮出主意，他段祺瑞今天绝不安排这个场面——他脸膛端正，鼻子端正，坐下的姿势也端正。然而，坐下之后，他才感到有些拘束："难道要在黎元洪面前显示胜利者的风姿么？不，这样的结果，这样的场面，用不着炫耀已经够惊人的了！瞧黎元洪那个狼狈劲，比孙子还孙子！"

段祺瑞与黎元洪的争权，已是"冰冻三尺"了。当初，袁世凯当大总统的时候，段祺瑞就认定"副总统非我莫属"！无论在北洋派的资格和功劳，段祺瑞都应该得到这个位子。就凭他领衔的前线四十二将领那个通电的功劳吧，连袁世凯也得往后摆摆。"黎元洪凭什么？副总统当了，大总统当了，翻脸不认人了，连我也免了！还要逼我无处安身。"想到此，他暗自笑了：

"你黎宋卿也有今天！"

不过，段祺瑞是极其信赖徐树铮的。此次徐树铮让他见黎元洪，绝不是要他记前仇或者杀了他，是为了在那块"再造共和"的光荣牌子上增添色彩，是为他段合肥争荣誉的。他得有"英雄气概"！于是，他坦然地笑笑，说："张绍轩太不识时务了，这完全是他自作自受。""是啊，是啊！"黎元洪下意识地随声应和。

"芝泉此来，是想同你磋商一件大事。"段祺瑞神情平静。

"磋商？"黎元洪心惊了，"段祺瑞灭张勋，目的是在我黎某。张勋被灭了，头件事他便闯到外国使馆找我，来者不善呀！难道他是想借我的头颅以谢天下么？"黎元洪害怕了，别看"大总统"的"惯性"在他身上还没有完全消失，可他知道，他的生命也只有一次，不会死而再生。所以，他硬着头皮，只说了句"听从安排"的话。

段祺瑞装作没听见，仍然笑着说："小皇帝复位，我们是绝对不能答应的。"

"那是，那是！"黎元洪说，"北京挂龙旗的那天，我也是发出讨逆通电的，我还给……各方发了电报呢！"他本来想说"我还给你发了电报，请你来主持国政"。但话到唇边，知道很不得体，便收了回去。

段祺瑞摇摇头，现出一副豁达大度的姿态，仿佛他们之间昔日什么不愉快的事也没有发生过。至于要他重理国政一事，段祺却表现出当仁不让。黎元洪未说出口，他自己倒说了：

"我么，自然还是要回到国务院去的。"段祺瑞说，"我想，你也要回到总统府。往事烟消，咱们还得携手共理国事。"说这些话的时候，段祺瑞表现得十分真诚，好像是在恳请黎元洪出山，来共同朝一个目标奋进！

黎元洪一下子慌张起来，段祺瑞的话，还不如宣判他死刑有精神准备呢！他忙站起身来，语无伦次地说："宋卿无才，误国不浅！实在不敢担，不敢担此重任。再说……"

段祺瑞见黎元洪这个可怜相，反而觉得他值得同情，有可爱之处了。马上说了一些奉承话，还罗列了他的一些"功勋"。

黎元洪定定神，冷静了一下，心里明白了："段祺瑞是来骂我的。那些好听的话，只不过是在为自己涂抹脂粉！"想到此，他暗暗骂道："段祺瑞你别装腔作势了！算我黎宋卿无能，没有斗过你。可是，我也不会仰起脸来向你讨水喝！"

"芝泉的盛情美意，宋卿领了。只是辞条之叶岂有再返林柯，坠溷之花焉能重登茵席。心胆俱在，面目何施！"说着，叹息着，摇摇头。

段祺瑞轻轻地舒了口气，暗想："你不出来正好。你真回到总统府了，我还真不答应呢！"他笑笑说："既然阁下心志已坚，祺瑞也不便勉强了。你好好保重，有事尽管向我提出来，我告辞了！"

段祺瑞回到总理府，在他本来的寝室里换上便装，认真地洗个脸，这才坐在窗下的桌子边，提笔展纸，准备草拟治理国政的纲目……四十四天，又遥远又清晰。段祺瑞仿佛是睡了一个不长的觉。一觉醒来，他只需舒坦地伸一下腰，便会投入一个新的、习惯了的工作。好像中国发生的一场巨大灾难，与他段某人无关系。

又过了四天，即7月18日，中国又出现了一位大总统。不过，不是段祺瑞，而是冯国璋！

第十七章
张作霖并非傻瓜

北京平静了！

段祺瑞又当他的国务总理和陆军部总长；徐树铮还回到他国务院秘书长的办公室。

没有仗打了，天气也知趣地爽朗起来：天朗，气清，无风，日灿月明，星斗烁烁。正是想做事的人可以放开手脚做事的时候。

徐树铮却静不下心：他接受了反复辟之后的人事安排，可他心里不定。冯国璋继任总统，那是依国会通过的宪法决定的。冯是副总统，宪法规定在总统缺位而又无法开新的国会时，总统之权应由副总统代行。合肥是"再造共和"的英雄，国法、宪法他都得继续。冯华甫同皖段的关系，自然是黎元洪无法比的。不过，冯华甫毕竟不是皖系人物，他是直系，地地道道的曹锟、吴佩孚的"兄弟"。黎元洪下台之后，这北方天心是直皖两家称雄。总有一天，双雄不能并立，仍将有一场厮杀。徐树铮想："与其等待这一场厮杀的到来，倒不如早些时候制造这一场厮杀。现在，同曹、吴、冯争雄还有制胜的把握！"可是，怎样去掀起这场战争呢？这便是徐树铮静不下心的原因。

家事也纠缠着他，他不想过问，可是又丢它不下——

妻子夏红筠已经生下三个儿子。不幸的是，二儿子武已经夭折了。使他内疚的是在孩子有病时他没有尽到父亲的责任。三儿子交出生在日本。一想到第三个孩子，他更心痛。那时候，他在上海、天津之间奔波无定，红筠在日本连生活接济都几乎断了，哪里有钱住日本的医院去临产呢？一切都关起门来自理。结果那个连接母子性命的脐带，还是红筠用嘴自己咬断的呢！后来徐树铮见到夏红筠时，夏红筠哭得泪人儿似的，一语不出。徐树铮情感激动，最后跪在夏红筠面前。还是夏红筠把他用力抱起来。

"红筠，从今以后，我永远永远不离开你和孩子！"

"树铮，我不是那样的女人。"夏红筠擦着泪水，以大姐姐的口气对他说，"你有你的事业，我怎么能要你天天守着我呢。我只想，在我十分需要你的时候，你能在我身边！"

徐树铮比夏红筠小两岁。往日，他只愿作丈夫，不愿作弟弟。今天，他愿意作弟弟了。他捧着她消瘦的脸蛋，含着泪花说："筠姐，树铮一定做到！"

后来，徐树铮在北京创办正志中学的时候，就想在北京买一处房子，专给夏红筠住。夏红筠不同意，她想住天津。徐树铮便在天津最幽静的河边买了一幢别墅，专给夏红筠住。

夏红筠在天津住定之后，徐树铮还是终日在外奔波，很少和妻子一起坐下来谈心。妻子现在又怀孕了，他多么需要人照顾呀！

他又想起他的爱妾沈定兰，那是一个多才多艺、多愁多病的女子。由于性格倔强，她常常克制自己，凭着那一根根忧伤的琵琶弦度日。那首《汉宫秋》的曲子，几乎被她奏烂了。只有在徐树铮面前，只有和他对面畅谈或者相和一曲时，她才算领略到了人生的情趣。他们结婚四年了，可惜的是，这种时刻太少了。在天津住定之后，她同夏红筠的关系十分好，情同姐妹。她把红筠生的孩子当成亲生儿子对待，常常去帮助红筠干点什么。红筠又总是不肯："兰妹，那都是下人干的事，你怎么总去干呢？快别动手。"

"筠姐，"她说，"你的事也是我的事，你为什么总不让我干呢？孩子你也不让我抱。"

"瞧你那身子，多病多愁，疼我还怕疼不到地方，我怎么会要你帮我做许多事！"

沈定兰身体不好，常常吃药。树铮带她去过几次大医院，也请过名医。可是，只给她药吃，从不告诉她病情。就这样，定兰心里就更沉闷了。加上徐树铮终日不在身边，她真怕忽有一日病倒。所以，她把妹妹沈淑佩带在身边，陪她谈心和关照生活。

淑佩十八岁了，正读着高级中学。是个性情开朗、能歌善舞的进步青年。姐姐身体不好，她把精力多放在照顾姐姐的事情上去了。姐姐很不愿意她那样做。

"淑佩"，定兰颇为不安地说，"你不能影响学业呀！爸妈均在外地，要我好好照顾你。影响了你的学业，将来考不上大学，我对不起你，也对不起爸妈。"

"姐姐，你千万别那么说。"淑佩像个大人的样子，说，"徐先生事情多，常不在你身边。若是你病倒了，我不光对不起你，也对不起徐先生。"

"小妹，我代表徐先生，深深地感谢你！"

"姐姐，你说哪里话。咱是亲骨肉，徐先生是你的丈夫，我的至亲，即使为他做更多的事情，也甘心情愿！"

定兰拉着妹妹的手，紧紧地拉着，眼中含着泪花，哽咽着叫了一声"我的好妹妹！"

徐树铮知道这件事后，心里又惭愧又感激。他想当面向淑佩说几句感激的话，但又觉得太俗了。他让定兰代他致意，定兰却说："那是你我的小妹，多操劳点儿还不是应该的！"徐树铮想赠送给她点儿礼品，却又乏于这方面的知识。他知道淑佩很欣赏他的书法和诗词，他想自己作一首诗或填一首词，而后恭敬地录出来送给她，却又因北京的事情太纠缠，无暇思索；写出平平的诗词，又不好应酬。所以，一直放了下来。直到他获悉反复辟取得了全胜，他才松了一口气。不过，北京的事一上来，又使他无暇去写诗。他只得展开宣纸，录了一首唐人韦应物的七绝《滁州西涧》相赠：

> 独怜幽草涧边生，上有黄鹂深树鸣。
> 春潮带雨晚来急，野渡无人舟自横。

"淑佩，"徐树铮捧着手书，恭敬地说，"我又要外出了。家里的事情还得多多拜托。"

"徐先生，你又客气了。"她总是称他"徐先生"。

"终日行迹匆匆，不得坐下来静心为你书写一字，甚感不安。今日匆匆草了一帧，权作致歉，请小妹笑纳！"

"徐先生，你总是那么客气。"淑佩说，"先生墨宝，定能为陋室生辉！"

徐树铮离开定兰姐妹时，定兰的病又加重了，咳得很厉害，体质特别消瘦，软瘫无力，连眼睛也懒得睁。"我不能离开她们呀！"

徐树铮还是离开了家。他从天津去北京的时候，匆忙得几乎没有告诉家人。现在，他情绪不安，想到家但又不能回。

昨天，他又在总理府一个秘密的地方和段祺瑞会谈了整整一天。

段祺瑞的情绪十分消沉，坐在笨重的太师椅子上，连眼也不想睁。徐树铮在看一份什么材料，情绪虽然平静，却一声不响。

——北京，又处在"山雨欲来风满楼"的形势中。这形势，徐树铮和段祺瑞都看得很清楚：对皖系十分不利。张勋被消灭之后，北京对于国政明显地出现两种主张：一种是恢复旧国会，黎元洪大总统复职；另一种是仿照辛亥革命南京临时政府的办法，召集临时参议会，重新制定国会组织法及参众两院议员选举法，另行选举参众两院议员。何去何从，众说纷纭。

徐树铮放下手里的资料，轻举脚步，一边呷着香茶，一边说："黎宋卿既然已是死老虎了，旧国会有什么必要恢复呢？我看，恢复了旧国会，也未必有人敢赞成他再出来复任大总统！"

"不一定。"段祺瑞说，"没有人敢扶他，却有人敢反对我！旧国会是一定不能恢复的。"段祺瑞从椅子上坐起来，说："不过，从各方面目前的呼声来看，似乎多倾向于恢复旧国会。我们不能掉以轻心。"

"我们也是'一方'么！"徐树铮说，"我们何不从国务院刮出风去，赞成后者，重新制定宪法，选举产生参众两院？"

"你说得对！"段祺瑞说，"只有这样才会有缓和的余地，才能争取时间，走好下一步棋。"他平静了一下，又说："只是这些事如何做得顺利？还得慎思。"

"这好办，"徐树铮说，"我们制订办法，我们在各省选举议员，首先把议员找来，该说的说说，不就行了么！""到什么地方去说呢？"

徐树铮想了想，说："西城安福胡同不是有一处宽大的房子么，我看那里就好。"

段祺瑞眨眨眼睛，然后点点头。"好，就在那里吧。准备的时候，千万谨慎！"

——以后在北京召开的临时参议会，每省出席五个代表，全是按段总理的授意由各省军政长官推荐的。安福胡同这幢宅院，原叫"梁宅"，由于段、徐等人是打着"安国福民"的旗号，就改名为"安福俱乐部"；演变下去，又称安福国会、安福系。这里再说说大总统冯国璋。

冯国璋以副总统代行总统职务时，北洋军阀已明显分为直皖两大派，各省之督军、省长及师旅长也大都隶属该两派；奉系虽独树一旗，但接近直系。国内形势，除北方之北洋势力之外，南方还有革命党势力。冯国璋想极力通过南北和谈来达到统一；这样做，旧国会可以保持下来，冯的代总统不仅可以去掉"代"字，而且会安然无事。段祺瑞在徐树铮的蛊惑下，坚持武力统一南北。皖系背后是日本人，自从段祺瑞决定对德宣战时起便利用日本借款练兵，购武器，通过战争达到推倒直冯，巩固自己，而后以自己为核心统一南北。

风云变幻，晴晴雨雨。正当冯国璋秘密派代表——直系重要人物、长江三督之首李纯与南方酝酿和谈时，段祺瑞在安福胡同要干的事全部被他掌握，一怒之下，冯代总统免了段祺瑞国务总理和徐树铮秘书长职。

果然将段、徐实职全免了，倒也省了许多事。原来这位冯国璋也是一时的外强，思来想去，觉得他对付不了段合肥，生怕重蹈黎宋卿之辙，落个身败名裂。所以，这边免了段的总理，那边却又让段任参战督办，并下令说："以后关于参战事务均交参战督办处理，不必呈送府院。"冯国璋原想把段的实权控制在对外问题上，但因参战督办并不属于谁，因而，实际上成了从军事、外交到内政拥有无限权力的"太上内阁"总理，冯依然是个空架子总统。段仍然是个举足轻重的人物。

徐树铮的职没有新安排，他又回到天津妻妾身边。

离开北京的时候，徐树铮有点心灰意冷了："何时终了的争权夺利呀？一切都在争夺中度过了。到头来，沉沉浮浮，有何意思？"他想好好地守着妻妾们过一过温馨的家庭生活。他要做一个好丈夫，给妻妾们所盼望的丈夫的体贴和关怀！他想到了夏红筠，想到了病中的沈定兰，想到了代他尽心照料定兰的内妹沈淑佩，想到了他的两个儿子……

"要把儿子的名字通通改过来！"徐树铮下了决心。

徐树铮是用料理国事的心情给他的儿子命名的。他历来标榜自己忧国忧民。他以为，中国要想摆脱贫困，必须做好四件事：一是立宪，二是武备，三是外交，四是复苏。他对妻子说："今后，我们有了儿子，就一定要按照宪、武、交、更生这样叫下去。将来，要他们有其志，成为拯救国家、民族的栋梁！"现在，红筠已经生了三个儿子，二儿子武夭折了，只剩下宪和交二人了。现在，他的想法不同了："我的儿子最好成为学者，成为与军、政无涉的平庸人。免得奔奔簸簸，出生入死！"

徐树铮回到天津的时候，家人无不欣喜万分。夏红筠倡议开个家庭式的欢迎会，"欢迎树铮返璞归真！"抱病的沈定兰首先响应，并倡议家庭成员每人献一个雅俗共赏的节目。

欢迎会在自家的小客厅举行，灯红酒绿，家人齐集，笙管笛箫都是家里现成的。夏红筠以主妇的身份，活跃在里里外外。

再有十五天，就是夏红筠四十岁生日。四十岁的人，不失东方女性的风华：她留着短发，穿着墨绿色的旗袍，右腋边垂着一条天蓝的手帕，胸前一朵新鲜的白兰花；短发梳理得平平齐齐，未作任何修饰，只有左鬓戴一只早年从日本带来的造型十分逼真的金质杜鹃花；额前垂着微微向内弯曲的刘海儿，那副白皙的瓜子脸膛，红润丰满，一双水灵的眼睛时时现出微笑。她一改平素的沉默持重，用响铃一般的语言主持着欢迎会。

夏红筠是徐州一方的名门闺秀，生得聪颖伶俐。在父母的熏陶下，七岁便会背诵《烈女传》，但她思想开阔，追求进步，决心舍弃作贞洁烈女之念，而潜心于英雄豪杰，效法巾帼英雄！八岁熟读《唐诗三百首》，对宋词、元曲很有兴致。后来，她和徐树铮结婚了，她十分崇拜徐树铮的文才，但她却决心弃文习武，要和徐树铮"文武齐名"。徐树铮尊重了她的追求，早在1904年年底他曾不惜假借段祺瑞之名向第六镇统领吴凤岭借银元五百送妻子去日本留学……国情、机遇和她自身的种种困惑，使她的壮志雄心变成了烟云，她不得不把精力放在丈夫、家庭、儿子身上，可又仍然是徒有空想。今天，她想尽心竭力，以实现作贤妻的愿望。

夏红筠是一家之主，她要带个好头。她说了几句欢迎词，然后，扬起清脆的歌喉，先唱了一曲《满江红》。歌声悠扬，情感丰满，引得全家人鼓掌。

"红筠大姐还有这么好的歌喉！"沈定兰说，"我们倒是得到了意外的满足，但还不够。我提议再请大姐献一曲！"

家人们欢笑，又鼓掌，红筠笑着说："实在是献丑了，只请大家别把这丑传扬出去，我实在不会别的了。"

大家仍在请求。徐树铮也笑着说："红筠，久不听你的箫声了。还记得咱们新婚不久去朝皇藏峪瑞云寺么？你在山谷吹了一曲《高山流水》，引得松悟长老终日在山间觅知音。你就再奏一支曲子吧！"

"你又胡说了。若不是你硬逼着我，我才吹不出呢！"

"既吹出了，总是会的。"沈定兰说，"大姐发发慈悲，再赐给我们一曲吧！"说着，就把那只洞箫递过去。

红筠微笑说："你们硬赶着鸭子上架，诚心要把鸭子摔死！"说着，还是接过箫，吹了一曲《梅花三弄》。

沈定兰唱了一段昆曲，又唱了一段京剧。

夏红筠看看冷场了，便说："淑佩妹妹，现在该你的了。"

"我？"沈淑佩理了理垂肩的黑发，撇撇嘴，说："罢哩。'下雨有伞——临（淋）不着'。"

"你是我们家的至亲，"红筠说，"孩子管你叫亲姨妈，你怎么自己见外了。"

徐树铮也说："淑佩，难得有这么个机会，你就别推辞了。唱吧。"沈定兰也在劝。淑佩推辞不了，便唱了一曲李清照的《渔家傲·记梦》：

> 天接云涛连晓雾，星河欲转千帆舞。仿佛梦魂归帝所。闻天语，殷勤问我归何处？
>
> 我报路长嗟日暮，学诗谩有惊人句。九万里风鹏正举。风休住，蓬舟吹取三山去。

曲刚终，姐姐沈定兰便抱怨似地说："淑佩，这是李清照的忧伤曲子，今天怎么该唱这个呢？"

淑佩不服气地说："姐姐，你没有听懂，只管乱说。"

"我怎么没听懂？如果说上片说了些辽阔的海天，迷茫的小雾，云朵卷动如飞涛叠浪，尚可见神奇的梦境。那么，下片的'路长''日暮'岂不正说明易安居士可悲的桑榆晚景？"定兰显然是细读过李清照这首词的。

可是，妹妹却不同意。她说："姐姐的品评，只能说是一家之论。殊不知这'路长''日暮'却是出自《离骚》诗意。'欲少留此灵琐兮，日忽忽其将暮'，'路漫漫其修远兮，吾将上下而求索'。照我说，女词人正是见人间道路漫长无涯，人的生命与日升逝，才产生了追索理想的愿望。不冒昧的话，唱给徐先生听听，正是……"

没等淑佩把话说完，定兰便打岔："瞧你那张嘴，别人一句去你有三句还，连个'满招损'也不知！"

徐树铮忙和解说："我看哪，淑佩的见解就是高明！这首词，并不一定是词人南渡后的感叹。倒是正如淑佩说的，是一种对愿望的追索。""你又在宠她了。"定兰冲着徐树铮，递了一个抱怨的目光。徐树铮望望淑佩，淑佩会心地笑了。

1918 年 6 月，天津的气候很有些反常。一边数日暴热，并不落雨，虽然天天有浓云浮动，却只是浮动而已。气候使许多人昏昏沉沉。

徐树铮，生活十分规律。每天早晨起身很早，起身后便去后花园，在那片草坪上打打太极拳，做做气功。然后，便钻进书房，他好像终于安心了这世外桃源的生活。

徐树铮果然安静了，却也是一件值得庆幸的事情。因为那样，中国便可以免去许多干戈。其实，徐树铮并没有安静，融融的家庭之乐，没有延续几天，他又把门关起来，绞尽脑汁思"动"了。

徐树铮对于自己失去官衔并不感到悲伤，他只要权，要军权——"手里有兵，兵可以打天下！"段冯不是因武力问题而闹僵了局面么，"我非以武力重整旗鼓不可！"想到这里，徐树铮有点埋怨段祺瑞心慈手软，不敢果断采取措施。现在，他要背着段祺瑞，自己干一件惊天动地的大事。"我要借奉张之力，兴兵南下！"

皖奉关系非常神秘，张作霖想靠直系，一条长城之隔，关系融洽，可以成为自然的盟友；但又常想亲近皖系，皖段毕竟是军政界举足轻重之辈。若同皖系联盟了，从眼前利益出发，张作霖可以平安无事；从长远利益出发，他却可以得到比东北更大的利益！张作霖并不安于独有东北三省，三省毕竟只是中国版图的小小一隅，他要占据更多的地方。

徐树铮很了解张作霖这个"苦心"。现在，他觉得张作霖有可用之处了，"只要奉张能入关，我就可以直驱南进。统一南北，还得以武力为主。"不过，徐树铮也感到了困难："张作霖绿林出身，素来是'有奶便是娘'。平白地借他兵员入关南下，即使许诺再丰厚，他也不会轻举妄动的。"徐树铮在他小屋里，垂头漫踱起来……夏红筠轻轻走进来。

"树铮，我想领着孩子到徐州去过几天。"夏红筠萧县老家还有父母。日前接到父亲来信，说是"近时身体欠佳，十分思念儿女"，她想回去探视一下。

徐树铮望望妻子，见她体质并不健康，便说："现在去徐州么？你自己去，我怎么能放心呢！""你不是也可以去么。"

"我……"徐树铮怔了一下，微微一笑，"我劝你暂时也别去。徐州并不平和。听说辫子兵有的跑回徐州去了，还想组编队伍。"

夏红筠沉默了——她理解丈夫的心情，丈夫又处在失落的时刻。此时此刻返回故乡，怎么能不觉寒碜呢？她想了想，说："好，暂时不去了。我想着人给老人家送个信，再捎去点儿礼品。"

"红筠，这事由我来办吧。"徐树铮说，"回头着人到'福祥'去扯几块丝绸布料。听说他们新近从苏杭进了不少好绸缎。"停了停，又说："戎马倥偬，时间都在这样不知不觉中逝去了。老人家理解呢，还可稍慰；老人家要嗔怪，也是有理由的。乡间有句俗语，叫'儿走千里母担忧'。有时闲下来，总要想想故乡，忆忆童年，真留恋啊！早时在徐州过了几天，连云龙山都没有登过。山上那个兴化寺，可是国中独一无二的，光是那'三砖庙住丈二佛'便是称奇天下的……每每想到这些，倍感'慈母手中线……'诗是多么的感人！"

夏红筠没想到自己要回徐州探亲，竟引起丈夫如此感叹，便趁机解劝："树铮，趁此机会就脱开官场吧。是的，我知道段先生有恩于你，你不忍离去。可今天，却不是你自己愿意的呀！你何不趁华甫做手脚时自己利索利索呢！""那倒是好事。"徐树铮说，"只是这口气咽不下！黄陂我没有把他放在眼里，难道就倒在他冯国璋手下？"

"罢了！罢了！"夏红筠说，"什么气咽不下？官场就这么回事，'你方唱罢我登场'。真正斤斤计较，还不气死人了！咱们都生在农村，长在农村，田园景美，春种秋收，守着父母子女岂不也乐融融的。"

徐树铮昔日从未听过妻子有如此温情宏论，今日，耳目一新，却也领会了征战对她心灵的折磨。"能守田园，也并非坏事。"他对妻子说，"红筠，你想得很好。你先回去吧，容我静思一阵。"夏红筠走了，徐树铮又闭目沉思起来。

沉思有时，他终于又想起兴兵来，"对，就拿它作为向张作霖的见面礼，我不信他不入关！"

——徐树铮想到的，原来是这样一件事：根据《中日军械借款协定》，第一批以货代款的两万七千支步枪已运抵秦皇岛，只需办个领取手续，便可将货取出。

手续有什么难呢？徐树铮刚刚离开国务院秘书长的位子，张作霖又是陆军部的掌权人，无论国务院还是陆军部的证明函件，他应有尽有，保险柜中还有盖好关防的各式空白证明。徐树铮取出来，按常规件件事情都办好了，一个电报，派两个亲信押车，这两万七千支步枪顺利运到了沈阳。

张作霖正苦于无由出关，一见徐树铮的特使和礼品，顷刻欣喜若狂，大摆宴席。他对徐的特使说："回去转告又铮和合肥，我决定派三个师入关，并决定在天津设立奉军驻天津总司令部。我兼总司令，由树铮担任副总司令代理总司令职！"

果然，没多久，张作霖的三师奉军便进入关内，在天津设立了关内奉军总司令部，委徐树铮为副总司令。

谁知，徐树铮的全部阴谋很快就被张作霖弄清楚了。张作霖为了不至于和革命党成为仇敌，便以"边防吃紧"为由，把进关的三个师"急令返回"了。徐树铮的两万七千支步枪只换来一个"关内奉军总司令部副总司令"的空头衔！此一气，使徐树铮的脸都青肿起来了。

第十八章
渔翁得利徐卜五

引奉军入关的结果，异常扫兴，徐树铮和段祺瑞都咽不下这口气，他们想借助直系势力，继续推行以"武力统一南北"的计划。

不过，奉军入关，还是给皖以实惠的。冯国璋惧于皖段势力，不得不再请段组阁；段祺瑞主政了，军权仍然落到徐树铮手中，他们仍然左右着中国形势。

奉军出关走了，段徐众多大事不办，竟加紧笼络驻扎在湖南的直系军阀吴佩孚。

段祺瑞以国务总理之名，通电慰勉吴佩孚部，说他们"在湘除奸爱民，劳苦功显"，并以北京政府名义授予吴佩孚"孚威将军"。随后，派徐树铮专程到湖南衡州去安抚。徐树铮日夜兼程，匆匆南下。

此时，北方刚是春暖草生，南国却已一派百花盛开，春色盎然了！徐树铮心绪杂乱，无心看大地的景色，也不与途中地方军政官员接触，只想早日做好"笼络吴"的工作——

徐树铮和吴佩孚虽是同代人（吴长徐六岁），又都是以军为主，但却关系淡薄。派系不一，是原因之一。这两个人都以文理军，并称"儒将"，而徐树铮依靠段祺瑞、袁世凯得天独厚，居高临下，总是蔑视吴佩孚。"吴子玉（吴佩孚字子玉）凭着之乎者也唬住了曹锟，谁见他有智谋？谁见他有建树？"吴佩孚有个习惯，当人们对事情表示"无有办法"的时候，他就大言不惭地说："你们都说无有办法，我偏偏说'吴（指他自己）'有办法！我吴某面前从无难事。"徐树铮听了，则讥笑说："狂妄之甚！"

今天，自己要风尘仆仆地去笼络他了。要把这个"狂妄之徒"当成支柱靠一靠了，徐树铮猛然感到有点失身份。他在舒适的包厢里，踌躇不定，想"打道回府"。但转念又想："合肥都如此器重他，亲授'孚威将军'，我有什么顾忌而不能向他说几句好话呢？还不是为了有天下。当初张子房圯桥……"

徐树铮到衡州的时候，吴佩孚亲率全体属将迎至车站。

那一天，衡州烈日炎炎，吴佩孚军戎齐整，满面汗渍。他迎到车下，先恭敬地敬了一个军礼，然后伸过双手。"佩孚欢迎又铮阁下光临衡州！""树铮久闻将军军威，特来领教。""过奖了。还请多加训示！"

吴佩孚知道徐树铮有怪才，但却一直瞧不起他。认为他太会钻营，只能借着别人的风使船，还到处煽风点火。若不是碰上段合肥、袁项城这两个草包，他不还得流落江湖卖字画去！徐树铮的诗，吴佩孚就很不欣赏，认为没有大家气，只会自我忧欢。

不过，徐树铮和他的后台今天毕竟权势在手，炙手可热，而今天他又专程屈尊南来，出于礼节，吴佩孚也显示一下风度。同时，也想在这个"小扇子"面前卖卖儒风！

吴佩孚陪着徐树铮来到自己家中，安排了幽静住处，然后说："请阁下静心休息数日，佩孚还要陪阁下观光一番。衡州地方虽小，也是三湘名城；衡山乃五岳之一。州自隋开皇中设，也颇有些年代了。况衡山之巅俯视湘江，也是不乏奇观的。"

徐树铮听得有些反感了，尤其是他引经据典。徐树铮最忌别人在他面前卖弄。所以，他虽克制自己，还是半真半假打趣地说："将军的博识，树铮久仰。衡州之盛，树铮也夙慕其名。然而，有时想起牛角上的横木，便忆起儿时被抵之惨"！

吴佩孚笑了："被抵之惨，铭记不忘。有趣。"

当晚，吴佩孚在他的小客厅里盛情款待了徐树铮。

这是一幢十分别致的会客厅，从结构到装饰，一色的湘妃竹，其色泽明暗，也是天然趣成；八仙桌，宛如一团竹盘，太师椅，又似一束竹篷；正面悬的中堂，是竹雕的唐伯虎的《风竹》，两旁的对联为斑竹雕合，是宋人张先的诗句：

> 中庭月色正清明，无数杨花过无影。

徐树铮站在桌子旁，仔细地观看那字画，觉得制作别致、精细，不失原作神韵。尤其是那副对联，虽无款题，他却认出来了，是清末名家翁同龢手笔，草且稚，总是拙中见功——"子玉手中必有真迹！"他这样想着，转过身来，坐在椅子上。

吴佩孚久闻徐树铮是个名士，但不知他深浅，有意想试探一下，便先从字说起。

"又公，"吴佩孚颇为恭敬地说，"久闻阁下诗书均绝，只是佩孚无眼福。今日相聚，总要领教一二。"

"子玉将军儒风远震，树铮不敢班门弄斧。"徐树铮也表现得十分谦虚。

"书诗画都是消遣闲情，何必如此一本正经呢？"吴佩孚指指堂上悬的字，说："比如这张先的诗句吧，一句中有两个'无'字，尽管还说得过去，总觉浅薄。"

徐树铮淡淡一笑。"子野公（张先字子野）极善小令，亦作慢词，其词含蓄工巧，情韵浓郁，且与苏轼、柳永等相处甚密，用语恐不会疏忽。大约是烘托那个'影'字吧。"

"'影'字被人用得太多了，显得烂、俗。张先不就是被人称为'张三影'么！'云破月来花弄影''帘压春花影''堕絮飞无影'，都是他的。"

"现在又见'无数杨花过无影'，再加上'浮萍断处见山影''隔墙旁过秋千影'，张先倒是可以称作'张六影'了。"说着，仰面笑起来。吴佩孚觉得徐树铮确实是个博学多才的人，便微笑点头。

徐树铮明白吴佩孚既是在卖弄自己，也是有意试探别人。所以，他也不客气地又说："其实，在张先之前用'影'字的早就屡见不鲜了：南朝何逊有'风声动密竹，水影漾长桥'句；唐李白有'峨眉山月半轮秋，影入平羌江水流'句；李煜有'想得玉楼瑶殿影，空照秦淮'；林逋有'疏影横斜水清浅，暗香浮动月黄昏'……多不胜举。叫他们什么呢？只要用得贴切，表述心志，也都不算落俗。"二人对面笑起来。

徐树铮南行的目的是想利用吴佩孚的势力，以实行"武力统一南北"的计划。尽管吴佩孚举止有些傲慢，他还是赔尽小心，说了些违心的话，吴佩孚却无动于衷。徐树铮也不便过急讲明意图，他知道吴佩孚是个颇讲"道学"的人，非礼不为。怕说急了，适得其反。所以，一连多日，徐树铮只故作轻松地优哉游哉，酒宴之外，只和吴佩孚谈书，论诗；吴佩孚的属员也对他敬而远之。

吴佩孚有攀段之心。他认为：当今天下，段祺瑞是一只很强硬的拳头，不能忽视他；何况军政大权都握在他手中。不过，吴佩孚并不服他。"皖系能有今天，是他得天独厚，是袁世凯为他们开了一条宽阔、平坦之路。"段祺瑞授给他"孚威将军"称号，他感激他，徐树铮亲临衡州，他同他表现亲密。他一直在想："合肥究竟想干什么？"他还摸得不十分确切。所以，也是盛情中有冷静。

衡州的春末，淫雨连绵，云压城池，雾气蒙蒙；街市上，赤着光脚的女人，头戴斗笠，身披蓑衣，肩挑筐箩，把瓜果鱼米送到大街小巷；店铺里，本来就只有稀稀落落的顾客，细雨中，却显得分外寂静；深巷的茶棚、酒肆，只有一二老者坐在案边消磨时间……

徐树铮闷在客室里，虽然十分舒适，他却无心享受——他不是来享受的。要是享受，他在北京、在天津、在上海，任何一个地方都比衡州好！

昨晚，徐树铮获得一个十分意外的消息：湘军谭延闿、赵恒惕的代表到衡州来了，吴佩孚接待了他们。尽管徐树铮尚不知怎样接待的，来者是何意，但他却认定是个不祥之兆！

"谭、赵的湘军是属于革命党的，难道他吴子玉要同革命党联合？果然他们联合了，不仅借不出'吴'，统一问题更会增加困难。"徐树铮吃不下饭了，觉也睡不好了，他要加紧做吴的工作。

徐树铮南来之前，曾经花过一番功夫，了解过吴佩孚的为人和性格，觉得有两种办法可以征服他：一是以手中之兵权（即势力）压服他；一是以正统人的伦理道德奉承他。前者，显然不是皖系当今要采取的，以武力压吴佩孚来为皖系的武力统一服务，徐树铮认为行不通。所以，他决定"极尽所能，奉承吴子玉，使之为我所用！"

徐树铮文思敏捷，闭门两天，以俚歌形式作了一首《衡州谣》，去为吴佩孚灌"迷魂汤"——

徐树铮拿着他的"杰作"去拜见吴佩孚时，吴佩孚因为兴致极好，刚刚得了一首好诗，正在沾沾地自我欣赏。他敞开胸怀，光着脑袋，满面带笑，轻轻地摇头晃脑。一见徐树铮，便笑着急忙迎过来，说："又公，我衡州地也邪，思念着谁谁竟来了。快快，快请坐。有一首小诗正想当面请教！"

"子玉将军高抬树铮了。"徐树铮说，"论品论学，树铮都得以学子相敬，怎敢对将军的德文乱议。将军乃当今著名儒将，能够先睹大作，已是十分有幸了。"

吴佩孚谦让几句，把诗递给徐树铮。徐树铮捧诗在手，认真观看：

> 民国军人皆紫袍，为何不与民分劳？
> 玉杯饮尽千家血，红烛烧残万姓膏。
> 天落泪时人落泪，歌声高处哭声高。
> 逢人都道民生苦，苦害生灵是尔曹！

徐树铮看罢，拍手叫绝："好极、确极、壮极！将军果然不虚为我中华儒将！满纸豪情，字字悲壮！必将成为千古不朽之作！"

——吴佩孚的诗写得真不错。徐树铮此番来南，是借吴子玉兵，武力压服革命党来实现以军阀为主的所谓统一的，吴佩孚竟大义凛然地大骂国民军，这已经是不谋而合了。所以，徐树铮万分高兴。

吴佩孚微微一笑，说："偶有所感，即兴而发，哪里就成了能够传留千古之作了？"

"树铮此来，有一点新作，想当面请教将军，并作为晋见之礼奉献。"

吴佩孚先是仰面而笑，说："你是江苏才子，《济南秋海棠咏》一鸣惊人，天下谁人不知！佩孚未能拜读，甚觉遗憾。"说着，接过徐树铮的纸卷，展开一看，是一篇《衡州谣》。心里一动："这个'小扇子'一到衡州便作起'谣'来？我倒要看看他在'谣'什么？"吴佩孚展卷细瞧，见是：

> 我来衡州城，我歌衡州谣。
> 衡州湘江水滔滔，衡州之民乐教教。
> 民尔乐何如，彼频泪如雨。
> 吾将陈吾乐，请先忆吾苦。
> 吾本乡老农，蓺稻且灌圃。

生计殊不恶，小康慰儿女。
一朝烽火惊连天，东粤西粤兵气缠。
湘中魁杰遍地起，缚旗举义声相率。
问其何所事？抗大府命梗且顽。
察其何所行？大队勒输养兵钱，小队掳掠及豚鲜。
长男捉去随贼官，小女走匿托亲缘。
老妻泣涕垂连连，挟其幼子栖深山。
自从去年来，日夕哪得安。
久闻群贼相诫语，吴公兵来势莫御。
吴公何人我不知，但盼将军自天下。
群鸦暮噪啄人肉，吴公破贼何神速。
痴虏膏血被原野，黠者弃成遁荒谷。
斩馘追奔降贷死，吴公之来为民福。
马前瞻拜识公貌，恂恂乃作儒者服。
……

吴佩孚满面春风，眉开眼笑。
"又公，如此美言，实实折煞佩孚，羞煞佩孚了！"
"所述诸语，多拾民间。树铮穿汇而已。"
"愧不敢当呀！"
他还是接着看下去。

闾巷无复夜扣门，军令如山静不纷。
流亡略已还墟邑，安业犹能庇所亲。
吾男被兵死郊外，陷身为贼亦可怪。
妻女生归绕膝行，人间此乐得难再。
吴公爱民如爱军，与爱赤子同殷勤。
吴公治军如治民，情感信藉由天真。
在军整暇不自逸，雍容雅度尤无匹。
静坐好读《易》，无人忧患通消息。
起居有常礼，戟门厮卒娴容止。

笔千管，墨万锭，看公临池发逸兴。

香一缕，酒盈卮，时复弹琴自咏诗。

老民幼尝事书史，古今名将谁及兹。

昔祝吴公来，今恐吴公去。

愿似寇君借一年，悃悃此情为谁诉？

为谁诉？留公住，吁嗟吴公尔来何暮。

徐树铮平生傲慢，目空一切，从不奉承人。就连袁世凯、段祺瑞也未享受过他如此"献忠心"的殊荣。

吴佩孚量出了它的分量：无论是徐树铮的地位、文采还是声望，他能用这样的笔墨赞颂还属于下属的人，应该是吴佩孚的殊荣。吴佩孚本来很兴奋，但看完了《衡州谣》，他心里竟慌张、急躁起来——吴佩孚并非生来清心寡欲，当他苦读四书五经的时候，他便渐渐萌生出一个念头，那就是"光宗耀祖！"九岁时，老爹教他一副对联，是"学得文武艺，货于帝王家"。老爹给他解释说："帝王有国，黎民也有家；皇帝希望他的臣子精忠报国，父亲希望儿子光宗耀祖！连自己的祖宗都光耀不得，谈什么报国、忠君。"吴佩孚记住了，他要按老爹的家训去做人。他在家塾读《大学》的时候，老师给他讲开篇。那位冬烘首先眯起眼背诵道："大学之道，在明明德，在新民，在止于至善……"老师不诵了，放下书本说："你们要好好读这本《大学》，立身之道全在里边。就说破题这几句吧，二三句之间本来还有一句，是'在亲亲'；第四句也不是'在新民'，而是'在亲民'！后朝一些腐儒只讲忠君，竟改成今天这个样子。我希望你莫忘了'在亲亲'，莫忘了'在亲民'！"吴佩孚坚定了耀祖之心。

徐树铮为他歌功颂德，他感激涕零，恨不得像接圣旨一般，来个大礼跪拜！他一边恭敬地收拾纸卷，一边笑咧咧地说："人说又公天下奇才，果然名不虚传！好文笔，好章法，只是对佩孚过誉了！"不待徐树铮说话，吴佩孚又说："佩孚久慕合肥和阁下的人品，唯恨相识无门。日前承蒙合肥盛情授爵，今日又蒙又公厚爱，实实感激。佩孚愿以身心相报！"

徐树铮笑了。笑得很轻松。"子玉将军乃国家栋梁，社稷存亡，还得多赖！"

"一定听从总理和阁下的调度。"

——徐树铮是否实现愿望了？还有待下文交代。如今，还得回过头来说说发生在北京的事情。

段祺瑞在安福胡同搞的国会终于成功了。这个被人称为"安福国会"的国会，任命王揖唐为议长——王揖唐是皖系骨干之一，交际甚广。虽然不及徐树铮的才智，也算当时一位举足轻重的人物。

国会组成了，要开会，开会要选总统。问题来了！"选谁做总统呢？"选段祺瑞，这是安福国会笃定不变的宗旨。但是，皖、直两派正处在为权而剑拔弩张的时候，选段无疑等于挑起战争；选曹锟当总统，那不是安福派的目的，他们不会干；选张作霖么？一是奉系势力不压人，二是张作霖名声不好。国会要员思来想去，觉得这三家的首领都不是总统的候选人。商量来去，决定物色一个中间人物来暂时维持局面。结果，这个人物便选定了徐世昌。

徐世昌，字卜五，河南卫辉人，光绪甲戌科进士。中进士那年已经三十一岁，官运不怎么亨通，直到五十三岁才作了东三省的总督；辛亥革命之后，这个清王朝的"忠臣"不仅没有随主子的覆灭而败北，却在袁世凯当国之后成了政事堂（国务院改名）的国务卿，他也真想做点有益的事，当了国务卿之后，自书了一块匾悬在政事堂，名曰"后乐堂"，取"先天下之忧而忧，后天下之乐而乐"句。袁世凯死了，黎元洪作了大总统，任命段祺瑞为国务总理，徐世昌只好到河南辉县"隐居"去了。北京不平静，段黎之争，张勋复辟，皇帝忽上又下，现在群龙无首了，要拉这个"八面光"的人物出场。这个主意，多半出自徐树铮的计谋。

早在半年前，张勋在徐州酝酿复辟的时候，曾经和倪嗣冲一起串通直系、奉系各督军，准备成立一个督军团，联合起来，给黎元洪一点颜色看看。徐世昌是大家议定中的督军团团长。徐树铮知道后，觉得不妥："这伙人只给黎宋卿点颜色看看，不能把他拉下台，皖系想有个翻天覆地，那是不可能的；再说，督军各自占据一方，尚可统协得了，若合成一气了，只怕合肥无力统制。"于是，徐树铮去找皖系的另一位重要人物，也就是现任安福国会议长的王揖唐，同他密谋阻止这件事，并答应寻求机会再给徐世昌更显要的地位。王揖唐当然要听徐树铮的了，徐世昌又是王揖唐的老师，此事做起来也不难。

那一天，王揖唐、徐树铮二人匆匆来到徐世昌家中，谈话倒也开门见山。王揖唐说："老师，以门生愚见，大元帅职最好谢辞。""你怎么想的？

说说看。"徐世昌在东三省当督军时，王揖唐就是他的心腹，替他掌管着督练处，却也为徐出过不少力。徐世昌像往日一样这么问他。

王揖唐说："大元帅是一个虚名。若以此衔指挥各方，行使职权，一是难以得心应手，二是容易和各派相抵触。老师便会树敌过多，骑虎难下。"

徐世昌觉得言之有理，便锁起眉来沉思，一边踱着步子。当他来到徐树铮面前，认真地望了望这个比自己小三十多岁的白面书生，不知是想起了他的"奇才"，还是想探探段祺瑞的意见，便谦和地说："又铮，我素闻你才智过人，想必你对此事有高见。"

徐树铮欠欠身，淡淡一笑，说："凭您老的威望，做大元帅，自然是顶合适不过的了。不过，以在下愚见，与其今天屈就大元帅，倒不如等到明年竞选总统。"说到这里，徐树铮把话停了下来，目光望着徐世昌，想从他方方的脸膛上探索点即兴的反应。但见他双眉紧锁，嘴唇绷紧，两绺短胡不住地颤动。心里暗暗地想："徐卜五原来鼠目寸光，甘愿终生做人臣，是个胸无大志的人。"想到这里，他觉得正可以进一步为段祺瑞夺军权了，便又说："树铮想，以大人的声望和才干，当选总统，是绝无问题的。"

王揖唐也说："到时候，联络和招待议员的一切费用，我可以设法在盐务方面筹拨，不用老师操心。"

有唱有和，徐世昌最后对王揖唐和徐树铮表示，"听命二位，决不去就大元帅之职。"

现在，安福国会组成了，要选总统了，徐树铮最初的许诺，他自然要努力去满足他。

王揖唐匆匆赶到天津，匆匆赶到徐世昌的别墅。徐世昌已经十多天不出门了。连日来，他一直和他新纳的小妾沈蓉度着蜜月。沈蓉，苗条的身材，嫩白的面皮，一双灵闪闪的小眼睛，心灵嘴巧；虽不是科班出身，评剧却唱得十分动听。六十四岁的徐世昌，大半生精力都在权力上，如今踏进了绵绵情海，方觉"权力之外还有桃源"。他多次对沈蓉说："小乖乖，我就在你这里了却终生了。死也死在你温馨的怀里，再不到官场去了。"

言犹在耳，王揖唐来了。徐世昌有点纳闷："他来干什么？"徐世昌把王揖唐请到客厅，对面坐下。王揖唐还是老态度，不拐弯，不抹角，开门见山地说："老师，有件大事，特来拜见您。""什么事呀？"

"想请您就任大位。"

"啊——？！"徐世昌愣了。他以为听错了。

王揖唐这才把北京的事情一五一十说个明白，而后说："老师是唯一的能够担当大任的人。我们都盼望老师能够以国事为重，不使国人失望。"

徐世昌兴奋了，他向沈蓉表白的要永远倒在她温馨的怀中的诺言忘得一干二净——昔日，他做过许多次大梦，可是，一觉醒来，只留下无限惆怅。现在，不是梦了，也不必惆怅了，连奋力去争都不用，是人家送上门来的。大总统这个金冠要比一个俊秀的女子诱人！徐世昌真想马上"起驾"，去就大位。

但是，徐世昌毕竟是读过圣贤书的人，知道脸面的厚薄，他还是微笑推辞。说："如此重任，只怕徐某无能为力吧！"

"老师不必过谦了。"王揖唐说，"国会那边的事，学生都已妥为安排了。只待大会一开，诸事便完成了。老师只管就位就行了。"

"国会……"徐世昌兴奋的脸膛立刻冷了下来。据他所知，旧国会不存在了，孙中山在广州召开的国会非常会议，那是不会选他徐世昌为大总统的。还有什么国会？他这么一想，又锁起眉来。徐世昌是笃信吕祖的，凡他的住处，都有一个密室，里边正面墙上悬着工笔绘的吕祖像。他无论碰到什么事，总是要先向吕祖求签，然后依签行事。这样做已经整整三十七年了。据他亲身经验，无一不灵。

那是他二十七岁的时候，他和弟弟徐世光一起去北京乡试。从考场出来，心神不定，听说琉璃厂吕祖庙很灵验，便去求签，以卜考试结果。他们求得的签是："光前裕后，昌大其门庭。"兄弟俩均不甚解。直至发榜，却见弟弟中了第九十五名举人，他中了第一百二十五名举人。他明白了，签上明明说"弟弟世光在前，他'昌'字在后"。从此，便坚信吕祖。今天，王揖唐来得太突然了，他没有来得及去吕祖面前求签，所以，他该怎么办？竟没有主张了。

王揖唐知道徐世昌对国会迷惑不解，便把北京安福胡同组织的国会选他当议长的事说了一遍。徐世昌这才轻松地抽了一口气。但是，他还是说："你先休息休息，容我再好好想想。"

其实，徐世昌哪是"想想"，他是想去"请教"一下吕祖。

徐世昌走进供奉吕祖密室，拿出一束松香燃着，双手捧起，上下举放三次，而后恭恭敬敬地插入香炉，移身退步，便跪在蒲团上，闭目合掌，默默地祈祷起来。

祈祷之后，轻揉手指，便抽出一只签来。展开一看，见是这样两句词：

鹬啄蚌钳不相让，劝君莫彷徨！

徐世昌慢闪着双眼，自问自："吕祖叫我'莫彷徨'，是不是在做总统事情上'莫彷徨'？那就是要我接受了！'鹬啄蚌钳'什么意思呢？总不会是任意说的吧！"他一时想不透。想不透，他就不敢不彷徨。

徐世昌文墨的功底很厚，中了进士之后，就在翰林院做了几年编修；从东三省回北京后，不仅当了国务卿，还曾受封为太傅衔太保，成了小皇帝的老师。一句签词能解不透？只是应了那句"当事者迷"的话了。

他终于想通了，他拍着屁股说："对了，对了。府院之争，发展到段皖与曹直之争，不都是'鹬啄蚌钳'么！我，我何不来个'渔人得利'！"徐世昌找到王揖唐，立即表示愿意当总统。

徐世昌的大总统是当上了，袁世凯、黎元洪之后，冯国璋代理不算，徐世昌成了中国的第三位正式总统。

总统有了，但并不会有和平——光是副总统的位置，就出现了许多麻烦事……

第十九章
陆建章命丧津门

　　徐树铮从衡州回到北京，觉得身体很不舒服。他病倒了。他匆匆回到天津，回到妻妾们身边。

　　天津气候不好，几乎天天下雨，气闷得很。他的病情猛然加重了，重得连眼睛也不想睁。体温较高，居高不下。他妻子夏红筠十分焦急，天天派人去请那位名噪津门的西医洪成宏。昨天，竟拿出一只金猴放在他面前，对他说："洪先生，该怎么用，你作主；若是不够，我再给你。先生的病务必看好。"在病中的爱妾沈定兰，也艰难地移动着身子，送给洪成宏一双白玉的手镯，再三拜托，然后对胞妹淑佩说："小妹，这几天你别上学了，先生病情不轻。筠姐有身孕，我又这样病殃殃的，你在先生面前多尽点心，姐姐拜托你了。"

　　淑佩点头答应。定兰又说："小妹，徐先生的病，怕不是因为风寒引起。事情太不顺心了，他就是那个性子。我想着，病以外，还得多宽宽他的心。先生对你印象甚好，不时在我面前夸你，说你'善良，好学，智识渊博，口才也超人'。你说的话，他会听。再说……"

　　淑佩最怕姐姐在她面前说徐先生对她如何如何。姐姐的话未说了，她便饫了姐姐几句："姐，你不是要我暂时放下功课照顾徐先生么，我听明白了，又没说别的。瞧你，还费那么多唇舌。还病着呢，也不怕累坏了身子。"

　　定兰点头笑了："说的是，说的是。姐姐不说了。但愿你能理解姐姐的一片心！"

"理解，理解！"淑佩说，"咱们是亲姐妹，别以为妈妈只给你一副好肚肠——"

沈定兰没有看错，徐树铮的病确实不是因"路途劳累""风寒"而起。近来的事情太使他伤神了：徐世昌这个草包，竟然渔翁得利，捞到了总统！总统捞到手了就变脸；张作霖这个草莽，给了他两万七千支步枪，连一个笑脸也未换来，大军入关拿走了枪便又缩回去了。这些事都不曾平息，湖南又传噩耗：那个吴佩孚竟被湘军谭延闿、赵恒惕拉拢过去了，在徐树铮尚未回到北京之前，他就发表了"南北和解"的通电。徐树铮的一线生机最后破灭了。他悔恨自己不该费尽心机写了那篇《衡州谣》，"日后万一传流出去，国人皆知我如此奉承吴子玉，将如何看待我？"他想收回那个俚谣，但那是不能了。他在衡州亲手交给吴佩孚的，吴佩孚郑重其事地收下，并珍贵万分地收藏起来了。除非消灭他，剿了他的巢穴，否则，收是收不回了。可是，徐树铮更明白，湖南受他指挥的兵马无几，消灭吴佩孚，谈何容易！

"我徐树铮为什么会有今天？"他闭目、锁眉，常常自问，但他又答不出来——从济南卖春联、写《秋海棠咏》遇到段祺瑞起，徐树铮算是青云直上的，他的计谋都使他获得比预想还好的结果。事实开阔了他的胸怀，也开阔了他的胃口，也坚定了他的自信。他觉得他没有坎坷、崎岖的道路了，他会一帆风顺地获得任何人都无法获取的权力地位。可是，今天，他却像一条蛟龙被困在干涸的河床里。"我比他们谁差呢？我为什么要落在他们手里呢？我……"他想动杀机了，他要找准几个目标——

不知是一条什么神经的作用，他第一个想到的便是陆建章。目前，此人正红得发紫，不停步地南北走动，游说和平统一。"我得先杀了他！"

陆建章，字朗斋，安徽蒙城人，是段祺瑞的同乡。文韬武略，都算得当时的一位名人。又加上心细，性格内向，在许多人眼里，是个城府莫测的人物，早年为袁世凯所重用。那时候，他和段祺瑞、徐树铮的关系算是十分亲密的。当初，段祺瑞领衔通电"请立共和政体"的四十二位前线将领中，陆建章就是其一；段作陆军部总长时，陆建章也算是他的支柱之一；袁世凯死的时候，陆建章正任着陕西的督军，也是段祺瑞有意把他安在西南大门上，防止川、黔有变的。事情都在变化，袁世凯死后，群雄都想争霸，陆建章在陕西便逐渐露出不服段的迹象，而段也明显地觉察到陆建章有变。于是，在陆建章精神准备不足的情况下，段祺瑞和徐树铮便先下了手，密令陕南镇守使陈树藩突然袭击，把陆建章给赶出了陕西。

这位陆朗斋虽然性格内向，却心肠狠毒，在陕西，常常乱杀无辜，被称作"陆屠夫"。他哪里咽得下段徐这口气！陕西出来，便制造事端，声称皖系安插在安徽的督军倪嗣冲"要叛乱""要独立"，便组织了"讨倪军总司令部"，自任总司令，杀进安徽。

陆建章毕竟只有一省之力，何况又是从陕西被赶出来的，哪里能斗过皖系这个庞然大物。讨倪不成，陆建章又联络江苏李纯、江西陈光远、湖北王占元等长江三督组织反段联盟，并推曹锟为领袖。反段又不成，便跑到上海和南方革命军接触，开始了和平统一中国的游说活动。此时，也正是徐树铮力主武力统一中国的时候。针锋相对，水火怎能相容？所以他要杀他。

沈淑佩在学校请了假，便安心照顾徐树铮的生活。可是，她的心情却十分不平静。昨晚她回到姐姐房中，姐姐无意间告诉她一件小事，说："夏红筠来关照了一声，'小姨还是个学生，正在读书，别让她照顾先生了。要不，咱们轮流在他身边。'我说，'咱们身子都不好，小妹耽误几天功课也没多大影响。'你还是尽心照顾先生，别当回事。"姐姐说过也就算完了，淑佩却觉得心里很沉重："夏夫人是一个很贤惠、很大方的人。她这样说话，难道只是怕误了我的功课么？还有没有别的想法？"淑佩十八岁了，周围的事态冷暖，她是能够体察明白的，难道连人的脸膛、言谈声色都看不出？那还算什么新潮流派？！自从随着姐姐来到天津读书，她就觉得心绪陡然变了。变得怎么样了？她说不清楚。四年前，她在刚刚进入中学堂的时候，她就抱定一个志向：好好读书，求知识，什么时候在学问上能够独立，能够有自己的一方天地，再去思考组织自己的家，寻求自己的终身伴侣。可是，她在徐府同那位年龄不算大，官职颇显的姐夫接触几次之后，她竟对他产生了意外的冲动。她佩服他的才识，尤其佩服他的敏捷文思；每逢读他的诗词都使她心醉；他对政治风云的剖析和处置，也常常令她称绝叫奇。所以，她总爱争取一切能够争取到的机会见到他。起先，她蛊动姐姐陪她去徐树铮的书房，后来，不需姐姐陪同了，她总会想出各种理由去见他；再后来，竟瞒着姐姐，独自悄悄地去找他。有一次，说是要向徐树铮"寻找"一本书。进得书房、二人对面之后，竟慌张得不知该借什么书了。徐树铮微笑着说："小妹，你坐下，我们好好谈谈。别拘束，谈什么都可以。"

沈淑佩有点脸热了。原本是想来谈谈的，现在，真的能谈了，反而又拘谨起来。"徐先生日理万机，怎么有空同一个学子聊天呢？再说，我同你这个学富五车的大家相差天壤，又怎么谈得拢？只是为借一本书，才来打扰。"

徐树铮笑了。"这样说来，有一门学问你已经远远超过我了，我得向你请教！"

"徐先生取笑了，我有什么超人的学问能够令先生欣赏？"

"当面把我奉承得腾入云端，我是个'学富五车'的人？这不是只有慧眼、卓识才能看到的么？""徐先生……"

"好了，好了，别说这个了。"徐树铮说，"你不是来借书看么，说，要看什么书？"

沈淑佩慌乱的心这才稍为平静，但一时竟想不起要什么书。她羞怩地抬眼望望徐树铮的书柜，猛然发现一本《白香山诗笺》，便说："我想看白居易的诗。"

"你自己去拿吧。"徐树铮说，"我也有几时无暇翻这类东西了。觉得有益呢，就不必送过来了。"

沈淑佩在徐树铮面前，常常呈现出顽皮状态。听了徐树铮的话，便抿了抿嘴，半真半假地说："徐先生，请你别这么说，我素来不夺人爱，更不会主动拿谁的东西并且拿了不还。说借便借，有借有还！"

徐树铮见她如此倔强，方知自己言语有失，便急忙走到书柜前，亲手拿下《白香山诗笺》，双手捧着说："树铮失礼了！小妹既然爱此书，树铮自当亲取恭赠。"

沈淑佩低头抿嘴一笑，望了徐树铮一下，连声谢谢也不说便转身走了。

沈淑佩没有去对姐姐和夏夫人的话作更细的思索。她觉得，既然姐姐拜托自己了，自己又心甘情愿，那就大胆地去照顾徐先生。"谁想刮什么风尽管去刮吧。天下只有病死的人，没有被流言蜚语杀死的！听了流言就驻足不走路了，那是自己无能！"

淑佩重新给自己列了个日程表：早上七点到徐先生卧室，照顾他吃早点，服早药，再帮助他处理一小时文案，十时离开，自己去读书；十一时半第二次到徐先生卧室，陪他吃午餐后离开；午后四时第三次去徐先生卧室，随意漫谈，直到照顾先生吃了晚药、休息，最后离开。

徐树铮在天津的别墅宽敞、幽静，客厅、书房、卧室都是很讲究的现代建筑。就连佣人夫役的住室、储藏室，也是窗明几净。一幢古朴的门楼，一个长了半边柳的庭院，后院还有一处半山半水半庄田的花圃。那片花圃中，四季不断名花。由于徐树铮是因咏海棠而发迹，花圃中占了极大一片地是专养海棠的。

这两年，随着徐树铮的情绪和思想，园中又多增了些国色天香的牡丹和傲雪临霜的蜡梅。现在是初夏，那片水面荷花倒是呈现出一片别样红的世界：叶碧连天，花红映日；几组睡莲，似醒似梦，尤其诱人。这样的环境，有人在身边畅谈，徐树铮的病也在渐渐好转。昨天午后醒来，他还让淑佩把红筠、定兰都邀来，一起到花园去赏荷呢。赏荷回来，徐树铮心情十分轻松，他想写字。

"许久不写字了，淑佩，你研墨。记得我还欠天津名绅楚门瑜先生两帧字，还给他吧。"

"写字倒是可以的。"定兰说，"只是消遣开心而已。要还什么人的债呢？那岂不又得正儿八经？刚刚病体好转，哪有这个精神？"

夏红筠也说："诗词书画，历来都是开心取乐，若是当成四书五经去苦求穷追，岂不也成了呆子？"

"你们呀，就是见识短，只知苦恋于碌碌官场，说名说利，而不知做学问的人极讲究的是人品。无论诗、无论词、无论书、无论画，都讲究一个风格、人品。说起为人的高风亮节，中国只有在穷途潦倒的文人中去找，官场上是见不到的……"

徐树铮的话还没说完，沈淑佩便击掌叫好："徐先生高见！高明徐先生！"

夏红筠淡淡一笑，说："小妹你又夸赞他了。他呀！常常是口是心非。"她转脸问徐树铮："你既然有如此高见，何不趁着有船儿上岸来，还终天东奔西跑，不死心！"

"骑虎难下呀！"徐树铮摇摇头。"当初若是困倒济南，今天也许会更清更静。现在，现在怎么行呢？这口气咽不下去。"

"男儿志在四方！"沈淑佩说，"怎么能像燕雀一般，只把身子困在一个小小的巢穴里呢？"

"淑佩你别火上加油了。"定兰说："你不了解世界，现在乱哄哄的，是施展才华的时候么？"

"乱世出英雄！"

"哟哟！小妹也道学起来了。"夏红筠笑笑，说，"可惜，还没有看见一个治世的英雄出世呢！说不定就出在咱们府上！"

说笑之间，墨已研好。徐树铮展纸的时候，夏红筠、沈定兰因身子不支走了。现在，小书房里只剩下徐树铮和沈淑佩，相反，他们倒是感到拘谨了。徐树铮写完两帧，觉得手腕有点累了，便说："淑佩，你也写一张吧，好久不见你的墨宝了。"

"我哪里算什么墨宝？"沈淑佩说，"简直'东施效颦'，还不笑掉人家大牙了！"

"还是老规矩，不外传。"

"那得有个条件？"

"什么条件？"

"要么，咱们对句；要么，一人联一阕。"

"有趣！"

"那你先写吧。"

"不，你先写。主意是你出的，你当然要先写了。"

沈淑佩握笔在手，略一沉思，便临着徐树铮的行草写出：

留春不住，费尽莺儿语。满地残红宫锦污，昨夜南园风雨。

她把笔双手递给徐树铮，轻轻地说了声"请！"

徐树铮审视一下，觉得生疏。他半闭双眼，想："'留春不住……'似熟悉。是谁的呢？"半时，他想起来了："这不是王平甫的《清平乐·春晚》么，我几乎就忘却了。"他笑着说："小妹对王安国很有研究？不知是欣赏他的诗文、政见，还是同情他被贬后的田园生活？"

沈淑佩说："我什么也不欣赏。连他是什么人也不知道。日前读词，读到这首，只觉得他由惜春惜花联想到人品的高洁，倒是别出心裁，故爱它。"她沉思片刻说："好像他是王安石的胞弟吧？"

徐树铮点点头，随手补上下半阕：

小怜初上琵琶，晓来思绕天涯。不肯画堂朱户，春风自在杨花。

写毕，徐树铮一笑放下笔。

沈淑佩说："写得太好了！说不定经年之后，小妹还会沾先生光，因一帧书法而会名极一方呢！"

徐树铮说："身后会怎么样？从不想。"他转脸问淑佩："'小怜初上琵琶'句,知道'小怜'所指么?"

"好像是当时一个歌女的名字吧?"

"是的。本姓冯,李贺曾著有《冯小怜》诗。王平甫的'小怜初上琵琶'可能就是李诗中的'湾头见小怜,请上琵琶弦'句化来的。"

沈淑佩敬仰徐树铮的博识和记忆力,连连点头。"徐先生,你落款,加印,将此帧赠我如何?"

"当然可以!"徐树铮不假思索,便在左端添上一行小跋和款题:

戊午岁盛夏与淑佩君共欢于津门无意争春只当补君之未了为幸皇藏之峪铁珊

"你还有'铁珊'雅号?"

"学童时自赏而已。"

药物和精神的并用,徐树铮的身体渐渐复原了。他并没有沉醉妻妾们的柔情,每天他总要接待各方来客,询问南北情形。他在深夜还不顾劳累地伏在灯下读报、看文。他觉得他不会销声匿迹,他要腾飞,他要收拾中国这个残破的局面。

由于徐世昌大总统的保身意识十分浓厚,南北议和的浪潮也一天高过一天。徐世昌毕竟是读过孔孟之书,中过皇榜的人,他很想做几年"文治皇帝",想在史书上争一页"歌舞升平"的记载。因而,凡有志于议和的人士,他均表欢迎。当他知道陆建章在南方周旋统一的事,曾几番函电邀请,盼他来京。陆建章也想通过议和成功,一洗自己的"屠夫"面孔。所以,他从上海电告徐世昌,"定于六月十三日北上"。偏偏这件事又被徐树铮探知了,于是,一场杀机便紧锣密鼓地酝酿起来。

"怎么下手呢?"徐树铮拿不定主意——他一生出过许多奇计,那只是动动思绪,摇摇羽扇。今天要杀人了,还得亲自动手,而且是杀一位曾经杀人不眨眼,指挥过千军万马的人。稍有不慎,杀不成事小,事情闹出去,国人将是一番无情指责。徐树铮感到杀陆建章难度很大。他在小屋子里踱来踱去,总是想不出一个妥善的办法。"拦截他的专车,派一批杀手,偷偷地干掉他!"陆建章北上的专车徐树铮是掌握了。然而,陆建章并非光杆司令,莫说一个不大不小的卫队,就是身边的八大员,也是个个英雄,难能挨近的刽子手。派去人多了,太招眼;派去人少了,靠不上去。

"炸列车！"徐树铮摇摇头，"那是土匪、流寇干的事，我徐树铮还不至于下流到那种程度！"

"以礼相拜，以兵相报！"他觉得这是上策……

徐树铮一方面从北京陆军部把自己的贴身卫队又调来十人，把大客厅改成兵营，天天大鱼大肉款待起来；另一方面四处派人，电话不断，打听陆建章的行动。

也该着陆建章流年不利，他本来想一车到达北京。可是，车行中他又变了卦，他要在天津拜访一下曹锟的弟弟——矮子曹锐，探听直系对议和的态度，顺便也请曹锐转告其兄一声他陆建章"不日将亲去保定，登门拜访"的消息。他知道，这个曹矮子虽然只管天津家务，权力却不小，所有的财产都在他手里，曹锟又是处处以钱开路的，这个人堪称直系的权力人物之一。

陆建章在天津小停，早被树铮探听得清清楚楚。他急忙写了一封信派专人送上。陆建章刚下榻，便接到了这封落款"晚愚"、热情洋溢的信。他愣了："我和他们早就无过往了，这个'小扇子'致函给我，什么意思？再说，我刚到天津，他怎么就会知道的呢？"陆建章已经是过了花甲之年的人，一生杀过许多人。杀人的手段，他会的，堪称五花八门，像徐树铮这样的"礼兵"并用手段他用得多了。所以，一见信他便想到了这种手段。他只轻轻地"哼"了一声，便把徐树铮的信放在桌子一边。"不理他！奸诈之辈，心术不正。"他从桌上端起水烟袋，竟自吸起烟来。

陆建章同徐树铮，是在争权之中分道的。不过陆建章对于徐树铮的才识，还是很钦佩的，认为他年轻有为，才智过人。陆建章的儿子陆承武又是徐树铮的同窗友好，陆承武的妻子和徐树铮的妻子也是同窗友好。许多年来，他们相处得还好，不时有来有往。陆建章对他们的同窗友情也是知道的，所以，他吸了一阵烟之后，还是决定把徐树铮的信拆开来看看。

徐树铮称陆建章为"老仁伯大人"，陆建章看后心情一振。他想："徐树铮也是快到四十岁的人了，往事该检点检点一番了。若能平心静气地对待昔日的成败，并能认真地接受教训，将来也还会做一番事业的。"这么想着，昔日的恶念，也就渐渐消失了。

徐树铮极尽恭维之词，赞扬陆建章过去对国家、对军队的建树，赞扬他今日为统一中国所做的努力，表达自己对他的仰慕。最后，徐树铮盛情邀请陆建章赴宴。

陆建章犹豫了："这是为什么？难道徐树铮摆了一场鸿门宴？"

陆建章算是饱经风霜了，按他的经验，权力场上是没有信义可讲的。他不想理他，不去参加他的宴会。不过，他还是迟疑地又动摇了："一个堂堂的现任将军，竟被一个小小的谋士吓倒了，太失大度！何况徐树铮现在又处在水尽山穷之际，谅他也不敢对我下毒手！"陆建章决定如期赴宴，并立即给徐树铮写了回信。

6月16日。

这是一个晴朗的天气，气候有点闷热，没有风。

陆建章简装便服，于上午十时只带一个随员赶到徐树铮家中。徐树铮迎至门外，行了晚辈礼，然后邀至客厅。

这是一间经过精心修饰了的客厅，昔日的点缀通通撤去了，中堂只悬了一幅明人李在《归去来辞图卷》的"云无心以出岫"图。远山重叠，云环雾绕，群雁鸣空，一叟一童坐崖观景，显得十分悠闲。两旁的对联，是清人刘墉书的杜甫诗句：

窃攀屈宋宜方驾，恐与齐梁作后尘。

桌上放一只小小的花篮。那是专为欢迎陆建章设置的。花篮上垂着彩带，彩带上冠着"欢迎陆仁伯光临"的款额，并有徐树铮亲笔题书的奉承陆的四个正楷字"火不侵玉"。

陆建章被奉到宾席坐下，扫视了一下设备，倒觉得雅而得体。当他看见花篮和彩带时，暗自笑了："徐树铮到底收敛了锋芒，今日竟能用刘梦得的诗句来奉承我，虽不朴真，倒也可喜。"

献茶之后，徐树铮便忏悔似的说："仁伯能够光临寒舍，大慰小侄平生！数年来，小侄每每闭门自问，同仁伯之间，多有得罪，仁伯能不计前嫌，树铮大释重负。今日，还想多听仁伯示教！"

陆建章见徐树铮态度坦诚，言语谦虚，也便开诚布公起来："外夷纷争，中华多事，救国救民乃我等之根本。然救国之事，并无旧辙，自然免不了弯道。难得贤侄能够虚怀若谷、回首自检、弃偏求正，也就幸甚矣！"说着，又以长者自居，频频点首。但见徐树铮点头聆听，聚精会神，大有忏悔之态，心中更喜。于是，又说道："树铮哪，在你辈之中，无论心胸还是才识，贤侄都称得起出类拔萃！兴旺中华，还得依赖贤侄呀！"

徐树铮一边谦恭地致谢，一边琢磨：陆建章被我稳住了，我要实施计划。

他立起身说："老伯，今日天气十分闷热，想请仁伯先到后庭花园散步片刻。园中有荷池一片，正是花红映日，我们可以边赏花边叙谈。小侄有许多事还想向仁伯领教。"

陆建章点着应允，二人便并肩走出客厅。

花园在客厅和主房的背后，由庭院右侧的一条幽巷进去；幽巷尽头，迎立着一堵太湖石叠砌的假山墙；绕过山墙，豁然开朗：修竹、塔松、花圃盆道，曲曲小径，碧碧荷塘，还有潺潺小溪。天光云影，尽收眼底。去处虽小，却十分精致，别有情趣！

正是陆建章心情振奋、赏心悦目的时候，他哪里想到，这里却是他最后的归宿处。

花园假山和修竹林间，突然射出两发子弹。"乒！乒——！"

陆建章胸、脑各中一发，连呻吟也未来得及，便"扑通"倒在地上，四肢蜷缩了一下，便再也没有声动。

陆建章死了！一个南征北战了三十余年的将领，竟在无拘无束中被阴暗处飞来的两颗子弹夺去了性命。

陆建章死在徐树铮的花园中，徐树铮才感到事情的严重：声称不知此事，显然是不行的，明明有他徐树铮的请柬，不知怎么行呢？说是别人乘机偷杀的么，也不行，谁能进入你徐氏私宅呢？再说，我堂堂的一位风流人物，做此鸡鸣狗盗的事也无以为人。思之良久，他决定首先以自己的名义向国人发出通电，暗示陆建章的罪恶。于是，徐树铮便亲自动手，拟出了如下电文：

迭据本军各将领先后面陈，屡有自称陆将军名建章者，诡密勾结，出言煽动等情，历经树铮剀切指示，勿为听动。昨前两日，该员又复面访本军驻津司令部各处人员，肆意簧鼓，摇撼军心。经各员即向树铮陈明一切，树铮尤以为或系不肖党徒，蓄意勾煽之行为，陆将军未必谬妄到此。讵该员又函致树铮，谓树铮曾有电话约到彼寓晤谈。查其函中所指时限，树铮尚未出京，深堪诧异。今午姑复函请其来晤。坐甫定，满口痛骂，皆破坏大局之言。树铮婉转劝告，并晓以国家危难，务敦同胞气谊，不可自操同室之戈。彼则云："我已抱定宗旨，国家存亡，在所不顾，非联合军队，推倒现在内阁，不足消胸中之气。"树铮即又厉声正告，以彼在军资格，正应为国家出力，何故倒行逆施如此？纵不为国家计，宁不为自身子孙计乎？彼见树铮变颜相戒，又言："若然，即请台端听信鄙计，联合军队，拥段推冯，鄙人当为效力奔走。鄙人不敏，现在鲁、皖、陕、豫境内，尚有部众两万余人，即令受公节制如何？"云云。树铮窃念该员勾煽军队，联合土匪，扰害鲁、皖、陕，豫诸省秩序，久有所闻，今竟公然大言，颠倒布弄，宁倾覆国家而不悟，殊属军中蟊贼，不早消除，必贻后戚，当令就地枪决，冀为国家去一害群之马，免滋隐患。除将该员尸身验明棺殓，妥予掩埋，听候该家属领葬外，谨此陈报，请予褫夺该员军职，用昭法典，伏候鉴核施行。

此电发出之后，又给当时的国务院秘书长方枢去了个电话，让方将此事报告段祺瑞。

段祺瑞听到陆建章被徐树铮杀的消息，顿时惊得目瞪口呆，连连惊呼："树铮这个祸闯得太大了！太大了！"

段祺瑞和徐树铮关系毕竟不一般；再说，杀了陆建章也确实为皖系除了一个心腹之患。因而，段祺瑞还是指示方枢收集各方材料，除向总统报知之外，再以总统名义起草一道命令。方枢为总统起草的电文是：

前据张怀芝、倪嗣冲、陈树藩、卢永祥等先后报称，陆建章迭在山东、安徽、陕西等处勾结土匪，煽惑军队，希图倡乱，近复在沪勾结乱党，当由国务院电饬拿办。兹据国务院总理转呈，据奉军副司令徐树铮电称，陆建章由沪到津，复来营煽惑，当经拿获枪决等语。陆建章身为军官，竟敢到处煽惑军队，勾结土匪，按照惩治盗匪条例，均应立即正法。现既拿获枪决，着即褫夺军职、勋位、勋章，以照法典。

这个电令移放到大总统冯国璋面前时，冯国璋大惊失色，拒绝盖印发出。然而，冯国璋毕竟也是一个傀儡总统，又经段祺瑞派人疏通，他左思右想，觉得陆建章已死，自己也不必再得罪段祺瑞，以免落得与陆建章同样下场。于是，他一边加盖总统印，一边对国务院来人说："树铮在芝泉左右，一向是为所欲为，今天这事未免太荒唐了！你回去告诉芝泉，他怎么办，我就怎么用印好了。"

这道挞伐死人的命令发出之后，立即在军阀间引起混乱。李纯、陈光远等直系督军纷纷去电质问北京政府……可是，徐树铮闻讯后却坦然地笑了。"原来你们也知道害怕？看今后谁还敢明目张胆地与我徐某人作对！"

一步棋走完了，徐树铮轻松了许多，他仰望长空，深深地舒了一口气，想去好好地养养神，却又想了一件萦怀许久的大事——

军阀混战时期，天津的花柳行当常闹风流风波。早几日，劝业场的红梅阁就出了一件这样的事：雏妓平芳春开面之后，成了天津卫压倒群芳的头牌，达官贵人，公子哥儿，无不垂涎三尺，自然免不了争风决斗之事。这一天，奉军一个隐名的旅长暂居天津，陡然产生了"独占花魁"之念，厚厚地出了一把袁大头，就将平芳春邀了去。

这平芳春原本是官家的闺秀，十岁时，因老爹与歹人有仇遭了大难，十口之家被杀了九口，一份偌大的家产转眼易了主。只剩下十岁的平芳春无依无靠，被歹人卖到了红梅阁。此时的芳春，已是经书读了许多，诗词会了不少。老鸨看她那雏形也够丰彩，便不抛舍，又教授她歌舞笛箫，十七岁已经成了全行当中无可攀比的俊秀人物。开面的价码连城之高，仍有不少好花之徒不惜倾家。这位旅长最近发了一笔邪财，便想在平芳春身上一掷为快。事又不舛，旅长青睐平芳春那天，流氓军阀张宗昌到了天津，他也想从平芳春身上寻点欢乐。张宗昌是堂堂的奉军军长，军长跟旅长争风，自然是旗开得胜。一个借口，旅长被扣押起来。张宗昌也是流氓成性，得了平芳春就只管乐吧，偏偏要声张，务必摆花酒，请宾朋，大闹一阵，然后才正儿八经"入洞芳"——他要来一次隆而重之的嫖娼。天津轰动了。

事情传到徐树铮耳中，这个自傲无羁的人物，正怕事少清闲，更加上对奉的新疾，索性开一场花柳场上的风流战！于是，派亲信带上相当的武装和自己的名片，专车前去，先要旅长，后接平芳春！

张宗昌一见是徐树铮的片子，又是气势汹汹，何况目今的天津卫正是皖系的势力范围，不得不乖乖地放出旅长，把一朵鲜花似的平芳春交给了徐树铮。

徐树铮是想逢场作戏，打了个抱不平即作罢。谁知那平芳春竟是一个多情而又正直的女子，见到徐树铮便长跪不起。

"徐将军，小女子久慕将军大名，无缘得见；今逢将军如此正义，扶弱制强，小女子万分敬佩！我虽入烟花，绝非本意，日夜寻机逃出。今见将军，陡觉出头日到。请将军救救小女出火海，小女情愿服侍将军终生！将军若不答应，小女子便死在将军面前。"

徐树铮愣了——为平息一场不平事，竟收一女子，人不说趁火打劫么？徐树铮不愿这样干。但又见如此婷婷秀女跪在面前，且是天津卫风流标致的女子，徐树铮并非柳下惠，怎能不动春心？不过，他还是说："平小姐，你先回红梅阁，我还有几件要事要办。待办完了，再从容商议一下此事。"

"小女子既出了红梅阁，绝不再回去。将军什么时候决定，小女子并不计较，只是再不离开将军。请将军为我安排一个住处，我静候佳音！"

徐树铮只好把平春芳先安排在自己宅院。是否收她，还得仔细想想。现在，乘着高兴，便决定去同妻子商量一下。

徐树铮走进内室，把平芳春的事向妻夏红筠说了个详细。夏红筠连思索也不曾，便口气坚决地说："不，你不能那样做！平芳春什么人，怎么入得徐府？你纳谁都可以，无论如何不能纳平芳春！"

徐树铮沉默片刻，说："平芳春也是正派人家的女子，只是家遭不幸，流落红梅阁，收她就是拯救她！"

"救出她不就行了么，何必要纳她作妾？"

"一个孤身女子，往哪里送她？独自出去了，还不是仍会被人拐卖。"

正是二人话不融洽之际，平芳春竟走来。她冲着夏红筠深深一拜，然后跪倒，说："我知道这位必是夏夫人，你们不必为此事作难。我也不想以身相许。红梅阁我是不去了，府上如能当作佣人收下，我宁可作牛作马；若是夫人连这一点也不容呢，徐先生也别再费心了，我出去，去找那位旅长，他给我一碗饭吃，我服侍他终生，也算他没有白白因我受一场冤枉。"

徐树铮焦急了，说："红筠，不算我求你，就当这位女子求你，你也该发发善心。"

夏红筠深知徐树铮的个性，想办的事非办成不可。眼瞅着劝阻不了，不如顺水推舟送个人情，以后再说。于是便说："你们也别怪我了，我只是想劝劝。如果你们都乐意，该怎么办你们去办吧！"

杀了心腹之患以后，徐树铮因仗义又纳了一个小妾——平芳春，他觉得意外地称心！

第二十章
柳条箱里逃得命一条

军阀养兵，胜似爹娘。因为谁手里有兵，谁就有一切！

徐世昌做了大总统之后，段祺瑞不当总理了，徐树铮参战军也移交给陆军部了，按说，他们该无声无息了。其实不然，皖系军队那个庞然大物，还依然影响着中国的阴雨晴明。徐世昌畏惧徐树铮兴风作浪，想收拢他，先授予他陆军上将军衔，后又特命他为西北筹边使兼着西北边防军总司令。徐树铮不得不离开天心——北京，匆匆走进外蒙古大草原。

不想徐树铮此去边陲，竟在他浑浊的历史上写下了一笔光彩——

外蒙古，是中国版图上一片色彩灰暗的地方。清代将其分为土谢图汗、札萨克图汗、三音诺颜汗、车臣汗等喀尔喀四部和科布多、唐努乌梁海两区，归驻在乌里雅苏台的定边左副将军统辖。1911年沙俄策动对蒙古封建主宣布独立。1915年中、俄、蒙三方在恰克图缔结《关于外蒙古自治之三国协定》，规定外蒙古是中国领土的一部分，外蒙古承认中国宗主权，中国、俄国承认外蒙古自治。就在外蒙古说是自治其实还是独立的情况下，清政府派陈毅为总督，前往外蒙古收拾局面。陈毅采用和平手段，经过长时期谈判，签定了《改善蒙古未来地位的六十四条》。《六十四条》的中心是取消自治，但保障蒙古汗、王、公的地位和薪俸。但是，这个文件一出台，就被外蒙古上层人物把持的"咨询会议"给否决了，他们仍然坚持自治。就在这个时候，徐树铮率领他的边防军浩浩荡荡地开进外蒙古首府库伦。

西伯利亚的寒流，裹着北国的黄沙，滚滚向蒙古大草原扑来，飞沙走石，使 1919 年的冬天更加杀气逼人。徐树铮北进的队伍，却彩旗招展，锣鼓喧天。坐在汽车里的徐树铮，身穿裘皮大衣，头戴皮帽，任寒风劲吹，他却精神抖擞。他信心十足地想着：自己到外蒙古该干什么，先干什么。在京城，徐树铮虽然坎坎坷坷，沉沉浮浮，出了京城，率领一支"王师"去边疆解决那里的少数汗、王、公的不驯，他还是有信心，有能力的。"当年，新疆少数人叛乱，左宗棠率王师平叛，不是一举成功了么？难道我还不如左宗棠？"

徐树铮军抵库伦，足未立定，就把陈毅叫到面前，以"钦差大臣"的口气说："《六十四条》算个什么文件？你怎么能让他们连那样的文件也给撕毁了呢？你手下有六千王师，六千人还撑不起你的腰杆，你这不是捧着金饭碗讨饭吃么？国家的威信到哪里去了？"

陈毅想解释，还未开口，徐树铮早摇手向他传达了北京的命令："你的总督职务已经免了，请你十二小时之内离开库伦返回北京，六千驻军一律归属边防军指挥。"

陈毅走了之后，徐树铮把陈部队中的中、高级军官找到面前，大谈国家统一，大谈王师威严，最后对他们说："历来国家养兵都是为了保卫领土，军人怎么能看着领土被人分割呢？蒙古活佛哲布尊丹巴也好，蒙古'内阁总理'巴特玛多尔济也好，他们都是中国人呀！怎么能允许他们连中国也不要，只打蒙古旗号呢？我希望大家听从指挥，振作精神，完成统一国家的使命。"

总督已走，徐军从天而降，谁能不听指挥。大家齐声说："听从徐总司令指挥，完成使命！"

"好，我现在命令你们，"徐树铮发号施令了，"立即将博克多格根的宫殿包围起来，把重要王公的官邸包围起来，谁也不许出来走动！如何处置？听从我的命令。"

一声令下，大军齐动。库伦的宫殿、王府，顷刻间便成了一座座死牢。徐树铮这才派人把"内阁总理"巴特玛多尔济"请"来。这个牛一般粗壮的蒙古大汉连板凳也没有坐便垂首听训起来。

"巴特玛多尔济阁下，本人此次受中央政府委派，专程来解决蒙古问题。"徐树铮居高临下，盛气凌人，"以前，总督陈毅陈大人曾跟你们商量过此事，但遗憾的是未能妥善解决，故民国大总统特派我来查问此事。陈总督已被免职回北京去了，我希望你们不要'敬酒不吃吃罚酒'。面对国内外形势，我希望巴特玛多尔济大人以国家大局为重，不要贪图小利，请你自动宣布：你们自愿无条件放弃自治，并请求将外蒙古收归中国版图。限你一天之内，送来由哲布尊丹巴（蒙古最大的八世活佛和封建主）签署的呈文。否则，我将举兵！"

徐树铮这番通牒式的讲话，早把巴特玛多尔济吓得魂飞天外了——他久闻徐树铮的为人和能耐，何况又是带着大兵，顶着"筹边使"和"边防军总司令"两个头衔来的，肯定是礼、兵一起来。"我们有何力量抗得住呀！"连忙说："好，好好！我一定按照大人的命令去办。"

巴特玛多尔济跑回王宫，跑回政府办公室，他却发现宫殿和大臣官邸全被大兵包围，所有的王公大臣连活佛一起都被软禁起来了。他只好匆匆跑到哲布尊丹巴面前，说："活佛，我是六神无主了，大军包围，人人自危，你看怎么办吧？"

本来，哲布尊丹巴是不主张蒙古自治的，可是一些王公大臣却受着帝俄的煽动，一定要什么自治、独立。所以，面对今天形势，哲布尊丹巴只好叹息着说："当初我劝大家听我的话，自动取消自治，那还可以保留我们的各种经济利益；可你们这些人就是不听，一个个拒绝了我的主张。结果怎么样，招来了杀身之祸！活该！"巴特玛多尔济只顾点头，不说一句话。

哲布尊丹巴又说："事已如此，只好听天由命了，我签署命令，无条件地取消自治，接受中华民国中央领导。"

哲布尊丹巴签署了取消自治、将外蒙古归属中华民国的版图的命令后，巴特玛多尔济拿着去见徐树铮。

徐树铮一见呈文，笑了——1919 年 11 月 17 日，徐树铮在库伦公布了中华民国大总统公告：

> 鉴于外蒙古自治政府声明，愿无条件放弃自治，归回中华民国的领导，本大总统深感欢欣，并诚意接受。同时，满足外蒙古原政府首脑哲布尊丹巴及各王公的要求，把外蒙古重新归入中国版图。

久悬不决的外蒙古"自治"问题，徐树铮用了不到十天时间便圆满地解决了。他在库伦设立了中华民国西北筹边使署。接管和解除了外蒙古军队武装，外蒙古当局将九千余支步枪、五尊大炮、十挺机枪及大量弹药交给了徐树铮。徐树铮的边防军瞬间便发展成为三个师、四个混成旅的强大阵容——他成了"西北王"。

坐镇东三省的奉系张作霖和坐镇长城侧的直系曹锟，一见北方又出现了一个"西北王"，感到威胁了。他们联手又征得长江三督支持，成立了七省反皖同盟，提出了"清君侧"的口号，希望段祺瑞"亲君子，远小人"，驱走徐树铮，收缴边防军权，解散安福国会。段祺瑞不干，他不能干！段徐乃生死之交，徐为段灵魂，合肥怎么会自毁长城呢？七省同盟攻心不胜，矛盾加深，发展到"兵谏"的地步——

直系吴佩孚由湖南挥师北上，进驻湖北、河南；张作霖打着调停时局的幌子由奉天带兵入京。战线形成，战火一触即发！徐树铮急忙从外蒙古库伦回师北京再调兵将以防不测。

这是1920年五六月间的事。中国北方一场大战又在酝酿之中。

直奉联手对皖，这已是人所共知的大局。而张作霖最早进京，这便引起段徐恶感。徐树铮回到北京办的第一件事，就是假借段祺瑞名义，邀请张作霖到段处赴宴，企图乘机捕杀或执作人质。

张作霖、段祺瑞曾经有过一度合作，徐树铮又给过张作霖二万七千支步枪，徐还作过入关奉军的副总司令，这场宴会张作霖不能不赴。这是一场名副其实的鸿门宴！

宴会设在段祺瑞的小客厅。张作霖来到的时候，已经华灯高照，夜色朦胧，段宅那派悄然无声，便给人以恐怖感。段祺瑞热情有度，寒暄无边；徐树铮殷勤备至，开朗大方！从北京气候谈到东北的"三宝"；从沈阳的故宫谈到北京的四合院、辽宁的大豆、安徽的朱元璋皇陵。连树铮家乡的皇藏峪，都是他们的话题。那情景，简直像一群同船旅客漂泊在汪洋大海之中各自描述自己的故乡一般：无拘无束，无边无际。

张作霖是绿林出身，防人之心特别强。他一边随和地应酬，一边心中暗想："中国大乱，人心惶惶，我来北京干什么，段合肥能猜着三分，此盛宴难道仅仅为了闲侃？不，段祺瑞的鼻子虽然没有歪，那眼神却不平安；脸上有笑，还不如哭；常常语无伦次。徐树铮盛情有余，大方过度。我观这两个人居心不良！"

张作霖有点后悔。他不该来赴宴；即便要来，也该约着徐世昌或国务总理钱能训。"若有此二人在场，便不会出现意外了。"想到这里，他情绪有些不安，暗算着借故溜之大吉！

宴会开始了，杯来觞去，盘增盘减，一派喜气洋洋！张作霖已心怀鬼胎，哪敢多饮。一边假意应酬，一边观察动静。当他看到出出进进的招待人员都是壮实的年轻汉子，心里更不安了。"我得走！"

几杯应酬之后，他侧身对徐树铮说："又公，这几天我的肚子坏了，想去一下茅房。"

"我陪老总！"徐树铮警觉很高。

"多谢！"张作霖朝段祺瑞拱了一下手，随徐树铮出来。

厕所在客厅右侧房后。徐树铮走出客厅，向右刚转，觉得陪去甚为不雅且不恭，便指着有暗淡灯光处说了声"请！"便停步了。

张作霖匆匆走进厕所，抬眼细瞧，见围墙不高，居处又静，便顾不了许多，纵身一跃，飞上墙去，又一个轻身下跳，便神不知、鬼不觉溜之乎也——翻墙越户，哪个绿林不会！

张作霖如厕久而不归，徐树铮便知事情不妙。及至进厕，哪里还有人影！他知道张作霖不敢在京久留必连夜逃回天津。便命令廊坊驻军截击。哪知张作霖得到现任陆军部总长靳云鹏帮助，绕道安全去了天津。

偷鸡不成，反落了个贼名——张作霖对徐树铮恨之入骨，非除掉他不可。

直奉联合，本来已经形成了一个"七省反皖大同盟"，张作霖逃回天津，这个同盟反皖决心更大。事又凑巧，吴佩孚由湖南挥师北上，一路势如破竹，河南半壁归吴。段祺瑞、徐树铮怪罪河南督军赵倜抵抗不力，要换掉赵倜。赵闻讯，即通电附于直、奉，"七省同盟"遂发展成为"八省反皖同盟"。这个同盟于1920年7月1日发表了吴佩孚的《直军将士告边防军将士书》。声称：

> 此次直军撤防，原为扫除祸国殃民之安福系及倡乱卖国之徐树铮，对于先进泰斗（指段祺瑞）同气友军，毫无恶感及敌对行为。

段徐一见此情，即于7月9日成立了"定国军总司令部"，段祺瑞任总司令，徐树铮任总参谋长，决心以武力制裁直、奉两军。曹张等直奉军亦于7月12日联名通电声讨段、徐。于是，在中国军阀史上，规模巨大的第一次直皖大战于1920年7月14日爆发了！

这场战争，因为皖段要在东（对张作霖）、西（对曹锟）两面作战，兵力过于分散。战争刚一展开，西线皖军前敌总司令曲同丰即大败被俘。皖军失败，段祺瑞通电下野，徐世昌以总统名义解散皖系老巢"安福俱乐部"，通缉祸首徐树铮等。

徐树铮在败局已定时，率二三亲信躲进东交民巷日本公使馆，一闷就是三个月。

三个月，度日如年，徐树铮像一只困在铁笼中的猛狮，他恨不得咬断铁栏，冲向世界。

徐树铮的后台是日本人，别看当年对德宣战时徐树铮还对日本怀有成见，而今天，他几乎能跪在日本人面前，乞求拉他一把。

一天，驻天津日军总司令小野寺来见他，对他说："徐将军，你想出去？"

徐树铮说："我怎么不想出去！公使馆再好，也不是我的兵营。""那就得委屈将军一下了。""怎么委屈？"

"将军知道，总统通缉你，北京四周都是曹锟的军队，你走不出去。我想了一个办法，把你装进一只柳条箱内，当作一种什么东西，由我们派军官带进火车站，装入头等包厢，才能将你运走。"

"这个……"徐树铮慌张和为难了，"堂堂中国上将军，被日本人当成'一种什么东西'运走，岂不大失身份么！"不同意吧，还得继续受困。思来想去，徐树铮还是说："好吧！大丈夫能伸能屈，这件事我可以做。"

徐树铮果真被日本人装进柳条箱里被带上火车，直到天津，他才出来。后来有人打趣提到这件事，树铮说："一路上，我还兴高采烈地在唱《单刀赴会》呢！"再后来，徐树铮在廊坊被杀，他的好友、清末状元张謇在凭吊的挽词中有"历诸难，曾自篡中亡，逃张禄"句，便指此。此是后话，不多述。

天津，多事之秋的天津！

徐树铮回到家中，本来想闭门谢客，好好静养几日。可是，他静不下来：他的爱妾沈定兰病重了！

沈定兰已经五日高烧不减。早两天，还脸呈桃红；现在，黄得像一幅染黄了的草纸，消瘦得已经不像样子了。今早起，开始咯血。睡在床上，连眼睛也懒得睁。除了想喝一点冷饮，别的东西什么也不进了。

徐树铮十分焦急，他大声地喊着："快去请洪先生，快去！"他急急走进定兰的病室。

他坐在爱妾的病床边，挽着她的手，默默地看着她的面庞——她，失去了昔日的潇洒飘逸，失去了青春，失去了风流，眼睛陷入了深洞。嘴，红润消失，已经变成了青紫色！……徐树铮心跳了：他垂下头去，用额抵住她的额，热！用唇吻吻她的唇，却一股飕飕凉气。

沈定兰艰难地睁开眼睛，先是声音低微地叫了声"铮——"然后长吁了一口气。

"你身体太虚，不要说话了！"徐树铮轻轻地摇摇她的手。

"你……平安回来了，我……"显然，徐树铮北京败北，沈定兰是知道了。说不定她的病情加重就是因为那个不幸的消息的刺激。她若是知道他是被当作"一种东西"装进柳条箱中被人捎到天津来的。她会怎么样呢？

"我已着人去请洪医生了，他会马上来的。"徐树铮安慰她说。"不必请了吧。"定兰说，"我……我知道我没有福，不能再陪你了！"哽咽着闭上了嘴。

一个侍从女孩伏在徐树铮耳边说："先生，这几天深夜，二奶奶总喊着后花园有个男人向她索命。不给命，他就是不走。是不是……"

徐树铮知道说的是陆建章。他极怕家人联想这件事，便大声骂道："浑说！病就是病。再浑说就打嘴！"侍从垂着头退了出去。

洪成宏来了。他穿一身洁白的工作服，面上罩一个巨大的口罩，手里提一只标有红十字的药箱。见到徐树铮时，他把口罩退下了，对徐树铮行了个点头礼，轻轻地喊一声"徐先生！"

徐树铮在小客厅献上茶，想把爱妾的病情说说，洪成宏摇摇手，说："我还是诊断一下吧，然后我先说说二夫人的病情。"

徐树铮把医生领进病房，洪医生观察了一番面部和手腕，然后挂起听诊器仔细听了该听的部位，又让病人张开口看看，这才退了出来，仍然回到客厅。洪成宏品着茶，慢条斯理地说："二夫人患的是肺结核病。中国民间称'痨病'。是一种令人心悸的病！"他淡淡地一笑，又说："其实不然。医学科学在迅猛发展，人对于战胜疾病，还是渐渐掌握了主动权的。"——洪成宏是中国极少有的留学欧洲的医生，可称医术精湛。徐树铮边听边点头。

医生接着便剖析病情："二夫人的病，怕是有三两年时间了吧，最初该是乏力、心悸、食欲不振、消瘦，渐有盗汗和发热。"徐树铮点点头。

"经期恐已失调。"医生说，"现在怕是早已闭经。诊视二夫人的呼吸和观察咳嗽情况，可以断定夫人的空洞壁上的较大血管可能破裂，最近曾经咯血是不是？可能咯血量还蛮吓人的。这就说明夫人的病灶在扩散。"

"这么说……"徐树铮有些心悸。医生点点头。"让我作一些常规性的检查吧，以便定出有效的治疗措施。"

按照医生的要求，家人在病人那里提取了便、痰之类的化验物。徐树铮问："还要不要验验血液？"医生说："病状已经表明，患者严重贫血，不需再验血了。"临走前，医生又给患者注射了一定数量的止血剂，又拿了些片片药，并交代："当紧注意夫人病情的发展，出现突然状况，别惊慌。大出血也不要怕，但务必做到使夫人呼吸畅通。半天之后，化验结果出来了，我自然会来采取积极措施。"

送走医生，徐树铮匆匆回到定兰身边，亲自端着开水让她服了药，然后扶她躺倒，为她裹好衣服。

定兰转过面来，挣扎着把身子朝徐树铮移了移，伸出消瘦的右手拉着徐树铮的手，艰难地闪闪双眸，用低沉的声音说："树铮，别再为我花钱了。我知道，这种病是看不好的……"说着，又"喀喀"地咳嗽起来。

"定兰，你安心养病吧。洪医生说，科学发展了，没有治不好的病。在西方，治好你这病是不成什么问题的。"

沈定兰淡淡地勉强一笑："我不怕。我满足。我虽然只有二十二岁，可是，能到的地方都到了，稀罕东西都见着了，世上好吃的东西也都吃到了，还能不满足吗？满足了！"

徐树铮见爱妾说着"绝世"的话，心里阵阵疼痛："定兰，别说了，我对不起你。自从你到我身边，我总是行踪不定，从没有好好和你在一起过几天轻松日子，没有好好照顾你。今后，我哪里也不去了，就在你身边，一定把你照顾好。"

定兰摇摇头。"'男儿志在四方'！我怎么会让你终日守着我呢！你不能长久留在家中。"她又咳嗽了。她把身子偏过去，转过脸，又吐血了。殷红殷红的，吐在卫生纸上，吐在痰盂里。徐树铮拿上洁白的手绢为她擦嘴，替她接血。"不怕。"沈定兰说，"血吐出来就舒服些了。"她就着徐树铮的手腕的力量，才又躺下了。喘息片刻，又说："树铮，你东奔西走，我无意阻拦你；你干的事情，我也不想过问，我相信你会把所有要做的事情全做好。只是……"她闭上眼，又在粗喘。"我觉得世道太乱了，好人坏人都出来了，都想占山，都想为王。争呀，争呀！好人用好办法去争，坏人用坏办法去争；你把权争到手了，他又夺回去，你再争！争山头，争地盘，争天下，争金銮殿……天底下只有一个皇帝，那么多人争。别管是好人是坏人，最后都得死。我真怕呀！树铮你退出这个争夺的是非场吧。我是不行了，红筠姐姐是好人，还有儿子，还有……"

"定兰，别这么说。你劝我退是好意，我领情，我也不想再干了。若是天下太平，别管谁为皇上还是为总统，我徐树铮都会有用武之地。而今，正如你说的……不过，你还是要对自己的病抱积极态度的。你会好，洪医生说他一定会给你看好的。"

"我谢谢洪先生！"沈定兰说，"洪先生的医术是高明的，只怕我命短——"

沈淑佩走进来了。为姐姐的病，她早已忧伤过度，愁容满面，眼圈儿也哭得红肿了。父母都远在南方，长久音讯不通。现在，在这里只有她姐妹俩了，她真怕姐姐有个三长两短。她低着头对徐树铮说："徐先生你别外出了，姐姐这些日子一天不如一天。前几天听说你在北京失踪了，姐姐竟吓昏了过去。把红筠姐我们都吓坏了！姐姐还常常梦中惊醒，总是哭得泪涟涟的……"

"多谢小妹费心。"徐树铮说，"我不在家，家里事全交给了小妹。"

沈定兰又睁开眼，一手拉着丈夫徐树铮，一手拉着妹妹沈淑佩，说："现在，这里只有咱们三个人了。我有话想对你二人说，不知该说不该说？"徐树铮说："定兰，你说吧。你想说什么只管直说，我和淑佩都会听的。"

"姐，这些天我就觉得你有心事。问你却又不说，今儿你就说吧，想说什么就说什么！"

"好，好好。我谢谢二位对我的信任！"她把面转向徐树铮，"树铮，作为妻子，我本该好好地关怀照料你，可是，我没有做到。你多不在我身边，我又不能终日随你东奔西走。就这样的病体，能到哪里去呢？你待我天高地厚，我感恩戴德……"

"快别这么说。"徐树铮说，"总之，还是我对不起你。我没有尽到丈夫的责任。"

"就算你说得对吧。"沈定兰说，"今后，咱们再想亲近，也不可能了。树铮，我知道，我有生之年曾经给你的欢快欣喜，绝没有今后留给你的忧伤、悲痛多！我是没有办法弥补了，你是会极端痛苦的！我不安呀，树铮！"说着，她泣不成声。徐树铮也背过身去抹泪。

"树铮，我求你一件事，请你务必答应。""好，你说吧。我会答应。"

"我知道，你对淑佩印象并不坏，我也相信我的妹妹是一个善良、贤惠的女人。为了安慰先生，我想请你接受下我的小妹，她一定会代替我做好我没有做好的事情……""这……"徐树铮惊慌了。

沈定兰又对妹妹说："小妹，怪姐姐事前没有同你细商量，这是姐姐的粗心，也是姐姐的自私。我想，小妹是不会拒绝的。""姐……"沈淑佩也惊慌了。

低沉、忧郁的病房中，顷刻死一般地寂静，三人各自垂首，能听得见的，只是他们在不均匀地喘着粗气。房子里静悄悄。院子里静悄悄。

整个天地间都静悄悄。

不知过了多久，树铮镇静了，又用手绢为定兰擦擦眼角的泪水，垂下头轻轻地吻了她一下。然后缓缓地站起来，缓缓地走到淑佩身边，张开双臂，说："小妹，如果你不感到委屈，又不勉强的话，树铮一定愿意做你的好丈夫！"

淑佩缓缓地仰起脸来，用略带惊恐的目光望着徐树铮，觉得他那么熟悉而又那么陌生！她惊慌着，迟疑着，羞恨着，最后，还是扑向徐树铮的怀中……

沈定兰——安静地微笑着，眯上眼睛。

段祺瑞突然闯到徐树铮的家中，他礼帽长衫，手中提着手杖，一个随从为他提着手提箱。简直像一个串乡的郎中。见到徐树铮，他便手杖触地，狠狠骂一声："我饶不了那些龟孙子！"段祺瑞的鼻子歪了。歪得脸型都变了样。

徐树铮为他泡好茶，装好烟，又让人为他打来洗脸水。段祺瑞呼呼啦啦洗了脸，咕嘟嘟喝尽了茶，然后才端起烟袋。

"又铮，你说咱彻底垮了吗？"不等他回答，他又说，"不，我垮不了。就是日后我垮，我也绝不会垮在曹三这小子手里！"

徐树铮忏悔地说："我们对曹锟太大意了，总认为他不会对我们下毒手，又觉得他还没有那个胆量和我们作对！"

"我问问你，"段祺瑞不喜欢转弯抹角，他爽直地问，"下一步怎么办？""我还没有细想。"

"明摆着的事，用得着细想？""您有什么打算？"

"东山再起！""怎么起？"

"怎么？"段祺瑞把烟袋朝桌上一放，说，"难道说我就没有门路了，我就得跳海？"

徐树铮确实没有细想。他虽然不甘心失败，但失败毕竟是事实。他被困日本使馆三个月，是过着与世隔绝的日子，外边的事还不甚了解。出来之后又碰上爱妾病重。千头万绪，他真是尚未理出一个头。

段祺瑞粗中有细地说："树铮，咱们不能信神信鬼了，小皇上逊了位，袁项城归了天，中国就六神无主。谁是主？谁有能力谁是主，谁有兵权谁是主。北京不一定是天心，我看……"

徐树铮不知段祺瑞想说什么，他只是惊讶地听着。听到这里，有点迷惑了。"那么，您的意思……"

"我想啦，咱们得看势头做事。"段祺瑞说，"如今，南方革命党正在大兴旺。看势头，不一般。我想跟他们接触接触，能行的话，借他一阵东风，把曹老三这个东西赶走！"

徐树铮没有说话，他把眉皱起来，在段祺瑞左右轻轻地踱起步子——其实，徐树铮早在隐身日本使馆时就想到这一步。这两年，北洋家族总在内讧，打来打去，一时半会谁也吃不掉谁，谁也别想有多大发展。同时，打过来打过去，北到长城，南到长江，能怎么样呢？孙中山的目光大，要独有中国。"我皖系若能和孙中山联合，前途必广！"回到天津，他本想找段祺瑞，开导他一下，谁知段比他还积极！可谓"英雄所见略同"了。

"老总，"徐树铮还是对段祺瑞老称呼，"您和我想的，大致一样。我看，在所有的路都不畅通时，也只有走这条路了。只是……"

"好！"段祺瑞一拍屁股站起身来。"我只要你这一句话。至于今后路怎么走？你我都想想，总会想出来的。""这些日子老总在哪里？"徐树铮问。

"我？无影无踪。"段祺瑞说，"我想见你时，自会上门。""我要见老总呢？"

"你……这样吧，天津不可久留，咱们去南方，去上海。"

"定兰病重，我还得等几时。"

"不必着急。"段祺瑞说，"你好好照顾定兰，明天我着人给你送两千银票来。"

洪医生把所有的化验完成之后，对于沈定兰的病情认定无疑了，这才带足药物赶到徐树铮家中。一边交代服药要注意的事，一边交代护理的措施，并且一再对徐对铮说："徐先生不必心急，二夫人这样的年龄，这种病不会摔倒她，没有多大危险。她年轻，不能同五十岁以上的人比。她的抗菌能力还是很强的。只是务必注意她的变化，咯血时别害怕，我每日来为她补补血。最怕的是血出了，又咯不出来！设若发生窒息，就……"徐树铮听着，点头记在心里。

几天来，沈定兰的病情没有恶化，但也没有好转。昨天，夏红筠挺着鼓鼓的肚腹来看望她。她说了许多伤心的话。红筠劝她好好休养身子。"我也是个病秧子，眼看着身边又多了一个孩子，心里想着疼爱你，又怎么能呢？原先我常想：咱姐妹好好团结，把家里的事办妥帖，免得树铮牵肠挂肚。我觉着你身子行，谁知你倒是先倒下了。"

"我也想能有个好身子，帮姐姐理好家，看好孩子。如今竟成了空话。我没有福，也辜负了姐姐的好心。纵使闭目，也心中不安。姐姐，我正有一件事想向你说明，求姐姐应允。""说吧，你的事就是我的事，没有不允的。"

定兰说："我辜负了你和树铮，临走了，我还想报恩。姐姐你千万别介意，千万高抬手，我已经同妹妹淑佩商量好了，我不行了，妹妹就替我照顾徐先生和姐姐你。"

淑佩要替姐姐续到徐树铮身边，夏红筠早已知道了。是前天徐树铮对她说的，并且问她乐意不乐意接受。当时，夏红筠难过了一阵子，没有说话。今天，沈定兰又这样说了，并且恳求她答应。她想想，也是一件好事，既然木已成舟，何不顺着水儿把舟推下河去。于是，她笑着说："妹妹说这话，似乎把我当成外人了。往日，咱姐妹怎么相处来着？啥时候分过彼此。要说淑佩妹妹，只怕你这个亲姐姐反而不如我同她亲呢！妹妹今天说这个话，是我一年前就想说的，只怕难为了淑佩妹妹。只要淑佩妹妹觉得不委屈，我一百个答应。我一定会同淑佩妹妹一起照顾好你的病。""那就谢谢姐姐了。"

"谢我什么？我还得谢谢你呢？沈氏两姐妹都来了，可不得要谢你们。"

夏红筠又说了些劝慰的话，走了。

沈定兰感到困极了，她想好好睡一觉——这许多天来，朝朝暮暮她都感到睡眠不足，但又无法睡足，越来越觉得全身无力了。她闭上眼睛，静静心，果然神魂都入了梦乡……

一阵急促的咳嗽，腹胀，上翻，一股黏液涌到喉管。她想仰身咳出来，身仰不起了；黏液在喉头打了个翻，倒回去，一下子倒入气管。"喀——！"呛了一下，仿佛一个巨大的石块压在定兰咽喉里。她想喊，已无声；她想吐，已无力；她想动动手，手已渐渐不听使唤……她不由自主地渐渐把头偏到一旁，嘴角流出了一溜儿液；她的口脸都变青紫了——沈定兰，走完了她的人生路！沈淑佩把姐姐服药用的水捧来了，但已经晚了。徐树铮赶来了，他拉住她的手，但她已再无反应！洪成宏来了，他只深深地叹息一声！徐树铮挽着沈淑佩的手，顿足失声……

第二十一章
孙段张"三角联手"

　　徐树铮在天津匆匆处理完了爱妾沈定兰的丧事，又在悲喜交加中同沈淑佩办完结婚仪式，然后，便按照与段祺瑞的预约来到上海。

　　上海还算平静。"齐（直系齐燮元）卢（皖系卢永祥）之战"后，上海已经十室九空了，谁还贪恋一片荒芜的地方呢？徐树铮和段祺瑞商谈了两次，关于联合孙中山反直的事只是议议，而无法决定。不是他们不想定，是尚未摸清革命党的态度，并且也未能找好合适的中介人。段祺瑞仍回北方去了，徐树铮留在上海。

　　这一年（1921年），徐树铮业已四十一岁了。人过不惑之年，心性也逐渐平稳起来，他要把自己的经历写下来。不，是把他经历的政治风浪写下来。从1901年济南遇段祺瑞起，屈指算来，已经二十年了。这二十年，是风云变幻最厉害的二十年，值得深思和借鉴的事情太多了。他想凭着自己的见解总结出来——他对争权夺利，似乎有点心灰意冷了，他不想再卷入那个漩涡。不知为什么，他竟萌发出一股道家之心，想为后人指点迷津。他把自己的思路零零碎碎地列出纲目。昨天，他又认真地把纲目归总了一下，竟有二十三章呢。他又把章目作了顺序调整，最后作了这样的排列：国体、宪旨、国会、政纲、官制、用人、仕风、邦交、吏治、民俗、市乡、教育、军政、财政、工艺、商业、铁路、邮电、垦牧、矿务、刑法、边徽、侨民。他闭起目来思索许久，又冠了一个总名为《建国诠真》。

"把这本书写出来，也算我徐树铮对后人有了交代！"

他闭起门来，全神贯注于他的《建国诠真》。除了每日三餐由他的小妾沈淑佩陪伴以外，他的书房门全是紧闭的。

季节又入十一月了，黄埔江畔的绿树渐渐脱光了绿叶，苏州河的流水清澈透明。从郊乡送菜蔬、杂粮进城的农夫，穿上了五颜六色的棉衫。天冷了，上海虽然依旧繁华似锦，但人人都感到寒冷。

沈淑佩陪着徐树铮吃完早点，收拾一下餐具，便想离去。徐树铮叫住了她。

"佩，你慢走一步，我有事想同你商量。"说着，徐树铮走到她身边。

"你不是正在写书么，"沈淑佩羞怯地说，"徐先生，我不打扰你！"

"你怎么又这样称呼了？"徐树铮拉着她的手，说，"咱们不是有'君子协定'么，你怎么不遵守？"

沈淑佩抿嘴低下头。轻轻地叫一声"徐！"他们还在燕尔新婚之中呢！

自从他们举行过婚礼，淑佩就变得沉默起来了。她不是不满意这桩婚姻，她很满意。徐树铮是她尊敬的人，是她理想中的人；她能同他结合，是她的幸福，她有决心做一个好内助。这种结合若是在通常情况下，她会沉浸在无限的幸福和欢快之中！现在，她总觉得心上压了一块巨大的石头：她同徐先生的结合，她认为是姐姐死前的托付，姐姐同他情深意浓，恩爱异常。他失去姐姐，犹如失去了魂魄。她深知这种失去情人的创伤，绝不是别人能够弥补的。沈淑佩害怕，她怕自己担不起姐姐交给她的这副担子。

从天津到上海来的时候，她偷偷地跑到理发店，交给理发师一张姐姐的发型照片，要理发师按照姐姐那副短、卷、额前飘着浪花的发式为她理发。理发师见她披在肩上又黑又长又飘逸的黑发，惋惜地说："小姐，把这样的美发剪去，太可惜了吧！""我就要理这样的发型。你不用管这么多了！"

理发师精心地为她理好了发型，她对着镜端详着，拿着姐姐的照片对照着，直到十分满意了，才走出理发店。她又拐到服装店，按照姐姐最喜欢穿的紫、墨绿、淡黄三色，买了旗袍、长短衫，回家便认真打扮起来。

她姗姗地走到徐树铮面前，莞尔笑笑，便背过身去。

徐树铮惊呆了："定兰！定兰！"他走上前去，双手抱着她的肩，轻轻地把她的身子扭过来。"定兰，我的定兰——！""徐先生……"

"啊？！"徐树铮呆了，"你……你……"

"徐先生，你最需要的精神支柱，是姐姐；你梦寐的，也是姐姐。但愿我这样做，能够让你的心灵得到补偿和安慰！"

徐树铮揉揉双眸，立好身子，对着淑佩认真端详半天，这才双手向她搂过去，紧紧地抱着她，狠狠地亲吻她，两行泪水浸在她润红的腮上。

淑佩欣慰地笑了，笑出了闪闪的泪花。

"徐先生，我以后都这样打扮，可以么？"徐树铮点点头。

"佩，你打扮得很像你姐姐。"徐树铮说，"像极了！我几乎都分辨不出是你还是她。"他揉揉眼睛，静静心，又说："你姐姐平时的打扮，是我设计的。她很满意，我尤其喜欢。不过，有两件事你一定不知道。""两件什么事？"沈淑佩问。

"第一件，"徐树铮说，"只要我在你姐姐身边，她右腋下的那只钮扣，必定由我替她扣上。""还有呢？"

"鬓边的那朵紫丁香和胸前的白兰花必由我亲手戴上。然后……""不就是两件事么？"

"你姐姐必然要吻我一下，才笑着离开。"

沈淑佩望着徐树铮，缓缓地抬起右臂，轻轻举起左手，将腋下已扣好的钮扣解开，然后羞怯地低下头。

徐树铮走过去，默默地为她重新扣好，然后在妆台上的花盒里拿出一枚丁香花挂在她鬓边。双手垂下，微笑着，注视着她。

淑佩呆了，好一刻时间，她猛醒。她，张开双臂朝他扑过去，亲亲地吻他。

徐树铮望着沈淑佩说："佩，再有十多天就是你姐姐周年忌日了，你看咱们该怎么样悼念她呢？"

淑佩听到她姐姐的亡日，心里一悲："离别姐姐一年了！"泪水便涌了出来。她背过身去，揉揉眼睛，还是说："人去了，难得不忘，心中有她也就对得起她了，何必用什么形式悼念她呢？"她转过身，又说："再说，你还有那么多重要的事情要办，不要再分散精神了。"

徐树铮见沈淑佩如此忧伤，不觉心也酸了起来。"别的事情都不办，也得悼念定兰！定兰去了，是我一生中最大的精神创伤。直到今天，我还是当成一场梦。我觉得有一天，她还会回来。离开天津的那一天，我见你那样打扮，就像梦醒一般，见到了我的定兰。可是，怎么可能呢！又怎么不叫人悲伤呢！"

沈淑佩见徐树铮如此怀念姐姐，心里万感悲痛。但还是说："你的心情我明白，姐姐和你共同生活了几年，也算她没有白过。不过，先生总不能事事触景生情，无限忧伤呀！那样的话，淑佩不是有愧于姐姐了么？我岂不是没有完成姐姐的嘱托？""好了，好了。我不过说说而已。哪有那么多触景伤情！你没有辜负你姐姐，你给我极大的安慰。"说着，他把她拉到身边，并肩坐下。

"徐，"沈淑佩亲昵地说，"你瘦了，你也显得苍老了。别再想那些争争夺夺的事了吧，何时能不争不夺？"徐树铮叹息着，轻轻摇头。

"别想那些事了！"沈淑佩说，"等你把《建国诠真》写完了，咱们就去游山玩水，哪里好到哪里去，把心放得松松的，悠闲自在地生活。""好，我也是这样想。""那我就念佛了。"

徐树铮把他的精力全投入《建国诠真》上去了，撰写进展还算顺利。唯独写到"吏治"篇，他感到了难度："吏……治……，吏者官吏也，治者治国也。中国历来都是贤者治国，而今，中国是什么人治国呢？袁世凯是贤者么？黎元洪是贤者么？冯国璋、徐世昌，难道他们都是贤者么？段合肥又是贤者么？"徐树铮对每一个人都不屑一提地摇摇头。最后，他雄心勃勃地想："我徐树铮无国主之福，却有国主之才！让那些身居显位的庸才们按照我的'诠真'去建国吧，去做人吧！"

撰写《建国诠真》，徐树铮要查阅许多历史资料，回忆许多他亲自经历的历史。他为他有过青云直上而兴高采烈；他为他屡屡败北而烦恼不安。今天，他不仅不安，简直是十二分的败兴，他居然会被装在一只柳条箱中逃出北京！想当初，袁世凯、黎元洪的大总统还不是握在他手中，而瞬息间……

徐树铮不想再陷入更大的烦恼，他把稿放下了。他购来许多碑帖，决心写好汉隶，写好几家的名帖；另外便是教淑佩唱昆曲——自从沈定兰死了之后，徐树铮再也没有精心地作过曲子。没有人唱，没有心情唱了。现在，生活似乎都朝着平静发展了，沈淑佩远远超过她姐姐的素质。"日后我徐树铮若还有风流年华，淑佩还得是我的最重要的内助。社交场合非她莫属，不会些琴棋书画、诗词舞曲，那怎么行！"他决心教她唱几支名曲，唱会几支高层社会不可少的名曲。昨天，他着人在市上购来一把琵琶、一只洞箫，他让淑佩先把早已学过的诸如《十面埋伏》《梅花三弄》《汉宫秋》《高山流水》

等曲子练熟，他又选了些元曲中的名篇让她学。徐树铮毕竟是风月场上的高手，听不得丝竹。说是精心教练爱妾，自己也竟情不自禁地先唱了一支《双调·沉睡东风》：

> 忧则忧鸾孤凤单，愁则愁月缺花残，为则为俏冤家，害则害谁
> 曾惯，瘦则瘦不似今番，恨则恨孤帏绣衾寒，怕则怕黄昏到晚。

淑佩听醉了。曲终，她正沉在迷惘和忧伤中。徐树铮拉拉她的手，问："怎么了？"

淑佩叹声气，才说："怎么想起唱这样的曲子？""不好吗？""太伤感了。"

"好，再换一支欢快的如何？"淑佩轻轻点首。

徐树铮又唱一支《朝天子》：

> 身不出敝庐，脚不登仕途，名不上功劳簿。窗前流水枕边出，
> 深参透其中趣。大泽诛蛇，中原逐鹿，任江山谁作主。孟浩然骑
> 驴，严子陵钓鱼，快活煞闲人物。

唱罢，竟自仰面笑起来。"我徐树铮将要'在黄浦江边看蚂蚁上树'！"沈淑佩竟也扑哧一声笑了。

徐树铮毕竟不是生活在"看蚂蚁上树"的年代，"树欲静而风不止"呀！

北方的曹锟、张作霖赶走了段祺瑞之后，为时不久，又闹起分裂；南方的孙中山领导的革命军，在天天壮大，并且派人秘密北上，拟联络段祺瑞、张作霖推倒曹锟、吴佩孚。徐树铮获得这一消息后，欣喜万分，急电段祺瑞；段祺瑞连夜给他复电，令他"火速南下，与孙切商"。徐树铮放下他的《建国诠真》和新婚中的爱妾，于1921年12月22日南下广州。

南国的初冬，旷野依然呈现着一派碧绿。曲曲弯弯的河水，泛出清波，山青树茂，犹如北方的早春。徐树铮心情振奋，不时随着车行的节奏哼一二只欢快的曲子——三年前，他曾经南下衡州，那是向吴佩孚献媚去的。那时的心情，只能算"单相思"，他不知道吴子玉会不会接受他的"秋波"。今天不同，是孙中山流露了美意，他不需献什么媚，只需以平等的身份同他联合

起来，是“两相情愿”！徐树铮想到革命党，想到孙中山，虽然还不免有些心悸，但是，孙中山毕竟不是吴佩孚可比的。吴佩孚只想占山为王，孙中山胸怀中国！徐树铮觉得能和这种人携手共事，那才是轰轰烈烈的呢！

徐树铮到广州时，孙中山正在广西桂林以非常大总统名义组织大本营，准备北伐。徐树铮扑空了。他不灰心，立即从广州向桂林给孙中山发了电报。

五十六岁的孙中山，一直为他的理想在奔波。他的第一个目的是推翻满清封建王朝。1911 年 10 月 10 日爆发的辛亥革命，实现了他的理想。然而，由于革命党人与袁世凯妥协，革命的成果竟落到军阀手里，他被迫辞去了中华民国临时大总统的职位。他很痛心。于是，他把同盟会改组为国民党，重新举起革命民主的旗帜，发动讨袁运动，组织护法政府，誓师北上。终于又因军阀挟制而被迫去职。现在，他刚刚在广州就任了非常大总统，并且准备再次北上。他多么需要联络各方力量呀！

孙中山闻知徐树铮到了广州，并且是受段祺瑞之托专来与他磋商联合的，十分高兴。马上给廖仲恺、汪精卫打了个电报，说：

> 兹请两兄及介石为我代表，与之（徐树铮）切商军事之进行。现我军决定于旧历年后用兵，希望皖系策应，使直系更无归路。自来战略因于政略，吾人政略既同，期为南北一致，以定中国，其庶几也。

之外，孙中山还单独给蒋介石写了封信，信中有语谓：“徐君此来，慰我数年渴望。”蒋介石等人亲到徐树铮下榻处，做了长叙。而后，蒋介石单独宴请徐树铮于越秀山巅之南粤宫。

那一天，岭南万里无云，羊城花香充市。蒋介石把徐树铮请上专车，先陪他观光了市容，游览了珠江，而后漫步越秀公园，走进豪华的宴会厅。尚未坐定，蒋介石便说：“久慕先生大名，恨无缘相会。中山先生说‘徐君此来，慰我数年渴望’，此语概含介石和我党诸君。合肥与中山携手，中华大安有望了！”

“合肥历来称道中山先生的高瞻远瞩。”徐树铮也极尽奉承之能事。“久有相携之念。树铮此番冒险南行，愿尽微薄，促其成功！”

“皖人乃当今中流砥柱，希望系于合肥和阁下，我们会并肩完成大业的！"

徐树铮受到革命党人的盛情款待，精神十分振奋，他连连电告段祺瑞："再起东山，曙光在前！"为了把联盟的事情办得更好，徐树铮于1922年1月3日，在蒋介石陪同下到了桂林，拜见了孙中山……

孙中山亲迎徐树铮至城外，并在桂林为他打扫了一处幽静的庭院，以上宾待之。孙先生豁达大度，对于世界形势、中国国事，开怀畅谈。相形之下，徐树铮自感弗如，便产生了敬仰之心。三日之后，相互了解更多了，便觉合作之势大体形成。这时，才开始具体磋商。联盟事商谈得十分顺利，孙中山十分称赞段徐的乐意合作。奉张是怀有私欲的，得到段的联络，也乐意与孙中山合作。一个皖奉与孙中山的大联盟、目标一致的反直阵线，便迅速形成。徐树铮离开桂林的时候，对孙中山说："我皖系力量完全可以为先生所用。我即去福建，那里军队为我皖系李厚基统帅，只要先生一动身，那里便可策应！"

孙中山又亲送徐树铮登车，并说："中华兴旺，有赖你我！愿我们共同为炎黄子孙造福！"天有不测的风云！

混乱时期的风云变幻，常常令十分冷静的首脑人物皱眉。

徐树铮去福建这个时刻，中国的北方，由于瓜分直皖战争胜利果实不公而爆发了第一次直奉战争，并且以迅雷不及掩耳之势直曹便击败了奉张。

奉军失败了，张作霖无可奈何才退出了山海关，回到他的白山黑水之间，整军练武，力图报复。直曹以胜利者自居，在北方做起自己的事情：恢复旧国会，通过天坛宪法，要出钱买自己的总统。

在中国南方，广东的陈炯明叛变了孙中山。孙中山在北上计划尚未实施时，不得不暂停下来而对付内祸！此时，福建的皖系军阀李厚基，竟看风转舵，宣布脱离段祺瑞，投靠了曹锟。

徐树铮不敢去福州了，他在途中徘徊三日，只得改道去延平。延平驻军的旅长叫王永泉，是徐树铮信得过的人物，他想利用他来惩罚李厚基。徐树铮赶到延平的时候，王永泉正举棋不定，不知是该随李叛变还是随段讨李。徐树铮突然来了。他还以为徐是专程赶来处理李厚基叛变事的呢，忙把徐请至客厅，恭候训示。

——王永泉，山东人。徐树铮编练边防军时，他是个小小的营长。此人粗识几个字，粗鲁中带有憨厚，打起仗来却十分勇敢。跟徐树铮去边疆前还独身一条。徐树铮在河北遵化为他找了个老婆。此女虽为看守东陵人的后代，但论姿色，论人品，都算得上一流。王永泉心满意足。徐树铮又想让他有个宽厚的日子过过，便派他到富庶的福建来，并且给他个旅长干。王永泉自然对他感恩戴德。徐树铮问王永泉："李厚基走了，你打算怎么办？"

王永泉说："我——？我王永泉受您大恩，大难当中您来了，我能说什么！您看咋办？只要老总（徐树铮当过边防军总司令）发话，刀山火海我闯，寒脸是孬种！"王永泉虽然语言粗野，徐树铮还是十分喜欢的，便说："福建不能丢。我和段老总商量了，信任你，你得挺起腰来撑局面。"

王永泉不知徐树铮是瞎说的，信以为真。便说："老总决定吧。在福建，我的兵力不比李厚基差，我能干好。"

"现在就发通电，在延平成立'建国军政制置府'，你就任'总领'；另外，再以'制置府'的名义任命你为福建'总抚'。这样，福建的军政、民政都由你统辖了。"

王永泉也是个野心勃勃的人，手下又有一批人马，能不想升官？徐树铮这么一蛊惑，他马上答应。

"老总，发通电的事，我干。只是，这总领和总抚，还是由老总当好。""别谦虚了。"徐树铮说，"福建将来是你的，你得管好它。"

王永泉明白了，知道徐树铮嫌小，将来要当大的。这才说："还得靠老总和段老总多教育。"

徐树铮在福建倒也安逸了几日。王永泉把李厚基赶走了，福建政局渐渐平衡了，四面八方都向王永泉投来敬仰、攀附的目光和笑脸。

王永泉，虽是一介武夫，幸运的是生逢吉时，他竟青云直上，当上了一个省的总领、总抚。他忘乎所以了："我王永泉就是命大福大，所以会有今日。"慢慢地，他觉得徐树铮不在他眼里了，并且有碍事的感觉。"我是总领，是总抚，大小事我还得向他徐树铮报告，他是我的老爹，还是我老太爷？"

徐树铮是摆布过袁世凯、黎元洪、段祺瑞之类人物的人；连革命党领袖孙中山也十分敬慕他，他哪里把一个小小的部下、武夫看在眼里。福建的事，自然是由他说了算。一天，徐树铮对王永泉说："永泉，我想最近在延平召开一个南方的军事会议，来商量对付时局的问题，你准备准备吧。"说这话的时候，徐树铮态度很傲慢，口气很坚定。他坐在太师椅上，捧着茶杯，左腿压在右腿上，仰着脸，有点老子派头。

王永泉淡淡地一笑,心想:"徐树铮发号施令了!福建是你的还是我的?你想当太上皇?别想!"他在徐树铮左右慢踱步子时,所答非所问地说:"老总,你来延平这么多天了,如今这里的形势平静了,我派人护着你去游游福建的名山大川好风景如何?听说这里有好地方呢!"

徐树铮一听,气从心生:"怎么,撵我?我徐树铮在这里多余了,累赘了?"他哪里受过这般冷眼,别看当初可以蜷缩在柳箱中逃出北京,今天就是不能受这个冷眼:"你王永泉翅膀硬了,你没想想是怎么硬起身来的?"他把压在右腿上的左腿放下来,慢慢站起身来,说:"我到南方来,并无游山玩水的计划。我是同革命党孙中山接触的。将来,我要和他们一起组成中国最高级的政府。孙先生在桂林邀我游漓江我都不去,福建还没有漓江这样的好景吧?"徐树铮口气很硬,面色十分严峻。那情形,很是想大骂王永泉一顿。

王永泉不大理会他那一套。至于徐树铮说的"组织中国最高级政府"一词,究竟包含什么用意,他连想也不去想。"中国的政府太多了,谁能管着谁?我有地盘,我就是王!"王永泉说:"徐老总,福建就这个样子了,先保自己,南方的军事会议您就别开了。没有多大意思。"

"什么话?!"徐树铮发怒了,"我说开会就得开!你总领不干我就以制置府名义……"

"制置府?"王永泉摇摇头,"制置府我已宣布撤销了。"

"你……"徐树铮拍桌而起,但他却没有发作——可能猛然感到了"时务"对他不利,便改口说:"你为什么要这样做呢?"王永泉没有再说话,只笑笑,便走了。

徐树铮感到问题严重了。延平不敢再住,只好偷偷地溜回上海。

南方乱了之后,孙中山北上的计划只得取消。孙、段、张的三角联合,也就名存实亡了。徐树铮南行一无所获,还失了皖系的福建势力。他沮丧极了,索性再次闭起门来,专心致志去写他的《建国诠真》。幸好得到有正书局的支持,不久,不仅为他出版了影印本,还被译成日文发行到日本。这是徐树铮唯一一本对政治进行全面论述的著作。

第二十二章
机关算尽无处存身

　　徐树铮蛰居上海，虽然心里不舒服，倒也无可奈何的平静。他无心访友，友也很少来访他。《建国诠真》著完之后，他想把多年的诗稿整理一下——往日，是沈定兰为他保存的；定兰病重时都交给妹妹淑佩了。如今也不知还全不全。徐树铮曾经问过淑佩，淑佩却摇着头说："罢哩罢哩，一部《诠真》就把人折腾个半死，怎么能又去整理什么诗稿呢？再说，那些东西全收拾好了，还怕今后没有时间整理。自己不整理，也会有人整理的。"

　　徐树铮倒也老实地听从她的安排。闲下来，不是临临魏碑，就是教淑佩唱唱昆曲。

　　一日，一个三十多岁的细瘦汉子匆匆赶到徐树铮面前。不曾言语，竟两手捧着脑袋抽抽搭搭地哭起来。

　　徐树铮惊讶之后，扶起他来，正面瞧瞧，但见长脸黄瘦，皱纹满布，鼻上的眼镜也失去了光彩，帽店、长衫，手提赭色小皮箱，虽贫寒却不失风度。"你……"徐树铮显然是记不起此位是何许人了。

　　那人揉擦着纵横的老泪，才泣不成声地说："徐老总，您不认识我了？您该认识我呀！"

　　徐树铮眯眼、锁眉，细思多时，还是记不起来。

　　"年月并不久远呀！只怕是咱们的变化都太大了，所以您不认识。"那人不停地擦泪。"当年倪督军领我到北京去见您，那是何等的风光！咱们在天津也美得很。徐老总，您还让我当过财政总长呢！梦，真跟梦一样……"

"你是祝三么？"徐树铮忽然想起来了，"是天津王郅隆王祝三？"

"我是王祝三。难得老总还没有忘记。凭这一点，我得给老总磕个头。"说着，他真的倒身跪下。

徐树铮忙去拉他，不住地说："祝三，你这是干什么？风雨飘摇之中，难得一见。你这样做，不是见外了么？"

王郅隆从地下爬起来，静静神，朝椅子上一坐，马上又站起身来，仍然抽泣着说："徐老总，我不是对您见外，我是敬仰您的人品，敬仰您的才学和治国安民的本领。我王郅隆平生不会奉承人，可是，我敢说，在今天，能治国安邦的人，除了徐老总，中国就没有第二个人了！可话又说回来了。您瞧瞧，黎宋卿、冯华甫、徐卜五，连曹老三这号人都当上了大总统！天地良心，哪个有人王地主之才……"

徐树铮摇头叹息："祝三，别谈这些了，别谈这些了。中国还不是一个人尽其才的国度，算咱运气不好。你好好在这里休息，我听说你处境也不顺心，咱们好好谈谈。"

"我到处打听，千难万苦来上海找您，也是向您吐吐心事。只有您，才能解开我心里的郁闷，所以来找您。"

徐树铮着人给王郅隆安排了住处，请他洗澡换换衣服，二人这才对面饮起酒来……

王郅隆，天津人，出身小贩世家。本来是粮店一个伙计，因为舞弊被开除。没有正业可做，便在粮行跑活儿。凭着钻营，买空卖空、投机倒把，发了一笔横财。他发迹的时候，正赶上军阀混战，他认定军人有势力，遂一意拉拢军人，终日花天酒地。这样，便结交了一批狐朋狗友。有一天，他在三不管大兴里天宝班打茶围，忽然下起了倾盆大雨。王郅隆走不脱了，便打算暂住一宿。

说来话巧，隔壁住的一家，正设着牌局。天下大雨，赌徒不够场了，有人便大声叫骂起来："他妈妈的，真霉气，三缺一就是坐不下来，走又走不了！"

王郅隆问女掌班："隔壁什么人？大叫大闹。"

女掌班笑笑，说："可是惹不起的人物，你也别问。""我偏要问，不就是几个赌鬼么！"

"赌鬼也有大小。知道他们是什么人么？""凭什么人，开起局来，就是凭点子算输赢！"

"那可不一定。这里边有个安徽督军，就不一定凭点子。""你说倪将军倪嗣冲在这里赌钱？"

"可不是他！"女掌班有点神秘地说，"赌钱还带着侍卫哪！"王郅隆眯起眼睛想想，觉得这不是一般的赌场，赌输赌赢事小，弄不好掉脑袋。也是王郅隆青皮流氓不怕天，挺挺脖、壮壮胆，竟走过去毛遂自荐，加入了牌局。也该着王郅隆到了出头之日，一局完了，足足赢了倪嗣冲四万元。

倪嗣冲不赖赌场，当时拿出支票，填写完毕，便交给了王郅隆。王郅隆故意把脸一沉，说了话："倪将军，你这是做什么？小的能与将军坐在一张桌上对局，已是三生有幸。这钱，我是万万收不得！"

倪嗣冲说："赌局也是局，局有局规，本来咱们来的就是输赢，赢了不收，那怎么行？"

"有什么不行？"王郅隆大方了，"不过是逢场作戏，一笑了之。今儿我赢了，我要收将军的钱；明儿我输了，开不出支票，我不信将军会毙了我！钱是身外物，朋友才是万金难买！"

王郅隆这么一说，倪嗣冲心里乐了："没想到赌场也有正人君子！"他忙伸过手，拉着王郅隆说："王先生高见，高见！不计较的话，我想约王先生明天重会天宝班！""一言为定，恭候大驾！"

王郅隆本是个混荡社会的人，善于巧言逢迎，见风使舵。没多久，他竟成了督军的密友。倪嗣冲知道王郅隆粮行出身，有一套精打细算的能耐。回安徽的时候，便把他带到蚌埠，派他帮办安武军的后路粮食。王郅隆有了用武之地，大大地显了一番身手，干了几件令倪嗣冲十分满意的事。

倪嗣冲是皖系的骨干，他要效忠于段祺瑞、徐树铮。他先是在徐树铮面前夸王郅隆如何如何好，后来，便把他领到北京，去见徐树铮。

王郅隆善解人意，口齿伶俐，很受徐树铮赏识。适巧，正赶上徐树铮搞安福国会，竟把王郅隆派上一名参议院的议员。内阁改组时，又让他作了几天财政总长。王郅隆财多善买，出大钱买天津《大公报》为他个人涂脂。于是，他竟成了红极一时的人物！论起天津的新财阀，除了曹锟的弟弟曹锐之外，便是他王郅隆了。

好梦不长，直皖战后，段祺瑞一败涂地，树倒猢狲散，王郅隆被曹锟列入第一批祸首。从此，他不得不东藏西躲。

徐树铮盛情款待王郅隆，王郅隆感激涕零。谈吐虽然投机，但也不无悲伤。徐树铮说了他的福建行，王郅隆先骂李厚基，后骂王永泉。徐树铮说起孙中山，王郅隆马上说："老总，您把我送到广州去吧。我敢说，孙中山是个有本领的人，跟他干有出息。"

徐树铮沉思片刻说："投奔孙中山，倒也是一条路。只是，孙中山毕竟是革命党，咱们只能同他联合，不能投靠他。""这么说……"王郅隆一时摸不透徐树铮的思路。

徐树铮提醒他说："联合就是联合，联合不是化一。今儿能联，明儿还能分。再说，合肥是不安心寄人篱下的，你明白吗？有一天，咱们还得回北京。"

"噢！"王郅隆听了，为之振奋，他马上端起酒杯，饮了个净。

"我不想让你去找谁。"徐树铮说，"目前的大事是，得想办法，把你保下来，安全地保下来。有朝一日咱们成立政府，你还得去管财政！"王郅隆受宠若惊，不知怎么说才好，只顾点头，搓着双手。

徐树铮又说："要到那一天，还有一段艰难的路程。祝三呀，上海不平稳哪，中国也不平稳，都不是保险地。我看这样吧，你先到日本去躲躲，形势好了再回来。"

"我……"王郅隆张开双手，显然是要表明囊中羞涩之意。

徐树铮微笑摇头，说："咱们还没有窘迫到那种地步。一切都由我来。办好手续、船票，我送你走。"

王郅隆又说了许许多多感激的话。徐树铮说："你别这么说了，这也不光是为了你自己，也是为了咱们大家。日后还得共同奋斗呢！"

不久，徐树铮把王郅隆亲自送上船——他本来想为皖系家族留下一个好管家，哪知道王郅隆无寿无福，到达日本横滨住下不久，那里发生了大地震，楼房倒塌，竟把他砸死了。

直皖战后，段祺瑞、徐树铮被迫离开了北京，曹锟神气了，他成了北方霸主。

有人说："曹锟胸无大志，有个霸主当当就满足了，所以，得势之后，他竟然又把黎元洪拉出来当总统。这位曾因府院之争最后被段祺瑞赶下台的总统，重新登极不到半年，曹锟不喜欢他了。这东西，得势就变脸。你不想想，我曹仲珊这河里的水，能载舟也能覆舟！"

曹锟坐不稳了，他把谋士、参谋找到密室关起门来策划对策。那年月拳头大的是哥，军阀们是多以兵力排座次的，好斗分子自然请曹锟动兵，推下黎元洪。曹锟皱着眉头想想，未作可否。他在琢磨："战争刚息，兵疲财衰，再打仗，出师无名，同时元气不足，设若有人趁火打劫，岂不失足为恨！"又有人建议："何不通过国会，拉些选票，名正言顺地顶黄陂出去！然后弄个总统当当，大不了花几个钱。"这个意见使曹锟心情为之振奋："是个办法。我有的是钱，钱要用得恰是地方，别的还不急，买个总统当当也不失为一举！"于是，他拍了板："好，就买！"

买贿票，自然得找议员，找议员自然得先找议长。曹锟把副参谋长王坦叫到面前，呼着他的字说："养怡，我知道你跟吴大头的关系不一般，有件事得拜托你，请你去找找他。"

王坦心里一惊："要我找吴大头，什么意思？"曹锟说的吴大头是吴景濂，现任着国会议长。买议员找议长，途径正对。王坦惊从何来？原来他心中有鬼——

王坦，是当时较有名气的花街君子，常常四处寻花问柳，结果找到了吴大头的老婆许夫人许玉蘅了。情投意合，无日不会。此事早已风雨满城，但是王坦却最怕人提及。尤其是吴大头当了国会议长，他更怕有一天大头会请人为他雪夺妻之恨。

"大帅，"王坦有些心悸地说，"吴景濂这个人不怎么样，托他办事不易。"

"咱孝敬他还不行吗？"曹锟把通过吴景濂买选票的事说了一遍，而后说，"我不信，捧着猪头找不到庙门？"

王坦听明白了，心里一松，才说："早该这样办，不过……""怎么样？"

"听说合肥同张雨亭勾结在一起，正在上海同孙中山谈联合。议员们这几天纷纷南下，大有投靠他们之意。"

"那么，咱们赶快下手！"曹锟说，"把礼品备厚点，你看如何？""大帅有没有个底，厚到多少？""每人三千袁大头，如何？"

王坦知道，曹锟这几年积了一笔颇厚的家私，留给子孙不一定是好事，想趁机抓一把，便说："论理，三千也不少了，只是，各派都在拉人，多一分钱就多一分保险。若从这方面想……"

"可以，可以！"曹锟说，"你看着办就是了。吴大头那里还可以另有厚赠。"

"那我就试试。"王坦有了冠冕堂皇的理由，这样去找许玉蘅，胆子更大了。于是，匆匆动身，进了北京，就一头扎进麻线胡同。

吴景濂的侍卫、佣人都认识王坦，也略知其瓜葛，何况他又是曹锟的心腹，自然不用禀报，无人阻拦，王坦便走进庭院。他不去客厅，径直去了许夫人的居室。

许玉蘅房门紧闭，正在卫生室里洗澡。

王坦进来，静静悄悄，唯听卫生室里"哗哗"水响。知道许玉蘅在里边，便轻步来到门边，拿出钥匙，去开卫生室的门。

这不是一时冒失，他手里有许夫人密室的钥匙，知道门怎么开；同时知道，许夫人对吴大头管束极严，没有命令是不敢入室的，办完事必走。像这样消闲沐浴，大头无论如何是不敢在跟前的。所以，他敢开门硬闯。

许玉蘅听得响声，以为是吴大头来了。她知道吴大头没有钥匙，但仍气怒地骂道："你做什么？滚！"

王坦早已把门推开，微笑走入。"你挺舒服呀！怎么不喊我一声？"

"啊，啊？"许玉蘅先是惊了一下，一见是王坦，马上以嗔代怒地说："是你这个孬种，怎么一声不响便进来了？""还不是你给的方便。"说着，便凑到浴盆边，伸手去为她揉背。揉着揉着，便渐渐地把手从背移到胸，然后狠狠地揉抚起那一对嫩白如藕的乳房来。"我的小娘，这两个东西还是那么鼓饱，都是吃什么撑的？"

刚过而立之年的许玉蘅，鬓角虽然添了皱纹，但那体型仍保持着瑰丽的青春。心，自然也是娇嫩的。

王坦一看，心、性都腾腾发热起来。他不分上下，横揉竖模，久久不止。"水、水！"许玉蘅说："通身都是水，不怕湿了衣服，见不得人？""不怕，不怕！"王坦还是缠着不放。"我就喜欢你，喜欢你……"他用双手想把她赤裸裸的身子从浴盆中抱出来。她挣脱了。"你忙什么？等我把身上的水擦干净。"

王坦摸来一条干毛巾，为许玉蘅擦身上的水渍。然后，把她从卫生室抱出来，放到床上，又忙着解自己的衣服。

"不行！"许玉蘅大声说，"这两天不知你跟什么婊子混了，一身臭气。你不洗洗，别想沾我的身！"

王坦没有办法，只得钻进卫生室。

那许玉蘅也是风月场上的佼佼者。嫁给吴大头，常常因为他的"日暮西山"而苦恼。搭上了行伍出身的王坦，着实"享受"了一番。于是，每日过着"一日不见，如隔三秋"的日子。王坦跟曹锟常住保定，她便三日两头要他来京。王坦今日不约而会，她自然喜欢之极。哪等得他洗完身子，她便赤着身，匆匆急急地走进卫生室……一番云情雨意之后，许玉蘅才问道："你今儿怎么突然来了？""想你呢！"王坦又抱着她亲昵半天，说："想得心慌呀！"

"我不信。"许玉蘅一边梳理着被揉乱的黑发，一边说："只怕又没有女人搂了？你何尝把我放在心上。""天地良心，皇天后土，我可以对天……"

许玉蘅猛然捂住他的嘴："谁让你发誓？我在你心上多大斤两，难道自己还不知道！凭世界上有多少花枝招展，凭你招惹了多少，想夺去我在你心上的位置，都难！"

"好乖乖，算你说对了。"王坦又搂着妇人的脖子，狠狠地啃了半天。然后说，"玉蘅，不瞒你说，我今天来，真有一件另外的事。"

许玉蘅顿时放下脸："黑心鬼！早知你有事才来，骂也得把你骂出去。你乐够了，竟说有事。有事你不去客厅，闯我这里来干啥？"说着，拉起被子蒙上头，再不理他。

王坦知道妇人撒娇，也知道自己的话说的不得体，忙坐在床沿上，又是揉又是拥，劝慰、发誓了半天，才把曹锟要通过议员买总统的事说了个详细。然后，把妇人的被头掀开，把脸凑到妇人脸边，说："那个曹老三谁不知道，腰缠金山几座，花都不知怎么花。拿钱送上咱的门，咱为什么不要？"

妇人听钱心动，急忙坐起，转怒为喜，但还是说："议员们愿意干吗？"

王坦笑说："谁怕钱咬手？钱到手了，还会不给他一张白纸？再说，就是选不上他曹锟，曹锟也不会再向议员要回银元。""那他能给咱多少？"许夫人问。"你想要多少？"王坦说。

许夫人心里没数，怕要少了，于是说："你等等，我喊老头子。"吴景濂是看见王坦进到他家的。他正牛着闷气，一听夫人叫，便赌气不答应。及至夫人到面前，把话说明了，他才转怒为喜地说："养怡为这事来的，我去见他。"

吴景濂见了王坦，三言两语便成功了。王坦说："大哥你别害怕，到时候你发个开会的通知，主持一下大会，表个态度；大家都收曹仲珊的礼了，谁还会说二话。事成了，还不得厚赠大哥一笔！""这一笔……"吴景濂想探个究竟。"你说呢？"王坦问。"他得出个码。"

"还能少了三五万么！"王坦说，"我再为大哥多说几句。""风险不小呀！"

"不怕。"王坦说，"手中有了银元，大不了回家过日子去。也够过的了。"

议长答应了。

曹锟的钱都在天津家中。管家的是老四曹锐。这是一位典型的守财奴，铁钩子也别想从他手中钩出钱来。曹锟此次用项大，不得不亲自去天津一趟。哥俩讨价还价，直到曹锟表明"这是万代千秋大业，今后子子孙孙都是龙种了"。曹锐才答应从家里"给三哥一千万银元"。

国会这边的事差不多了，曹锟又派直隶总督王承斌一次送给吴景濂十万银元。现在，该对黎元洪下手了。

这倒是一件大难事。好好一个总统，怎么能说赶就赶走了呢？曹锟想不出办法，王坦把精力放在国会方面去了，他只得去找参谋长熊炳琦。

熊炳琦是个有智有谋的人，他想了阵子，说："大帅，你回家休息去吧，我有办法。""说说什么办法？"

熊炳琦低声说出自己的意见。曹锟一听，喜得眉开眼笑，说："好，好。有你这一着，我就放心了。"

北京城里又不安了，一批批军队和警察开到总统府，向总统索要军饷。接着，警察罢岗，城里秩序乱了。又不久，人群中便喊起"黎元洪快下野"的口号。黎元洪回到他东厂胡同家中。家中的水、电也全断了。他再看看，身边的卫兵也自动散去了。他知道情况不妙，便偷偷地逃往天津。

北京是曹锟的天下，走一个总统他怎么会不知道。他立即找到王承斌，令他专车赶往天津。黎元洪到天津的时候，迎接他的正是直隶总督王承斌。

王承斌笑嘻嘻地对黎元洪说："请总统稍候，顷接北京训示，务请总统把印暂交出来。"

黎元洪呆了，也怒了，心想："大总统仍是我的，我为什么要交印？"不过，他只怒在心里，并不敢说出来。因为他早已看清楚了，车站里外，全是王承斌带的人马。他只得叹息着想："当初要复我总统位的，是你们直系；

今天又来赶我下台的，还是你们直系。你们这样反复无常，难道就不怕世人骂么？"然而，事已到此，他只得叫随身副官唐仲寅打电话给在北京东交民巷法国医院住院的姨太太，叫她把印交出来。

曹锟终于买到了大总统位，尽管有议员不收贿赂，并且把银票在报上公布了，检察厅也传出要审判等消息，曹锟还是当上了总统。这对皖系说来，无疑是个更大的威胁——

徐树铮在上海送走了王郅隆，决心清静一段时间，看看风向。他从书架上找出一本《古文辞类纂》，想认真做做学问。他每日有暇便圈点讽诵，手不离书。这样的日子没多久，又乱了——

齐卢之战的败将、皖系军阀浙江督军卢永祥秘密地来到徐树铮家中。徐树铮心中一惊，"子嘉（卢永祥的字），你不是到日本去了吗？何时回来的？"

卢永祥叹息着说："一言难尽，现在只说现在的吧。""与段老总联络上了？"

"还没有。"卢永祥说，"我想在上海稍停，即北上。"徐树铮安排了卢永祥住处，晚上好好招待了他一场。然后，二人退入密室，磋商起来。

——卢永祥是个比较谨慎的军界首领。虽对上海垂涎，却不曾想以武力与江苏督军、直系军阀齐燮元争夺上海。他只想与他们平分秋色。战前，他还派属将马葆珩作说客去南京。马葆珩是齐的密友、十九师旅长马葆琛的弟弟。原想能够成功的，谁知齐燮元野心勃勃，不愿平分，结果大战摆开。

也该着卢永祥倒霉。齐卢战一开，正赶上孙传芳由闽败退入浙。他来了个趁火打劫，卢永祥败了。

卢永祥叙说着战况，不停地骂着孙传芳："孙传芳真不是个东西，我没想到他会抄我的后路。有朝一日，我得报这个仇！"

徐树铮微笑着，说："子嘉，孙传芳是个随风倒的人物，谁的树大他靠谁。有朝一日我们东山再起，他照样会俯首称臣。齐燮元跟他不一样，他是直系的骨干人物，直系是我们的死对头，势不两立。"

徐树铮仍然掌握着中国的脉搏，他不甘心形势左右他，他得左右形势。

——中国的军阀都不是孤立的，他们的山头都是有靠山才立得起的。段祺瑞靠日本人作靠山，曹锟靠英国人作靠山，张作霖靠日本人作靠山。中国说是三足鼎立，实际是两个靠山支撑起的。所以，徐树铮明白地对卢永祥说："直系是我们的死对头。"卢永祥听明白了，不住地点头，而后说："段老总还在天津，怎么不找张大帅呢？"徐树铮说："怎么不找？找呢。""有什么议商么？"

"有。"徐树铮说，"已经同孙中山商量过了，要搞三家联合，正待时机。"他略思片刻，又说："子嘉，你不是同姜登选的关系很好吗？姜登选是张大帅面前很有影响的人物，能不能设法同他接触一下？"

卢永祥眨眨眼睛，说："是不是当过朱庆澜参谋长的那个姜登选？"

徐树铮点点头，说："他大概目前正在南方。听说姜登选同革命党的谭延闿关系甚密。找他谈谈很有必要。"卢永祥没话说，默默地端起茶杯。

徐树铮又说："北方局势不定呀！曹锟当了总统，他要消灭张作霖，才实现一统天下；张作霖失败退出山海关并不甘心，一定要雪这个恨，战争不久即爆发。你可以告诉姜登选，直奉只要再开战，我们一定全力支持张大帅。""好吧，就这样做。"

徐树铮常常把自己的"命运谱"划分成阶段。到他蛰居上海为止，他出山二十四五年了，能划几个阶段呢？划不清楚。大体可说前后两段吧：前十六年为一段，青云直上，上到袁世凯作大总统、做洪宪皇帝，便到了顶峰。人是活的，活人要动。徐树铮已经到了顶峰，再动，他自然要往下坡去。"三次长事件"之后，他便开始走下坡路。当作"一件东西"放在柳条箱中运出北京，尽管他还在唱《单刀赴会》，确实是他的低谷时期。徐树铮自恃有才学，他不认输。他只看作暂时的困难，不过是昼夜轮转转到了"夜"，还会再转到明的。"噩梦醒来是早晨"！只是，早晨来得太迟了。他觉得东方该破晓了，却总是看不到曙光！

卢永祥走了之后，徐树铮觉得曙光即将展现了。段、孙、张三角联合，南北夹击，何患曹老三不倒！

谁知徐树铮的小算盘又打错了。卢永祥前脚走开，后脚便进来几个陌生的汉子。"你们是什么人，敢擅闯私宅？"徐树铮大声问。来人淡淡一笑，说："奉命来拜谒徐先生。""你们奉什么人的命？""租界工部局。""什么事？"

"请徐先生去一趟，到局里自然知道。""工部局无权找我。我不去！"

"英国领事馆却有权！"那人拿出英国领事馆的函件。

徐树铮抬眼看看，见是一群行迹不轨的壮汉子，恐出意外，便老老实实跟他们走了。

原来直系军阀的密探随时掌握着徐树铮的活动。他们发现卢永祥来了，怕大战再重开，便蛊动英国主子以"维持治安"为借口，抓捕了徐树铮。

徐树铮又走进了沼泽！

徐树铮被租界抓去的消息传到天津，夏红筠惊恐万分，便带着最宠爱的三子交匆匆去上海。路上，夏红筠一直流泪不止，儿子劝她："妈，你别只管哭了，爸在上海想是没有事情的。他那么多旧部，难道没有人救他？再说，咱们也得先想想，看看到了上海怎么办？"

"怎么办？我能怎么办？"夏红筠说，"按照我的办法，早先连黎宋卿都不跟他交往，或住天津，或住老家，哪里没有日子过？你爸不听，似乎他不出面，天就会塌下来了……"

"妈，事到今天了，只能按今天的情况办了。即使你说得全对，今天不是也晚了么！"儿子十九岁了，读过高等学校，虽然襁褓中摔残了一只脚，行动不便，但头脑是极其灵敏的。跟他爸在济南见段祺瑞时一样，血气方刚，年轻有为。他认为男儿闯世界，总不免有些风险。敢冒风险，才会闯出世界。所以，他对父亲的事十分乐观。

夏红筠虽然也不是一般女子，可是，天下不太平，她比儿子感受得重。二十多年与徐树铮共经历的风雨，早使她心灰意冷了。她认为哪一个人也不是为国为民拼命，都是为权、为钱、为山头在奔波。说不定有一天，便为此把命丢了。她想想自己的家，更觉心酸：带着儿子东奔西跑，老二、老四两个儿子夭折了，老大又远在美国，只有这个三儿子在身边，腿还残了！她一想到生这个儿子时候的情形，心里就万分悲痛：那是在日本的东京，临产了，徐树铮还不知在什么地方？住产院不知去何处，找产婆又不知是何人？悲痛焦急，她只好用嘴咬断了连接母子的脐带，艰难地生下了这个儿子。为了儿子今后能够有作为，她亲自翻阅《孟子》，依据"交邻国有道乎"一语给儿子取了个号，叫"道邻"。从道邻咿呀学语时，母亲便教他识字、做人。

最使红筠心绪不安的，便是徐树铮的心强好胜，总想出人头地。"争什么强胜，混浊世界，鱼龙混杂，谁能分得清良莠？尽是亡命之徒，你能没有风险？"

她还有隐痛，她含着那么多苦水不得不朝自己肚里吞——是的，男人有三房五妾不算怪事，可是，她同徐树铮是恩爱夫妻呀！徐树铮在醴泉村没出来时，他们是何等的亲密。徐树铮对她发誓"不再爱别人！"可是，这几年怎么样：一个沈定兰还不足，又娶了个妓女平芳春——这是夏红筠最不能容忍的。"平白人家还看不起妓女，难道你徐树铮就找不着清清白白的女人？"后来又纳了个王慧理，说是戏班子的人——又使夏红筠心里压块石头。"这个家成了什么样子了？"定兰病重时，又同她商量再娶其妹沈淑佩。红筠虽对淑佩印象很好，但作为一位小妾过来，她还是承受不了的……作为徐树铮的结发妻子，她只能暗暗叹息，偷偷落泪。人前面后，她还得强作笑颜，还得宽宏大度，还得在其中调停一切"家丑"！现在，丈夫出了事，她还得出头露面。

四十五六岁的人，尽管注意修饰，毕竟韶华将逝，何况又承受了那么多不堪承受的压力！她的鬓边已呈现出明显的皱纹，眼睛也有些下陷，两腮已失去了丰润，气质也欠潇洒了。长途的车行之中，她早已有些腰酸背疼了。她想眯上眼睛休息一刻，但不可能。眼一闭，许多杂事便一股脑儿都涌到面前。不得已，她只好和儿子有一搭无一搭地交谈。

"道邻，"红筠对儿子说，"听说租界里有一位英国大律师，很有些能耐，我们不可以请他吗？"

"可以。"道邻说，"那位律师叫安得臣。其实也是一位中国人，只是入了英国籍。"

"好好的中国人，怎么入了英国籍？"红筠虽然那么说，还是信赖他的。"也许有了外国籍能公正些？多给他些银元吧。别的地方能周旋动的，也去走走。上海还是有些钱的，别怕花。"

"妈，我倒想起一位重要的人物，他一定可以帮忙。"儿子兴奋着。"谁？"母亲惊讶地问。"孙中山！""孙中山？"

"是的，妈妈。"道邻说，"不久前爸爸还到桂林去见他。孙中山对爸爸的印象可好呢！他给蒋介石写信，对蒋说'徐君此来，慰我数年渴望'。现在爸爸出事了，孙中山总不会不管不问。"儿子说这段话的时候，面上的愁容似乎一扫而光，眉开眼笑。

夏红筠知道孙中山，她是从徐树铮的言谈中知道他的。她崇拜过孙中山的主张，她觉得孙中山那个推翻帝制的主张就比所有军阀站得高看得远，中国的曙光就要从这里展现出来了！可是，孙中山要推翻的王朝，要打倒的官吏，其中就有她丈夫徐树铮。她心里就不平静了……后来，徐树铮去广东，她捏着一把汗；后来又得知孙中山对徐树铮的盛情款待，她才松了一口气。

现在，要孙中山救徐树铮，她虽然觉得是个好办法，但也怕孙中山不出力！
她迟疑着说："孙中山要是不帮忙呢？"

"不会，妈。"儿子说，"孙中山正计划再度北上，他要争取皖系的支持，
他怎么会不救爸爸呢！"

夏红筠沉默了，许久才说："但愿孙先生有此大度！"

上海解救徐树铮的工作进展得还算顺利：英国大律师安得臣代徐树铮向
法院提交了控诉工部局的状子，言词极其严厉，理由十分充足。孙中山在
广州也以临时政府的名义向当地领事团提出抗议。英国人一看徐树铮的事闹
大了，便想脱身。此时，本该立即宣布解除徐树铮的禁闭，但是，他们没有
那样做，他们考虑了自己保护伞下的曹锟。怕徐树铮出来之后，反直更加加
紧，于是提出一个条件：要徐树铮出国。

徐树铮毕竟在英国人手里，国内情况又一时无法安定，他答应了出国。

1924年11月24日，徐树铮在上海告别了家人，迈出了周游世界的脚步。

第二十三章
困城中的曹大总统

从袁世凯当了大总统起，直到曹锟把大总统买到手，十二年间，军阀们总说中国大乱是徐树铮搞的，大有"庆父不死，鲁难未已"之势。徐树铮被直系的后台英国人逼出国门了，按说，中国该太平无事了。其实不然，中国仍然在乱，而且乱得更厉害！

贿选总统曹锟登极之后，觉得段祺瑞已不在话下了。张作霖虽然败出山海关，但人还在，心未死，早晚是个祸根，他决心吃掉他。要是中国只有直、皖、奉三足鼎立，曹大总统便可毫无顾忌地发兵东北，荡平白山黑水，可是，中国南方还有革命党。革命党的势力并不比他直系弱，而且如火如荼的革命高潮正在全国蔓延。革命党的革命对象就包括他直系军阀！曹锟不敢轻举妄动了，他怕东北收不回来而河北再失去。所以，战火一时尚未由曹锟点起。

张作霖败退山海关之后，十分痛恨曹锟，发誓要报这个仇。张作霖自知力单势薄，怕重蹈失败覆辙，便积极和段祺瑞"友好"，又和段一起频频与革命党孙中山联络。孙中山虽然因为陈炯明叛变而延缓了再次北上的日期，但还是乐意和张作霖握手的。张作霖得到了段、孙的支持，他觉得报仇之时已到。于是，从1924年9月15日起，张作霖的奉军便从朝阳和山海关两处同时向曹锟发起进攻！第二次直奉大战爆发了！奉军进攻京师，这还了得？大总统曹锟立即命令组织"讨逆军总司令部"，调集全部人马，准备出关应战。他以总统名义，加委吴佩孚为总司令，又委王承斌为副总司令兼直隶后方筹备总司令，彭寿莘为第一军总司令，王怀庆为第二军总司令，冯玉祥为第三军总司令。命令一路军沿京奉铁路东进，二路军出喜峰口，趋平泉、朝阳，三路军出古北口，趋赤峰。

在直系三路大军的庞大阵容中，冯玉祥是个关键人物。可是，冯玉祥却又是一个极其矛盾的人物，受命那一天，他就陷入了矛盾——

三十七岁的冯玉祥，行伍之道走得十分坎坷。他依附过段祺瑞，然而，段祺瑞的"小扇子"军师徐树铮嫉贤妒能，排挤他、扣发他的军饷，要改编他的混成旅，并且企图把他流放边疆。冯玉祥离开了段祺瑞，转而依附了曹锟。而曹锟的大将吴佩孚却又把冯玉祥视为能够与他争雄的敌手，处处刁难他。第一次直奉大战，冯玉祥为曹锟立了汗马功劳，曹锟加委冯玉祥为河南督军，但又同时宣布吴佩孚的心腹宝德全为河南军务帮办。冯玉祥知道，宝德全是来监视他的。这个宝德全不仅常说冯玉祥坏话，在第一次直奉战争时还在郑州以北抄冯玉祥的后路。冯玉祥恨他恨得入骨！结果，宝德全赴任途中经开封拜见冯玉祥时，竟被冯玉祥枪毙了。吴佩孚一怒之下，把河南督军的要职全安排了自己的人；而冯玉祥一到任，又一个不收，全部赶走！冯、吴矛盾激化了。

最使吴佩孚恼火的，要算他在洛阳做五十大寿。吴佩孚的直鲁豫巡阅使衙门，高朋满座，贺仪似山，冯玉祥却抬着一坛清水来了。

"大帅，我冯焕章是个穷当兵的，我的阵地也荒凉。大帅寿，本当厚礼以贺，怎奈力不从心。清水一坛，愿大帅寿福无疆！"

吴佩孚还以为冯玉祥是戏言。堂堂的河南督军，赫赫国中名将，岂有以水贺寿之礼？便说："好、好！'君子之交淡如水'！焕章将军以清泉相赠，实为吴某莫逆。"话虽如此说，当他发现冯玉祥送来的真是清水时，便愤恨地暗骂："冯玉祥，你果然以清水戏弄我，我会还给你'清水'的。"果然，没有多久，曹锟便以升迁冯玉祥为"陆军检阅使"之名，将他调到北京南苑。冯玉祥有职无权，有名无实了。

现在，直奉又战，吴佩孚把冯玉祥编序为第三军，出古北口，趋赤峰。冯玉祥迷惑了："为什么要我出古北口？古北口山岭重叠，道路险峻，不仅交通不便，且地方十分贫困。我何时才能到达赤峰？"冯玉祥去找王承斌。

"筹备总司令，我就要开拔了。此去赤峰，路途十分艰难，不知阁下为我设几处兵站？"

"冯将军，"王承斌坦率地说，"总统和总司令有令：此次出关作战，不设兵站。各军给养就地筹措。"

"怎么说？"冯玉祥急了，"不设兵站？我部经过的地区，人烟稀少，天际荒漠，千军万马，何以自筹？这岂不是有意将我消耗在荒寒贫瘠的长城以外！"

冯玉祥去找吴佩孚。吴佩孚奸笑着说："冯将军，供给么，你是明白的，总统有困难呀！执政日短，国库如洗。为将者，应为统帅想想；至于古北口这条道，地势险要，攻守不易是事实。正因为如此，非劲旅不足以胜任。总统和我磋商几番，以为如此大任非将军莫属！"一怒之下，冯玉祥愤然而去。

冯玉祥很不平静：曹锟买了总统之后，吴佩孚便利用中央权力，统一军队，排除异己，直系势力眼看着由黄河流域发展到长江流域。吴、冯关系现在就那么紧张，一旦曹吴统一中国，他冯玉祥会有好日子过？

几天前，孙中山的儿子孙科、卢永祥的儿子卢小嘉到东北，和张作霖的儿子张学良在沈阳秘密开了个会，达成三角联盟，共同反对曹吴（即是后来被人称作"三公子会议"的）。冯玉祥虽知此次三角联盟是对准直曹的，但他心里竟产生了极大的震惊——冯玉祥有冯玉祥的苦衷呀：他从河南退兵北京南苑时，吴佩孚答应每月由河南帮助他军饷二十万银元。但是，十一个月过去了，却分文不见。冯玉祥的军队早已贫困得不成样子。冯玉祥看明白了，曹吴是把他当成"拾来的孩子"看待的。"果能出现孙、段、张联合，我冯玉祥也许会有出头之日！"

此时，冯玉祥的侦探向他汇报了一个使他特别恼火的消息：彭寿莘的第一军是名副其实的"兵马未动、粮草先行"，王怀庆的第二军所行路线是直系的根据地，处处是兵站，且地区十分富裕。冯玉祥心冷了。

冯玉祥不得不作自己的打算：第三军奉命后延宕四日才出发，全军经过三日才开拔。到达古北口时，已是第十四天！冯部共五个旅，行军序列是：先头部队是张之江旅，次为宋哲元旅、刘郁芬旅、李鸣钟旅和鹿钟麟旅。

到达古北口后，冯玉祥来到殿后鹿钟麟旅部，一头扎进鹿钟麟的草棚里，二人开怀畅饮起来……

就在冯玉祥兵扎古北口的时候，一位年约四十、高个头、白净脸的"商人"来到军营，说："有特殊任务，一定要见焕章将军。"冯玉祥知道来者不善，亲自出来迎接。

此人并非一般商人，乃段祺瑞军中一名旅长贾德耀。当年曾同冯玉祥一起在七师共事，关系很不一般。冯玉祥一见是他，急忙走上前去，拉住他的手，说："哎呀呀，是什么风把你给吹到古北口来了？"

"老兄兵出长城，小弟特来助阵。""好好，咱们帐篷里谈。"

冯玉祥挽着贾德耀的手，走进屋里。二人对面坐下，有人献了茶。冯玉祥这才笑着说："德公在合肥身边肩负重任，怎么一下子就到古北口了？"

贾德笑了："正是受合肥之托，才来拜见！"冯玉祥摇摇头。"我却不信。"

"有书信作证！"贾德耀把段祺瑞的亲笔信交给了冯玉祥。

段祺瑞虽失败隐居了，对时局还是十分关心的。他很了解冯玉祥和吴佩孚的关系。直奉再战，段知冯不会听命于吴，而吴也不会对冯一视同仁，所以，他决定派贾前来拉冯。

冯玉祥拆信一看，果系段祺瑞亲笔。信上除谈明自己不赞成内战，希望冯不要相信贿选总统之外，特别说："阁下有否他图？若能以实相告，芝泉定会臂助。"

冯玉祥看完信，点头说："我历来对内战深恶痛绝。令人忧心的是，按下葫芦瓢起来，内战竟是止不了。"

贾德耀说："将军若能够撑起大梁，合肥再有鼎力相助，局势是会稳的。"

"请转告合肥，倘时局属我，我一定请合肥出来维持大局。"稍后又说，"德公，军营耳目众多，不是畅谈之所，我派田雄飞随你去天津，与合肥详细面商如何？"贾点头称"好！"

贾德耀离去不久，冯玉祥留住北京"休养"的营长张树声陪着奉军驻京办事处的负责人马炳南来到军营。马炳南同冯玉祥畅谈多时，最后说："张大帅所以兴兵进关，目的只有一个：推翻曹吴。只要曹吴被推翻，奉方目的即达到，决不再向关内进兵。"

冯玉祥说："我已同北京几位将领接洽，只要你们的队伍不进关，推翻曹吴，我们还是能够办到的。""今后大计有设想么？"

冯玉祥摇摇头。不过，他还是说："果然达到统一了，我想可以请孙中山先生来主持大计。"

"张大帅也有此想。"马炳南说,"可谓'英雄所见略同'了。"冯玉祥决心已定,与皖、奉也取得了密切合作,于是,他率领的抗击奉军的兵马,便调回头来直向北京。经过一昼夜的行军,到10月22日,冯的先头部队已到达北苑。当一轮新阳又照耀着北京城的时候,京城的大兵云集,人人臂上佩戴着一条写着"不扰民,真爱民,誓死救国"的布章。

曹锟的贿选总统当不成了,在山海关指挥进军的吴佩孚也被张作霖打得片甲不存,不得不乘一只舰艇出海南逃。

冯玉祥回到北京城,即与各方磋商,一面电请广州的孙中山北上,一边组织摄政内阁,并请段祺瑞出来临时执政。中国,由战乱到平静了。

刚到六十岁的段祺瑞,终于爬到了极位。他在助手星散、心腹不齐的情况下,匆匆走进总统府,登台理事。然而,他却感到了困难:形势大乱,国情艰难,战火虽暂时停息了,但创伤却千疮百孔,该先办什么?后办什么?谁去办?怎么办?段祺瑞都心中无数。他发愁了,他皱起眉头,眯起眼,不住地叹息起来。

随在他身边的,是曾经作过清王朝翰林的张汉元。此人颇有点文才,诗作得也不错。清王朝垮了,他无官做了,便做了段府的食客,是段祺瑞子女的教师。此人颇能测到段祺瑞的脉搏。见段如此愁眉苦脸,便暗暗地对他说:"老总,您得赶快搭班子。"段祺瑞说:"怎么搭呀?没有人,连又铮也走了。"

"又铮现在不是在香港么,"张汉元说,"何不速速发电,请他来京!""糊涂,我真糊涂了!"段祺瑞击着自己的脑门说,"好,我现在就请又铮火速回来。"

徐树铮离开上海,本来想去日本,因为妻妾们都不同意,他只好改道香港。一来可以逍遥自在地消闲几日;二来也便于了解国中情况。有朝一日他还要在自己的国土上叱咤风云!

正是徐树铮在香港出戏园、进舞厅、携小妾游花观景的时候,段祺瑞的电报雪片似的飞到面前,声声催他"快回来!"

徐树铮捧着电报,心神不定了。他想过,他和段祺瑞是会东山再起的,皖系的兵力还会重整旗鼓,中国土地还会有他们的一片,这是要经过努力和时间的。直奉二次开战,他认定张作霖还会吃亏。要是他留在国内,他一定会设法支持奉张。他没有想到冯玉祥会杀回马枪——他很不相信冯玉祥，他曾经想挤垮这支队伍。冯玉祥倒直，曹锟败了，使他愕然。段祺瑞作了代理内阁的执政，他又愕然。徐树铮觉得这一切都是暂时的，不稳固的。思索许久，还是给段祺瑞发了一封"谢辞"的电报，名义是"身体十分不适"，实际是"心里十分不扎实"。徐树铮认为各派势力还不能合一，内战仍无法杜绝；合肥的代理内阁也理不了政。如其此时回去帮他理政，倒不如再观望一段，暂时避开国内政治、军事斗争的漩涡。

段祺瑞十分失望，也有些生气。他的鼻子又有点不正了。"这个徐又铮，为什么不帮我？"徐树铮毕竟是为段祺瑞出过力的，段合肥前情不忘，于是，以执政府的名义，加委徐树铮为"中华民国考察欧美日本各国政治专使"。为他办理了国书，配备了助手，拨给了经费，故弄玄虚地交代了任务。

于是徐树铮就周游列国去了。

徐树铮周游的第一个国家，是法国。他到巴黎的时候，是 1925 年 4 月中旬。巴黎的四月，春风和煦，阳光温暖。塞纳河的流水翻卷着清波穿城而过，埃菲尔铁塔显得分外壮观。圣母院的肃穆、凯旋门的威严、卢浮宫的神秘，都令初到者目不暇接，流连忘返。这个从五世纪初便成为法兰克王国首都的世界最大城市之一，十八世纪末叶起又成为法国资产阶级民主革命的中心，1871 年 3 月 18 日法国工人阶级在这里建立过世界上第一个无产阶级政权——巴黎公社。那以后，这里一直是世界大事的活动中心。

接待徐树铮的，是法国总理普思加莱，四十多岁，黄头发。他是一个十分健谈而又精通自己国家历史的人。他向徐专使介绍了他的国家一千多年的变化，特别炫耀了查理大帝在位时的昌盛："查理加冕称帝，法兰克王国遂成为查理帝国。《凡尔赛条约》签订后，分帝国为东法兰克王国、西法兰克王国和中法兰克王国。从此，便形成了近代德、法、意三国的雏形。"

徐树铮敬仰法国人的历史，仰慕巴黎的得天独厚，但他也热爱自己的祖国，敬仰自己的北京，他想借鉴法国人的办法来治理中国。所以，他特别认真地向法国总理询问今天的治国策略。

普思加莱推开双手笑道："中国的皇帝太守旧了，几千年一个办法，不行。"

"中国也在变。"徐树铮说，"现在已经推行共和政体。"

法国总理摇摇头："国体改了，还不见有什么好办法。袁世凯、黎元洪、徐世昌，都是皇帝，除了老皇帝的治国办法，没有自己的办法。"孙中山不是皇帝。"徐树铮说。

"孙中山，进步。"普思加莱说，"我们希望孙中山成功。孙中山能成功！"巴黎的古朴和秀丽，并没有诱起徐树铮的游兴。他甚至连圣母院和凡尔赛宫都没有去观光一下，而陷入了阴郁的沉思——他没有想到孙中山所造成的影响已经如此巨大！"难道孙中山的办法能比我当年向袁世凯呈递的《国事条陈》还先进？"他想起了孙中山，想起了桂林之行。"当初在桂林，何不同孙中山先生常谈谈呢？难道今后的中国就是孙先生的中国么？"

冯玉祥北京政变成功之后，虽然把贿选总统曹锟囚在北海团城，举段祺瑞为临时执政，但对治理国家还是不放心的。于是，接二连三电请孙中山北上，"共商国家大事"。

孙中山 1924 年 11 月 10 日发表《北上宣言》，17 日到达上海，12 月 14 日到天津，31 日到北京。冯玉祥派北京卫戍司令鹿钟麟到车站迎接。

为了孙先生的安全，鹿钟麟先行赶到丰台车站，请孙先生在丰台下来。孙中山摇头，说："我相信北京黎民百姓对我会友好的。我要同他们见面。"

北京车站自动聚集着成千上万的群众，他们热情地欢迎孙先生。孙先生到北京住铁狮子胡同。冯玉祥多次派夫人李德全前往探望。他原打算在北京同各方人士联络好，然后召开国民会议，确定建国方针。不幸的是，孙先生病倒了。1925 年 3 月 12 日，孙先生在北京病逝。消息传出，举国悲痛！

噩耗传到法国巴黎，徐树铮大为吃惊："孙先生走了？！中华怎么办？民众怎么办？"徐树铮把随行的二十余人集中在一个大厅里，为孙先生举行了悼念会议，并亲笔写了挽联，电发北京。挽联文为：

> 百年之政，孰若民生？何居乎：一言而得，一言而丧；
> 十稔以还，使无公在，更不知：几人称帝，几人称王？

徐树铮感到困惑了："孙先生不该逝去得这么早！"

孙先生毕竟是走了。徐树铮闷在房子里，打开了一瓶白兰地，自斟自饮起来。他的思绪也随着起起伏伏，冷冷热热——

徐树铮自从桂林拜见孙中山之后，便对他产生了一种莫名的感觉：他敬仰孙中山的胸怀，觉得他高瞻远瞩，能够治国安邦；中国有了孙中山，中国便有希望平静，由平静走向富强。不过，徐树铮也嫉恨孙中山，他自恃有治世的奇才。草莽可以搅浑天下，但治理还得由他这样的能人。在孙中山之前，还没有人能够成为他掌握形势的对手；有了孙中山，他徐树铮便相形地逊色了。现在，孙中山过早地离开了人世，他徐树铮又可以独领风骚了……

徐树铮仰面饮干了杯中酒，自言自语道："我要抓紧回国去！我要去收拾那片残破的河山！"

那日夜间，徐树铮喝多了酒，醉了。他仰卧在爱妾沈淑佩的怀里，用掌击着爱妾的丰润香腮低吟起当年济南被困时所写的《济南秋海棠咏》之一首《倩魂》：

> 倩魂娟楚上窗纱，冷月残灯送影斜。
> 红豆相思黄叶怨，莫教辜负断肠花。

黎明，他的酒醒了，依稀还记得醉中下的决心。可是，他竟摇头了："收拾残局，还不是时候。应付局面，合肥一人完全可以周旋得了。我，还是游我的列国。"

四月中旬的最后一天，徐树铮率领他的考察团离开法国巴黎，直驱英国伦敦。

人们把徐树铮称作段祺瑞的"魂"，果然名副其实。徐树铮不在他段祺瑞身边了，他一切都失去了主张。

孙中山北上，段是通电欢迎的。段作了执政之后，在宣布施政方针时，却又不同孙商量；孙中山提出了国民议会组织的商榷意见，段竟拒之门外；孙先生病逝了，开吊的时候，段祺瑞连礼服、用车都安排好了，而竟中止不去。气得国民党人公开大骂，表示坚决不与他合作。

执政伊始，百事待理，他没有主张了，常常愁眉苦脸或暴跳如雷。冷静下来，又焦急自叹："又铮呀，你何时才能回来？"

国家的事情太多了，比起他皖系大家族中的事，不知要多多少。段执政的 1925 年，是多事之年。四月川军内乱，五月上海发生了五卅惨案，六月汉口又发生大惨案。冯（玉祥）张（作霖）是请他出来代理国政的，现在又处处在挟制他。段祺瑞乱了，指挥失灵了，生活也失去了几十年来的规律——往日，他总是先念佛经，睡午觉，围棋、麻将玩到深夜。现在不了，他的棋友、牌友终日失业，成了无精打采的游神！

早几天，湖北督军萧耀南派心腹、财政厅长黄孝绩来北京，想表示一下谢意，感谢段执政加封他为督军。黄孝绩一见段祺瑞便说："萧督军是执政任统制时的士兵，如今主持一省军政，都是执政栽培的。他爱戴执政犹如赤子之对慈母。"

段祺瑞反而不耐烦了，他歪着鼻子说："你告诉萧督军，他是一省的疆吏，他应该对国家和人民好才是正当的，对我个人好，有什么意义呢？"

黄孝绩惶恐了。他还是拍马奉承："执政是国家的元首，他对执政好，就是对国家人民好。"段祺瑞还是歪着鼻子看了他几眼。

广西督办李宗仁派马君武为代表到北京来见段，对他说："广西竭诚拥护执政，由国民代表会议解决国家根本问题，李督办尤表赞同。"段祺瑞闭起口来，一言不发。弄得马君武尴尬不已，怏怏退出。马走后，有人问段祺瑞："老总对于广西代表，何以如此冷淡？"段祺瑞说："马君武是个坏人。从前他当国会议员，我提出对德宣战案，他反对最力。马受贿，得了德国人的钱，他是汉奸。"

人告："马是国民党的骨干分子，国民党反对参战，他当然该站在最前线。马是学者，他现在的生活很困难，由此就可以证明他没有拿德国人的钱。"

段祺瑞还是摇头冷笑。

最使他拿不定主意的，还是四川的事。

段祺瑞在主张以武力统一中国的时候，四川是想争取的主要对象。段作了执政，四川的刘湘、刘文辉、邓锡侯、赖心辉、袁祖铭等纷纷派代表到北京，请求罢免杨森四川督军的职务，段身边的人也主张扶刘湘等统一四川。段祺瑞摇着头说："不，不能免杨森。"人问："为什么？"

他说："刘湘等几部分联合反杨犹如手掌一样，五个指头伸起来打出去，容易折断；杨森虽是一部分，犹如拳头一样，打出去是有力的，川事不能从人的多少来判断。"

人劝："扶助刘湘，如果打胜，则四川实力派从此属我；即使打败，杨森也不会把几部分同时消灭。若是扶杨，杨是曹锟、吴佩孚的人，我们岂不是替政敌培养势力？""这么说，杨是扶不得了？"

"若杨打败，则刘认为中央不扶持他们，必会远拒中央甚至重演独立。""好……"段祺瑞即下令免杨森督军职,任命刘湘为川军督办,刘文辉为帮办,赖心辉为省长。

谁知杨森不服"圣命",遂发生战争。结果虽然杨森败走,四川却还大乱。不过,那以后,川军与中央关系还好,为后来入川奠定了基础。

段祺瑞不是自力争来的执政,而是别人给他的。权力既是别人给的,别人也能收回。所以,段祺瑞的宝座,是在摇晃之中;他身边又少了个主谋的军师,他不得不终日慌慌张张度日。

执政要办的事太多了,理不胜理。他越忙越感到徐树铮需要回到他身边。他着人把儿子宏业叫到面前,想让他具体来办这件事——询问徐树铮的情况,让徐树铮赶快回国。

段宏业,一个标致的年轻人,急匆匆地来到父亲面前,站立不动,等候父亲指示。

儿子站在面前,段祺瑞反而沉默起来。他只望了儿子一眼,竟不声不响地坐下来。

——段祺瑞国事烦乱,家事也够烦乱的。就说儿子宏业吧,在"朝"中也早已形成了自己的一派。他的主张是拉拢冯玉祥及河南的国民军,抑制张作霖。这便是人称的"太子派"。和"太子派"持对立情绪的不是别人,乃是他的老舅吴光新。吴光新则主张拉拢张作霖,打击冯玉祥。这便是人称的"国舅派"。这两派都在段面前极力蛊惑,要他倾向一方,反对骑墙。段呢,又觉得必须兼顾,不能压一方、宠一方。于是,矛盾越来越明,越来越深。现在,儿子站在面前了,是先谈他们甥舅的事,还是先谈自己的事?他拿不定主意了。

"爸!"段宏业先开了口,"张学良有电报来,要同我拜把子,你看这事能办不能办?"

"干什么?"段祺瑞惊讶地问,"他同你结金兰?"

段宏业点点头。"张作霖的兵可以同你拜把子,他的儿子却不能同你拜把子。"段宏业没有再说话。

——后来,冯张关系破裂,冯玉祥叫北京卫戍司令鹿钟麟扣押国舅派骨干曾毓隽以致传说冯玉祥打算以武力挟持段祺瑞,都与段家的矛盾有关。此是话外话,暂不提。

段祺瑞见儿子不作声了,这才说:"有一件事,你去着力办一下:设法跟又铮联系上，让他早日回来。现在有许多事等着他办。"儿子点头："我去办。"

"他们现在大概到法国了，可以急速发电报去找。"

段宏业走了，段祺瑞顿时感到有点轻松了。他端起茶杯，喊道："来！"内侍走到他身边。"老总，请你吩咐。"

"去把邓汉祥、陈树藩还有吴光新都请来，有要事。"

"是！"内侍一边退出，一边嘀咕，"老总轻松了，想打牌，所以约'三角'。"

第二十四章

南通访状元

上海。霞飞路。亚洲大饭店。

一间豪华的餐厅里，灯红酒绿，欢声笑语。四十多位着装奇异的男女，为徐树铮的海外考察归来举行欢迎宴。他们都是原北京正志中学的师生。

昨天——1925 年 12 月 11 日，徐树铮乘着日本的客轮——"东方号"抵达上海。出码头的时候，正好遇到当年在正志中学任教务长的姚叔节。姚叔节长衫礼帽，深深对他鞠了一躬，颇有点感伤的地叫了声"徐校长"。徐树铮握着他的手："叔老，树铮对不住诸位。哪里想到，这几年事情如此不顺心……"

"校长，"姚叔节说，"前事不必再提了，此次邂逅，也算大幸。这里不是畅叙之所。我知道你三二日不会离开上海，那么，明天我邀正志诸友，在霞飞路亚洲饭店为你接风，你看如何？上海并非平静世界，只能自寻去处。"

"先问正志诸同仁好！明天准时到'亚洲'相聚。"说罢，二人匆匆别去。

姚叔节，侯近花甲之年了，是当时国内一流的国学大师。终因与时局不洽，更加上一副清高傲骨，早持与世无争之态闲居上海。本想闭门求静，养尊处优，哪里想到"树欲静而风不止"，各派系战争不停，各路"英雄"常来相邀，弄得他无一处可静养，无一时可静养。身瘦体弱，易怒易愤，索性改装打扮，漂流无定起来，不想在码头上和徐树铮相遇。昔日，他们不仅共事，而且谈吐十分投机，早为知己。所以，今日一见，不容磋商便定了宴期。

徐树铮现在虽然处在漂泊之中，平生毕竟是有过荣华岁月，创办正志中学，便是他终生沾沾自喜的事情——

当初，袁世凯罗织罪名制造"三次长事件"时，就给徐树铮加了一条罪名，说他订购外国军火时浮报四十万银元，因而免去陆军部次长职。其实并非如此，在"三次长事件"前一年，即1914年春，徐树铮是经手买了一批美国制造的军械设备，美国人给了他八九万银元的回扣，这是得到袁世凯认可的。那时候，徐树铮一是不缺钱花，二是正想培养亲信，所以，便拿来在北京办了一所正志中学，并且聘请了国内较著名的学者诸如姚叔节、姚仲实、林琴南、马通伯等任教；还请了一些德国、法国的教师，开设了德语、法语课程。这件事袁世凯也是认可的。只是在袁世凯想加罪徐树铮时，便拿来作辞了！徐树铮极恨袁世凯这种低劣的做法。

徐树铮没有因为自己的沉浮影响办学。他是校长，他总把学校的事作为自己的重要办事项目。尤其是被免去陆军部次长职以后，他更韬光养晦，抓住正志中学，希图培养嫡系，丰富羽翼，以备日后东山再起……

众人把徐树铮推上首席，徐树铮坚辞不就。"诸位大都是长辈，树铮万万不敢妄尊！"

飘着花白美髯的姚仲实，情感冲动地说："校长，你对我们这些老朽的敬重，早已令我等心情激动了。还记得咱们办学之初吧，我和琴南视力不济，上课时需人扶掖。每每进了教室，才知道扶掖之人是校长您！哈哈，让人很不安的，我竟常常把课讲糊涂了。"

姚叔节也说："有些时候，我还发现校长坐在学生旁边，恭恭敬敬地听我的课！"徐树铮说："我发自内心地尊敬诸位。诸位都是当今学界名士、大师，能够当面聆听教诲，那是求之不得的。我怎敢错过良机？""恭谨好学，伟人之举。校长的襟怀，一直是我们敬重的。"一位叫吴辟疆的老师说："校长，我一直忘不了'醒春居'，忘不了'便宜坊'。你每礼拜三晚上总要陪我们去吃馆子，山南海北地畅所欲言。那是什么情分！"

徐树铮笑着，握着他的手，说："辟老，我总记得每晚只要到了八点，你就常常打起哈欠。我呢……"

"那是我的毛病，至今不改。喜欢早起早睡。所以，不管别人谈兴如何，只要到了八点，你准派车送我回家！""怕你老'醉卧怡红院'呢！"

"现在想想，真有点后悔。许多高谈阔论、奇闻趣事，我都没有领教！"

姚叔节说："校长，今天遗憾的是林琴南老没有在上海。也算'遍插茱萸少一人'了。"

徐树铮说："我也好久不见琴老了，他真是一位文才横溢的长者，著译极丰，外文甚厚。"

"你知道么，早年他由京南下，路过你的家乡徐州时，自然想起了你，还写过一首诗呢！"

"我也听说了。"徐树铮说，"只是至今尚未拜读。"

"不妨，不妨"。姚叔节说，"我记得的。现在便恭录出来。"说着，伏在案上录出林琴南过徐州时写的七绝一首：

车窗晓望尽平畴，薄暖轻寒近麦秋。

无限庚申怀旧感，青山历历过徐州。

姚叔节将诗递给徐树铮，说："琴老不愧是大笔，信手拈来，字字珠玑！"

徐树铮一边看诗，一边说："林老的诗是极好的。叔老的记忆力也实在令人敬佩！今日难得再现，不亚席上又增了'汉书'数卷！"

酒席宴上，人们自然以正志中学之旧，忆往谈今，不胜感怀——

正志中学，徐树铮是想把它办成能够体现自己思想的学府。所以，整个教学比较保守，囿于礼法。他认为青年学子"血气未定，易入邪途"，上课之外，他常常集合师生，加以训导，总是勉其"以克己之道自持"，"苟能人人行克己之道，自治其身，尽其职责，知是我所应当为者而为之，知是我所应当戒者而避之，则一身以修，一家以齐，一国以治"。徐树铮的这个观点，极大地影响着正志中学里青年的进步，以致像"五四"运动这样的新思潮、大运动，都没有能触动正志学生。所以，当时的北京人曾嘲讽地称正志中学为"冷血团"。徐树铮仇视英国人，正志中学从不开设英语课，而以德语、法语代之。

正志中学出人意外地开设了军训课和音乐课，这在当时的北京也有极大影响。学生们摔跤、拳击、练习步枪，大唱各种歌曲，常常引得路人聚集，翘首观望。

1920年的直皖大战，段祺瑞失败了，徐树铮从柳箱中被偷运出北京，正志中学也被直系军阀王怀庆接管。从此，正志老人纷纷离去，由京抵沪。今日相聚，自然悲喜交集，笑声和叹息相杂。

徐树铮醉了。他依然雄心勃勃地说："我要恢复我的正志！我要恢复我的正志！"

正志同仁也纷纷表示："我们仍回正志！我们仍回正志！"隔日，孙传芳匆匆赶到徐树铮的别墅。

人报"五省联军总司令孙传芳来访"。徐树铮既不感到惊讶，也不感到兴奋，只淡淡地说了声"请！"然而，他脑海里还是荡起一层波纹："他，此时找我何事？"

孙传芳是密访，只随身带了一个侍卫，还让他停在门外。他自己，便装礼帽，戴一副金边眼镜，俨然像个老学究。当他和徐树铮握着手时，诙谐地说："专使，你没有想到俺会来吧！"

徐树铮也打趣说："我没有想到你不来，只是觉得你来晚了。""嘛？你昨天才到上海，俺今天来拜，还算晚？""我不是昨天到上海的，是前天！"

"俺是昨天才听说你到的。"孙传芳笑了，"闲话少叙，有大事相商。"

二人走进客厅，对面坐下，有人献茶。孙传芳摘下眼镜装在帽子里，帽子放在桌子上，开门见山地说："又铮，俺得先问你一句话：孙馨远是夺过卢永祥的地盘的，卢永祥是段老总和你的人。俺对不住老总和你。你能不计较吧？"

徐树铮说："我得先问你一句话，你说对不住老总和我，是真心话还是应酬话？""啊？！""嗯！"

二人仰面又笑了……

"天下不太平呀！"孙传芳说，"老总做了执政。虽然该做执政，俺是怕他玩它不转。俺孙馨远绝不捣他的蛋，一定听从他的指挥。可是，捣他蛋的人总有。咱得拿个万全之策，稳住江山。"

听了孙传芳这几句话，徐树铮感到他不是虚情假意，便说："馨远将军，我去国一年有余，心里也不平静。中国的事情太乱，不好办。陷在圈子里，似乎谁都该掌握天下；跳出三界外再看，却又觉得谁也掌握不了天下。你说对不对？"

孙传芳一拍桌子，站了起来："俺就知道你周游列国回来，定有高见，所以特来找你。"

武备学堂出身的山东历城人孙传芳，到了1924年便混上了个福建督军，也堪称可以了。为了稳住福建阵地，在高参杨文恺、卢香亭主谋下，又同福建督军周荫人结成"金兰兄弟"。他觉得该在八闽安享几年福了。谁知那个周荫人是个只看势力不看情义的人，他觉得孙传芳占了他的地盘，瓜分了他的利益，竟在一个不知不觉的时刻把孙传芳赶了出来。弄得孙传芳在闽浙毗连的沼泽地区几乎困死。正是他走投无路的时候，江浙两省发生了皖系军阀浙江督军卢永祥和直系军阀江苏督军齐燮元的大战。孙传芳乘卢永祥之危，一举占领了杭州。

齐卢之战的主要目标是为了争夺上海利益。卢永祥的杭州老营一失去，他便腹背受敌，只好通电下野。孙传芳以胜利者之姿，收编了卢军五个师的兵力，一下子军威大振起来。

齐卢之战在南方摆开的同时，第二次直奉战争在北方摆开。贿选总统曹锟，本想大兵一发，奉张便会俯首称臣。哪知冯玉祥一个回马枪，金钱买来的大总统曹锟便不得不下野。张作霖大胜了。这位绿林出身的大帅，并不甘心只蜗居在山海关外，得了直隶、京津，便挥师南下，很快占领了南京、上海。

张作霖长驱南下，孙传芳的杭州偏安美梦做不成了。他想和张作霖战，又怕战不胜他。正是他一筹莫展的时候，苏、浙、沪一带的老百姓掀起了一股反奉高潮。说是"奉军欺压百姓太甚，搜刮民脂民膏，奸淫妇女"。这个高潮连奉张新任命的南京督军杨宇霆、上海守备邢士廉也不知所措。孙传芳本来是亲奉的，现在不亲了，因为奉张侵害了他的利益，他得自卫。于是，孙传芳杭州发兵，一场巨大的反奉战，立即在长江三角洲展开……也该着孙传芳时来运转。反奉战在长江之滨展开时，他获悉北方冯玉祥同奉张的关系早已有裂缝。于是，他便派谋士、他的把兄弟杨文恺速去张家口，给冯玉祥送去"秋波"。杨文恺的塞北之行，竟然促成了孙传芳和冯玉祥结为金兰兄弟。冯玉祥除了派一名叫段祺澍的人作自己的代表去杭州拜谒孙传芳，并且对杨文恺郑重其事地说："馨远出兵打奉军，我极端赞成。不过，从目前形势来看，我还不便与张作霖公开决裂。如果馨远对奉军发动攻势，我在北方一定做出预备作战的姿态，牵制奉军，使他们不能抽调队伍南下增援。"

孙传芳出师顺利，很快收复了上海、南京。张作霖发怒了，他一边调军南下，一边仍然委派他的将领施从滨为安徽省善后督办，委派张宗昌为江苏省善后督办。张宗昌率五千白俄军在北京获得了足够的活牛活羊、大宗白兰地洋酒、大炮台名烟，很有战斗力，赤膊上阵，枪酒并用。可惜，兵败如山倒，张宗昌的白俄军大都死在刺刀下。最后，连年过古稀的名将施从滨也作了孙传芳的俘虏。

孙传芳到底是草莽出身，胸无大志，他竟把这位白发苍苍的老将斩了。十年之后，即1935年，孙传芳成了光杆司令。在他隐居天津英租界内的居士林，朝朝进庙念经，念经时竟被一个女子杀害。她不是别人，正是师长施从滨的女儿——施剑翘。她为父亲报了仇。此是后话。

孙传芳反奉获得大胜，他匆匆赶到徐州，将奉军存在徐州火车站上的一百五十余列车补给分发各部，再编军队，重振虎威。一切都办完之后，他回到南京，坐镇江苏督军府，然后向各省发出胜利通电。江苏、浙江自不必说了，江西督军邓如琢、安徽督军陈调元，连福建自封督军的周荫人也发来贺电，并纷纷表示愿听驱使。又经过一番联络活动，1925年春天，孙传芳在南京建立了"五省联军总司令部"，自封为"总司令"……

现在，孙传芳正是春风得意之时。他想再攀附皖系，然后一统天下。

孙传芳坐在徐树铮对面，一口一口地喝着茶，一度一度地仰起脸来想说话，却又一次一次地把眼帘垂下，低下头。孙传芳突然心情矛盾起来：他匆匆来找徐树铮，原想寻求皖系的支持，巩固自己的地盘继而扩大，继而……继而干什么呢？话到该说的时候，才失去了掌握分寸的能耐：继而拥护段执政么？执政到什么时候？执到他当大总统。"段合肥若是当大总统，俺还得俯首称臣。俺这半壁中国的总司令，向一个只有空架子而手中无兵权的段祺瑞称臣么？太不合算了。"要说让段合肥下来，由他孙馨远来执掌天下，这又怎么说呢，但这可是他梦寐以求的。在他没有东南半壁河山，还是不久前被困闽浙毗连的沼泽地区时，他没有这种奢想。福建出来，兵士是穿着短衫，浙江的气温远远低于福建，空肚子加上寒气候，孙传芳的兵几乎全溃。曾记得在他只想着粮食、棉衣、愁眉难展的时候，军需官诚实地向他汇报了紧急情况之后问他"怎么办？"，他气急败坏地破口大骂军需官："混蛋！粮秣没有咋办？得俺问你哩，嘛？吃俺？俺告诉你，明天起，就得让人人填饱肚子，加上新衣。如若还有一个人吃不饱、穿不暖，要么这个人就是你，要么俺就砍了你的脑袋！"现在他不只想粮食、棉衣了；他有了优厚的老本——五省联军，他想天下了。不过，如今天下正在段祺瑞手里，说明白了，岂不等于赶人家下台。所以，孙传芳才吞吞吐吐，犹豫不决。

徐树铮机灵，孙传芳想干什么？为什么来访？他的眼珠儿只几转悠，就透视得明明白白。何况，他孙传芳一进门就露了马脚——孙传芳照面时对他说："老总做了执政。虽然该做执政，俺是怕他玩不转。"徐树铮当时心中就不悦："怎么玩不转？你孙馨远玩得转？"现在又见孙传芳这个样子，心里更明白："孙馨远想当婊子，还想有一块贞节碑！太妄想了吧。"

徐树铮端着一茶杯，只端不饮，淡淡笑着，说："馨远将军，我想问你一个问题：当今天下，你说谁是英雄？"孙传芳一怔，心想："为什么问这？"他眨眨眼，说："当然得算合肥了。你瞧瞧，袁项城是不必说了，黎宋卿怎么样，冯华甫怎么样，徐卜五、曹仲珊……都不是人主之才。合肥，只有合肥。"

徐树铮附和着说："将军只说对了一半。""一半？怎么说？"孙传芳不解。"当今天下，英雄有二。"徐树铮说，"乃合肥与馨远耳！"

孙传芳心里一热，乐得连嘴唇也颤动起来："天下总算有人识俺这块'金镶玉'了！"不过，他还是说："又铮高抬我了。俺哪里敢同执政相提并论？说句心里话，有一天合肥果然面南登极了，我孙馨远一定做他一个忠良将！"

徐树铮笑了。心想："段祺瑞虽然不是个人王地主料，你孙传芳也绝不会是别人的忠臣孝子。只不过闯一时、算一时罢了。"不过，他还是说："天下者，天下人的天下。谁也不一定不是人王，谁也不一定是天生的人王。有道德的人，能把国家治理好的人，总会得到黎民百姓的拥护的。"

孙传芳一见徐树铮对他并不十分热情，便敏感地想到了强占卢永祥杭州的事，急忙转了话题，说："又铮，有朝一日，俺还得劳动你的大驾，帮俺办一件事。""什么事？"徐树铮问。

"俺设个家宴，请卢子嘉来，俺得当面向他赔罪。"

"事情都过去了，就别再提他了。"徐树铮说，"子嘉如今虽然日子不好，我想他也不会计较你。何况，你对合肥还是不坏的。我们仍然把你当朋友敬重。"

"俺孙传芳也是走投无路才选了那条路。"孙传芳说,"俺记住啦,今后一定还他这个恩情债,得对住老卢。"

徐树铮知道孙传芳是个朝三暮四的人,今天说得天花乱坠,明天翻脸不认人,不能把他的话当真。于是,便摇着头说:"以后莫要再提这件事了。眼前的大事这么多,哪里有工夫总翻过去的事。今天你来了,我正想同你商量一件紧迫的事呢。""嘛事?"

"想请一个人出来主持大政!"

"咳,俺正是为这事来找你!"孙传芳顺水推舟了。"噢!心里有数了?""有!"

"哪一位?"

"南通张季子。你看如何?"

"张謇?!"徐树铮精神一振——徐树铮一直视张謇为师,十分敬重他。在他周游欧洲时,便多次想到此人,觉得他有治国之才,有心想寻机请他出任大任。现在,孙传芳提出此人此事来了,他自然满心欢喜。

"馨远将军,你想的此人,是能担起大任的。只怕他不愿出山!""俺想他会出山的。"孙传芳说,"哪有给总统不当的?不久前,他还到杭州去看俺呢!""谈此事了?""没谈。"

"……"徐树铮轻轻地摇头。

孙传芳名为直系将领,其实有一半之心是倾向山海关外的奉张的。他雄踞江浙之后,北方直曹一败,奉张长驱南下,侵害了他的利益,他才和奉决裂。但是,当初他仍未决心打奉,只是想调集重兵,加强宜兴、淞江一带防线,不许奉张再进。正在这时,张謇赶到杭州。

张謇是前清的状元,曾授翰林院修撰,参加过光绪皇帝的预备立宪会议,并且任了副会长;宣统元年(1909年)被选为江苏咨议局长。辛亥革命之后任过南京临时政府的实业总长,后来又任过袁世凯政府的农商总长。袁世凯称帝后,他辞官不做,着力在地方办实业和教育。是个政治、经济、文化无不精通的名士。如今已年过古稀,两鬓皆霜。最近,他听说孙传芳在浙江治军纪律颇严,特来看看。

孙传芳久慕他的大名,自然盛情款待。二人在小客厅对面坐下,张謇便说:"馨远将军临浙,深得浙人拥戴。听说将军有《入浙手册》,老朽甚想开开眼界。"

孙传芳忙命人将《入浙手册》拿来，恭送之时还一再请张謇指教。

张謇一边看，一边说："中国近年的军队尤其缺少的，就是纪律这个东西。大军一过，犹如蝗祸，恨不得杀尽一切生机；而作将帅者呢，又一味实力至上，穷兵黩武。哪晓得，历来兴亡都取决于民心呀！馨远将军能够以纪律治军，纪律又多为民众着想，堪称当今智者。老朽敬佩，敬佩！"

——孙传芳，本来是个不精文墨的人，半生笃信武力。福建一败，使他长了一点文治的本领。这本《入浙手册》实际是给逼出来的。手册主旨大体说，他们是被周荫人逼出福建，来到浙江，必须严于纪律，秋毫不犯。为此，订了纪律若干条，违反者应受处理若干条。不论扎营过夜还是休息吃饭，均由连、营长高声朗读。有时行军途中，军官读，士兵也跟着读。对于部队起到了相应的约束作用。其实，孙传芳不过是作一番点缀而已，他要让全军知道：福建回不去了，浙江要成为大本营。不这样守纪律，浙江父老就不一定养活我们这支军队了！张謇也有点上当。

"张季老（张謇字季直，年老后尊称季老）过奖俺哩！馨远也是在走路中学走路。谁能不是娘养的，谁能不吃五谷，吃穿来自何方？领兵的人咋能不想哩！"他仰面笑笑，又说："你打来，我打去。季老的故乡也是战祸连连，不知时下民情怎么样哩？"

张謇叹息着说："张雨亭太缺乏自知了。那个绿林的身世，已经抹黑了一片；如今，顶着东三省巡阅使的纱帽，又控制北洋半边天，就是不想想黎民百姓，又把手往江南伸。你说江南人怎么说他们？"

"咋说哩。"

"说他们是猛虎！"张謇叹息了，"一说奉军来了，连儿都不敢夜啼。"

孙传芳兴奋了，他大言不惭地说："这样的大逆不道，俺要惩恶除奸哩！你老是苏沪浙太阳般的人物，俺得请你助俺一膀子！"

"按说，我是早已有言，不问朝政了。可是，我总是中华民族的一员，怎么能看着百姓受凌辱而无动于衷呢！我老了，一介平民，充其量是说说而已，扭转乾坤的事，还得是你们这些年富力盛的将军呀！"

"馨远举兵时，只盼季老能够率苏沪名绅为俺说话，俺就满足了。"……现在，孙传芳踞有五省了，他感激张謇，觉得张謇伟大。徐树铮沉默不语，孙传芳心花怒放："张季直能够到杭州去鼓励俺反奉，俺听他的话胜了。这老头有眼光。设若让他当大总统，俺在他指挥下，那一定会有好形势。"

"又铮，你别犹豫不决了。俺看当今大任，非这老头子不可！"孙传芳决心下定了，他想请张謇出来。"张季老经的风霜太多了。"徐树铮说，"当今形势尚难安稳，他能出来吗？"徐树铮也想让张謇出来维持大局，总怕他不干。孙传芳眨着眼睛，半天才说："又铮，我还想问你一句话。""什么话？"

"你是有学问的人，想得比俺细。我看你这样吞吞吐吐，是不是怕合肥不答应？"

"我没有这个想法。"徐树铮说，"这样的事，只要把话说明，老总是会答应的。当初他对黄陂并不好，大总统还可以让。何况他对张季老还是五体投地呢？"

"这就好办了，不用转弯子。"孙传芳说，"说句真心话，俺来找你时，还想让你助俺一臂之力，帮我当当大总统呢！俺觉得不至于比曹老三当得差。现在想想，张季老比俺强得多了，还得请他出来好。"

徐树铮说："这样吧，如果你有真心实意，你就陪着我，或者我陪着你，咱们明天就去南通！""三顾茅庐！"孙传芳说。

"一言为定！"徐树铮点头。

第二十五章
状元不问平章事

海外归来，徐树铮一直在匆忙应酬中。他本来想好好地休息几日，但不可能。以致，在他送走了孙传芳之后，他猛然觉得头很沉，通身疲懒无力，眼睛也有些涩得难睁。他独自走进卧室，轻轻地躺到床上，想甜甜地睡一觉。

他该静养、休息了，他太累了。无论是在自己的国家，还是在异国他乡，这段时间以来，他总排除不了萦系心中的烦恼和问题。他的大脑总在超负荷中运转，仿佛他肩上挑着整个国家和民族的重任：皇帝不行，大总统也没有人行。只有他徐树铮，才能托起这片将要沉沦的天地！他冷静地想想，根本不是这么回事。"我徐树铮不就是一个徐树铮么！少了我，地球照样转，日月照样轮回。"他闭起眼，想长睡。"睡吧，能睡到几时就睡到几时，这里的天地、时光全是我的。"

徐树铮把眼闭上，却又迟迟难以平静。当许多事情都在脑际像走马灯似的出而覆没之后，唯独孙传芳这个人和这个人突然来谈的事情，总像影子似地随在身后，甩不掉。"孙传芳究竟找我干什么？难道真是为了请张謇出山么？果然这个老头子愿意出山了，那么，段老总又怎么办？他甘心走开？要是他不愿让出执政大权，岂不更骑虎难下……"徐树铮躺不住了，他翻身坐起，紧紧锁起了浓眉。

权，这东西的诱惑力真大，许多人争它丢掉了性命；许多人为保它，也会丢掉性命！轻而易举把到手的权送给别人，还很少有如此大方的人。徐树铮认为段祺瑞也不会。还是他在日本周游的时候，段祺瑞给过他一封长信，谈了许多执政碰到的困难，谈到他自己的心灰意冷，并且一再表明他"不想贪恋政坛了，国事太伤人心了"。但是，那只是一封信，也许只是一时心血来潮。徐树铮不敢完全相信这封信。现在，在他碰到需要解决的具体问题时，他又多么希望这个信是他段祺瑞的肺腑之言。"果然真是那样的话，合肥能急流勇退，也算一个英雄！"

深夜，徐树铮给段祺瑞发了一封很长、很有分量的电报。一方面告诉他，他"已回到上海，待稍事休息，即北上晋谒"；另一方面也真诚地表明态度，"希望老总能有个明白进退决心，以便处置后事"。

做了执政府执政的段祺瑞，日子过得并不顺心。该执的政，各方掣肘颇大。他自己心中有数：大位并不是自己力争来的。曹锟是被奉张伙同冯玉祥赶下台的，按说，要么张作霖执政，要么冯玉祥执政，怎么能轮到段祺瑞呢？何况他是被直曹打得无立足之地的。之所以让他出来了，一是因为张作霖不是老北洋，恐怕压不住阵脚；二是冯玉祥野心不大，不愿主大政，故而段祺瑞被推上来了。

其实，这个"执政"的名称，也不伦不类。总统就是总统，总理就是总理，执政算什么？有什么办法呢？现在是民主共和，总统得选举。曹锟别管出多少钱，人家有选票，当总统名正言顺；只有这样名正言顺的总统才能委派某某人组阁、当总理。现在，贿选之后，国会基本不存在了，谁来选举呢？不能选举就没有合法的总统，执政只能算一个过渡的、假设的政府，段祺瑞自然明白他的这把交椅是什么做的。

在段祺瑞就任执政的时候，他曾经说过这样一段话："如今国事纷乱，大局阽危，我们从政多年的人，素以天下为己任，怎么能明哲保身呢？所以，我不得不出来为国家出点力。"这是一段自我安慰的话。说得倒也入情入理。

张作霖怎么说呢？他说："老段是个过时人物，抬出来压不住人。不要说我和吴佩孚，就是阎老西（山西阎锡山）也不服，虽然一口一个'段老师'，但哪里肯照老师的话去做！"这是一段肺腑之言，表明他并不拥护"合肥"。

张作霖的话传到段祺瑞耳中，他气昏了。歪着鼻子大骂："我段芝泉哪点不对？不是我周旋，冯玉祥会杀回马枪？我想打垮你奉军，还是有力量的。"

段祺瑞盼望最大的，是孙中山的革命军"能够早日北上，节节胜利"。孙先生的北上，又迟迟不进。段祺瑞忧愁了，他沉默起来，终日闭门谢客，垂头丧气，鼻子总是不正。在他身边的人，也有意躲了出去——大家都知道他的性子，鼻子歪时最爱骂人，谁愿意找骂挨呢。只有他的夫人张佩蘅和二姨太边氏，不时在他身边走动，不时地唠叨几句："当初就不想让你再出来，在天津过几天安静日子多好。"张佩蘅叹息着说。

"难哪！"段祺瑞应答着，"不出来又能安逸几日呢？你没看见，人人都在争霸。受别人管也不是滋味。"

"当初你不该放又铮出国。他在，你也有个膀臂。"

"何必做人家不乐意的事呢。让他去吧，有一天，他还得帮我。"……正在这时候，徐树铮的电报到段祺瑞手里。六十岁的段祺瑞，匆匆戴上老花镜，看起电文来……

段祺瑞又把眉头锁起来："徐树铮要请张謇。这一请……"他踱起步子。

段祺瑞是崇拜张謇的，崇拜他的学识，崇拜他的人品。他觉得这样的人才是治国安邦的栋梁。然而，要是请他出来就任大任，段祺瑞心里有点沉——"张季老能挑动这副担子吗？"

段祺瑞和张謇交往虽然不密，但对他印象却是很好。最难忘的，是张謇挂冠离京那件事——

袁世凯当总统时，张謇任熊希龄内阁的农林、工商总长兼水利总裁，是个著名的实业救国派，决心以振兴中国实业使中国富强。袁世凯当了大总统不过瘾，一心想当皇帝。朝野上下，议论纷纷。张謇去见袁世凯，劝他"务必别议称帝"。袁世凯很不耐烦，念着他状元身份，又是内阁重要成员，不曾发作，给了他几个冷眼，撵了出去。事后，又派段祺瑞违心地说了一通好话，最后说："季老，我们还是赞成他这么做吧。若是不得人心，日后自有人起来推翻他。何况他与我们共事多年，闹翻了，都不好。"

张謇捋着胡须说："称帝绝不会得人心！如其'日后有人'推翻他，倒不如今天咱们就是'有人'的首领，制止他。岂不免了许多涂炭之灾？"

"项城刚愎自用，决心已定，想是不可扭转了。""若是那样，我首先挂冠而去！""那样做好吗？"

"有什么不好？"张謇气愤着说，"皇帝早为国人所唾弃，我们何必再附会去遗臭万年呢！"

袁世凯真当皇帝了，张謇真的挂冠归里了。

袁世凯沽名钓誉，称帝之后想拉拢亲信，收买人心，便以皇帝的名义加封张謇和徐世昌、赵尔巽、李经义四人为"嵩山四友"，说他们"像嵩山一样，是一条卧地的巨龙"。同时表明，他会像统一中国后的秦始皇那样，诚心朝拜他这座"地位最高"的山！可是，张謇却闭门谢封，皇上派来的"钦差"连一杯清水也未曾喝到。对于此人此事，段祺瑞叹惜，却不得不承认他是真正的正人君子。这样的人若能出来主政，肯定是国家之幸、人民之幸！想来想去，段祺瑞觉得徐树铮的意见可以接纳——虽然勉强，但再无他途。于是，便认真地给徐树铮回了一封赞同的电报，并委托他"向张季老问候"。徐树铮接到回电，坦然地笑了。

1925 年 12 月 15 日，一辆新型的深蓝色的轿车在一部敞篷中型吉普车的护卫下，开出上海，顺着沪通公路朝南通驶去。

长江三角洲，已是冷风习习，旷野铺上霜层，大地枯萎，一片荒凉景象。公路两旁稀稀落落的村庄，也显得冷冷清清，除了房舍边少许竹林还碧色苍郁之外，树木脱叶，花草衰败，整个大地仿佛都沉睡了。

坐在轿车后排松软沙发上的徐树铮，身着麦尔登呢西服，系一条大红领带，头上戴着俄罗斯绒帽，身上还披一件狐皮黑呢子大衣，俨然一副大官僚气势。但是，他的面色却像枯萎的大地一般蜡黄。他闭着双眼，似睡非睡。坐在徐树铮身边的，是五省联军总司令孙传芳。相比起来，孙总司令倒是显得十分潇洒：他戎装齐整，红光满面，军帽托在手中，两眼不停地望着窗外。然而，他的情绪却有些不安——

"天冷了。"孙传芳望着大地说。"天冷了。"徐树铮木然地重复着。"这里并不比俺的老家历城暖。""同我的老家徐州不相上下。"

显然都无话找话。完了，也就沉寂了。

徐树铮此刻比较安静：南通之行，成，他既对得住合肥，对得住国人，也对得住张季直，说不定因"保驾"有功，还会再步青云；不成，合肥仍执合肥的政，张謇仍办他的实业，他徐树铮还去思考他该思考的问题，做他该做的事情。此行似乎并无任何不妥。孙传芳虽然表情潇洒，内心却不平静。请张謇主大政，仿佛是出于一时冲动、心血来潮。现在，真正成行了，他又产生了顾虑：他怕张謇真出来，"万一他出来担大任，国人再知道是俺孙馨远请出的，岂不蒙了个推翻合肥的罪名！"昔日的事情可以丢开，合肥任了执政之后，对他孙传芳还是厚待的，这不应该忘——

段祺瑞身边还是有不少皖系骨干的，执政府一成立，陆军部就决定派褚玉璞、许昆率部南下。南下的目的人人皆知，那是报复孙传芳夺卢永祥浙江之仇的。褚、许两部整装待发，段祺瑞犹豫了。"暂缓南征吧。战乱已久，兵疲民凋，人心思安，该休养生息了。"段祺瑞说了话，南下之军暂停，孙传芳才免了一场灾。孙传芳自然感激段祺瑞，何况南方革命党也北上在即，他孙传芳首当其冲。到那时，还得合肥撑他的腰……想到这么多事，孙传芳心里七上八下了。最后，他想像徐树铮那样，闭目养一会儿神，而心却怎么也静不下来。

车行有时，徐树铮已经轻轻地发出鼾声，而孙传芳却烦躁起来。"我得煞煞'小扇子'的劲头！"他用肘轻抵了一下徐树铮，见徐树铮醒了，才说："又铮，我总觉得天下太乱了，东北是张作霖的天下，京津为冯玉祥所有，俺虽然踞有长江五省，其实是假，两广、云川都各有其主。这个局面不好办呀！"

"'分久必合，合久必分'。这是历史。"徐树铮说，"自会有人收拢。""除合肥而外，恐怕再无人收拾得了了！"

徐树铮一怔："孙传芳前天还担心合肥玩不转，今天怎么又拍起马屁来了？人说孙馨远朝秦暮楚，看来是有道理的。"于是便说："只要张季老出山，主政是比合肥适当得多。"

张謇敞开大门，把徐树铮、孙传芳迎进客厅。——状元府，这是一片异乎寻常的庄舍：高高的门楼，门楣雕琢着花环，门下蹲坐着石狮，门外一块宽厚的正方巨石，石中竖着高高的旗杆。迎门的影壁涂着淡红色，四周是砖雕的飞禽走兽。庭院深深，配置得当。徐树铮、孙传芳被领进的是一座幽静而豪华的客厅：两扇小巧的门，十分别致，紫檀木为格，湘妃竹斜钉，天然成趣，虽没有联楹，却显得高雅。室内明亮，四壁无饰而又洁净。中堂独悬明人张灵的花卉《醉杨妃》。徐树铮立在厅中，仔细观赏，不及他顾。

张謇一边命人香茶侍候，一边对徐树铮寒暄起来："又公军旅名将，怎对丹青又发生了浓趣？"

"名家墨宝，怎么敢轻易过眼！"徐树铮还是目不转睛。"你也景仰这位张灵公？"

"明时大家，同你我又是江苏老乡，自然敬重。"

"太好了。"张謇说，"早年，上海一位同年来访，携来相赠。说是祖传家珍，务请不要一般看待。其实，我除了'张灵是明人'，其余实在是寡闻；连这花名我也说不出子丑。正好可以向你请教。""树铮一直视季老为师，怎敢班门弄斧。"

"这就不妥了。"张謇说，"即使是师，也不敢说诸事皆通。比如书画之类，我便只是一知半解，甚至半解也不解。何况我中华历代名家辈出，我更是孤陋寡闻了。"

"季老既如此谦虚，树铮也只好胡乱说了：这画，自然是珍宝一般，大手笔，大气势，但又不失钟秀。此花所以叫'醉杨妃'，是因为它是山茶的一种，大约是花色粉红，妍如美女之故。《群芳谱》说它'单叶，花开早，桃红色'，《学圃杂蔬》说它'与白菱同时开'。其实，都说得不准确，那只是指一般山茶中的醉杨妃，张灵公画的是冬初开的山茶，又称'杨贵妃'，那是山茶中的殊品。季老冬季悬此帧，正是方家之举。我只是以学子在老师面前答卷之心混说，还望老师评指。"

张謇笑了！"你说的这些，我实在是听未曾听，而听了眼界大开，还望能对张灵公介绍一二。"

"学生冒昧了。"徐树铮说，"此位张灵公，吴县人，字梦晋，以人物著称，山水间作，笔生墨劲，崭然绝尘。《艺苑卮言》赞他'善竹石花鸟'。想是不诬的。因为这位张公是唐寅的邻居，志合才敌，契深椒兰，所以，墨宝极珍……"

孙传芳是门外汉，早听腻了，忙大声说："怎么一进门就谈起画来了？俺的肚子倒是咕咕响，想填点嘛东西！""好好好。"张謇说，"二位稍坐，立即请膳！"

张謇是个饱经风霜的人，当时正在撰写着《变法评议》，整理着《张季子几录》，那都是评述治政之道的。徐、孙二人来干什么？他猜得八九分。心想："孙传芳好打发，说一通失权的利害关系，他就会收回让权的念头，一笑走开；而徐树铮，却不是那么好打发的，他深谋远虑，谨慎对事，是段执政的心腹，当今中国的奇才。可谓一言兴邦、一言丧邦的人物，得婉转地应酬他。张謇知道徐树铮有个喜好，惯在梨园中出入，诗词高手，又谙曲律。于是，他决定"以其人之好来治其人之想"。在安排盛宴的同时，着人到园子里把在这里演出的上海著名的南昆名旦艺号悠红的请来，暗下里为她定了几只曲子，让她在宴席上佐欢。

"两位是大忙人，难得有暇光临。今日不谈别事，老朽也无佳肴美酿，只好以曲下酒。但务必一醉方休！"三人入座，侍人斟酒。张謇对侍人说："快请江南名昆悠红出来佐欢。"

一位娉娉少女，姗姗而至。对每人施了一个万福礼，自有人箫管笛竹伴奏。她轻扭身躯，音韵有节地唱了一曲宋人陈与义的《临江仙·夜登小阁忆洛中旧游》：

> 忆昔午桥桥上饮，坐中多是豪英。长沟流月去无声。杏花疏影
> 里，吹笛到天明。
> 二十余年成一梦，此身虽在堪惊。闲登小阁看新晴。古今多少
> 事，渔唱起三更。

孙传芳自是木然乏味，他只端起酒往肚里灌。

徐树铮则别是一番心情。他微笑着，眉头微锁，心里暗想："张季老有安排了？今日宴起，竟选送了这一曲，叫人感到世态无限艰难，无限苦痛。一切只落得不堪回首，无限怅惘。往事就这么不堪回首，只能'闲登小阁看新晴'么？"他不相信，他要试探一番。

"季老盛情，树铮得饱艳曲。往日工余，我也喜好效颦。今日想在季老和名家面前献献丑，也算一点酬谢！"

张謇捋着美髯，笑了。"树铮是当今风流才子。对于京、昆之曲，自然精深。求还怕求不得，怎敢错过机会。"说着，忙命乐人伴奏。徐树铮一边击掌，一边唱了一曲王安石的《浪淘沙》：

> 伊吕两衰翁，历遍穷通。一为钓叟一耕佣。若使当时身不遇，
> 老了英雄。
> 汤武偶相逢，风虎云龙。兴王只在笑谈中。直至如今千载后，
> 谁与争功？

徐树铮唱曲时，孙传芳有点焦急。他端着酒杯，几次向徐树铮示意。心

想："咱们是来动员张季直出山的，还有大任需他操理，你怎么有心情没完没了地唱？"他再看看张謇，老头子也兴趣极浓。"这是为什么？难道一个实业家也分外热衷了曲子？"他对着徐树铮示了个眼色，又把目光转向张謇。

徐树铮以目光表示了会意，然后转过脸去看张謇，张謇也在紧锁眉头——

七十二岁的张謇，对于当今社会太心灰意冷了。他不想再同那些庸庸碌碌的"好汉"们为伍，在这个乱糟糟的土地上混天混日子！他挂冠离京之后转眼近十年了。十年中，中国之国情依然江河日下。早些天他还坚定地想过：袁世凯固然不是个东西，黎元洪是个东西么？徐世昌、冯国璋又是个东西么？曹锟开了金钱买总统的先例，本身也不是个东西；段祺瑞又能好多少？张謇想用潜移默化的办法，弹唱之中分散徐树铮的精力，免得与他展开一场唇舌之战。哪想到徐树铮聪明过人，同样用唱曲向他明明白白提出了出山的事。"徐树铮把我比成伊尹、吕尚，要我也来个'兴王只在笑谈中'！伊尹、吕尚毕竟去远了，那时候有明主出现，'敢进兴亡言'。现在是什么时候？既没有商汤王，也没有周文王那样的明主，我又怎敢比伊、吕？你想用赞美他们的方法把我拉出去，我不会干的。我也不想利用你那个时势和机缘去乘风破浪！"张謇朝那个小旦招招手。小旦走过来。张謇附在她耳边，轻声说几句。那小旦笑笑，然后说："二位将军，我还有一曲相赠，请二位听后多给小女子指教。"说罢，又唱道：

　　楼倚春江百尺高，烟中还未见归桡。几时期信似江潮？
　　花片片飞风弄蝶，柳阴阴下水平桥。日长才过又今宵。

徐树铮听着，先是对那个小旦淡淡一笑，似乎向她说明"你太机灵了！"然后又转脸看着张謇，心里急促嘀咕："老头子为何搬出个张子野？是不是一曲《浣溪沙》就真正表个明白态度？"他微微锁眉，又陷入了那片"望而不见""思而不得"的意境中。"难道老头子真不想当总统？"

正是徐树铮沉思的时候，孙传芳咧着大嘴说了话："别再唱了吧，俺有点困哩。"

"这好办。"张謇，"让悠红给你敬一杯酒。然后你也命题让她为你唱一曲，如何？"

"俺只会调兵遣将夺地盘。指挥这小妮,实在不知咋办。"孙传芳说,"点曲咱就免了吧。能陪我吃一杯酒,也就满意了。"

悠红端起酒杯,来到孙传芳面前,双手举起,说:"愿将军愉快、健康,宏图大展,万事称心!"

孙传芳接酒仰面饮了个尽,然后说:"多谢小乖乖了!多谢张季老!"

张謇说:"两位将军既是同来,不能厚此薄彼。悠红,也请为孙将军唱一曲吧。"

"请将军命题。"悠红说。

"命题?"孙传芳说,"俺不命。别难为着你。若非唱不可,你拣熟的唱就行了。"

悠红轻启朱唇,又唱了一曲韦庄的《菩萨蛮》:

> 人人尽说江南好,游人只合江南老……

酒、曲、饭一毕,他们并肩转入书房,有人奉上香茶。此刻,孙传芳又有点耐不住了,他捧着茶杯,又谈起不久前张謇到杭州去访谒他的事。张謇笑道:"乱哄哄的中国,人人都说是为黎民百姓,可是,所有的黎民百姓无不惨受他们的苦。在这片天地上,将军能有一本《入浙手册》,也真够可贵的了。"

孙传芳听明了,张謇把他排除在残害黎民百姓的人之外。他十分高兴,但还是谦虚地说:"俺也是黎民生养的,怎么能忘了生养的父母呢!再说……"他本来想说"俺要没有这个本本,浙江也蹲不住;没有浙江,哪有今天的五省。"这话到了口头,竟又收回去了——算是孙传芳粗中有细。

张謇马上摇摇头,说:"中国太大了,只一个浙江有'手册'怎么行呢?再说,将军的良苦用心,所部也并非完全理解。"

孙传芳愣了。"咋?俺那'手册'是装样子的?"他想申辩几句,但又觉得确实有不少部下是不按"手册"做的,万一老头子摆出三两件事实,岂不更难为情。所以,他还是说:"俺明白,俺明白。这不,没有仗打了,俺一定抓紧整整纪律!"张謇微笑点头。

孙传芳又说:"张季老,您知道俺同树铮来做啥的吗?"

张謇还是微笑。徐树铮却急不可待地说话了:"季老,我久闻您的诗词功力极厚，日前在友人处有幸看到您赠给梅兰芳先生的墨宝，诗书都堪称上乘！何不也赠我一帧？"

张謇明白徐树铮的用意，他是想岔开话题，免得直来直去谈问题。张謇也正想婉转表明自己的脱俗决心，于是说："既然将军厚爱，老朽也就献丑了。"说着，命人展纸，磨墨，他略加沉思，便挥毫立就七绝一首：

> 将军高唱大江东，气与梅郎角两雄。
> 识得刚柔离合意，平章休问老村翁。

落款，用印，然后张在壁上。

徐树铮站立在壁下，欣赏着书诗。张謇那笔行书，很是苍老遒劲；布摆章法，也是大气磅礴的。当他再品评那诗意时，暗暗地抽了一口气。"老头子赞许我高唱可以同梅兰芳媲美，但他却表明，国事不要问他这个'村翁'了。"

"季老决心超俗，我们也不便勉为其难。只是艰难的国事，却再无人可以料理周到，国人将只有仰天长叹！"

张謇也心情坦荡地说："二十年来，国事不济，国人感叹。那些自称人王地主的人，又无不为权为利，何时才能把心力放在挽狂澜、息水火之上？不是我执意阻二位，实在也有我的难言之苦：都在称雄，都想作霸。即便我挑起大任，又能行使极权几分？与其在位又无能为力谋政，倒不如随百姓一起，长叹息吧！"

徐树铮虽然频频点头，但还是说："乱久而必治。这和分久必合是一样的。偌大一个中国，文明昌盛了几千年，还能连一个能人也没有？到了适当的时机，国人仍然盼望季老能够出山主政。"

"国力太衰了！"张謇说，"国困民穷，文明也就顾不了许多了。所以，我想在有生之年，倾尽全力，振兴中华实业。富民强兵，才会有兴旺昌盛。"

孙传芳也叹息了。"张季老是高人，看得比我们这些庸人远。但愿中国不久能昌盛。"

当这两部汽车沿着来路返回时，孙传芳心事重重地对徐树铮说："国事难哪！还请阁下能同合肥面谈，以谋长远之计。"徐树铮轻叹一声，说："我不日将北上！"

第二十六章
"有人敢对特使下毒手么？"

徐树铮和孙传芳的频频接触，在中国立即引起轩然大波。首先是上海新闻界，他们态度明确地认定，徐树铮一入国门，便继续奔波于奉、直、皖三派的大联合，目的在于实现北洋派的大联合、大团结，以巩固段祺瑞的"领袖"地位。名士们的传言，则认为段祺瑞与冯玉祥关系恶化，徐树铮拉着孙传芳，来共同反对冯玉祥——说这话的人的依据很足，因为冯玉祥最近在北京命令警备总司令兼警察总监鹿钟麟逮捕了安福系骨干曾毓隽、姚震诸人；吴新光、朱深等皖系要人也被迫逃往天津。据此，有人推测：段祺瑞、冯玉祥之间将有一场大战发生。

其实，上述种种仅仅是猜测，虽有根据但并不确切。徐、孙过往之密，原因在于他们之间相互有求，相互有益……

那一天，孙传芳和徐树铮从南通回到上海，二人畅谈一般国情之后，便转入秘事。孙传芳心直口快，开门见山地问："又铮，你这次欧洲之行，俺知道，绝非只是观光。""还有考察。"徐树铮说。

"不，还有。"孙传芳笑了，"俺不能说，只能听你说。你把俺当外人，你就不说；你若觉得今后还有用俺处，你就说说。"

孙传芳说这话，并非凭空猜想。五省联军总司令部成立之后，他树大荫大，身边的高人也渐渐多起来。中国历来如此，不怕你是草莽，只怕你没有兵，没有权。这两样有一样，就会有许多谋士投入到你怀里，为你出谋订计，为你应酬各种场面，甚至为你肉麻地树碑立传。孙传芳据有五省兵权，自然具备了这种自身以外的条件。谋士们在徐树铮周游将返时，就为他打探到种种消息。其中竟有一条消息说徐树铮在法国订购了一大批军火，将来准备为段祺瑞重拉队伍之用。谋士们告诉孙传芳："总司令有五省兵员，若能得到徐树铮的兵器，那是如虎添翼，会立于永远不败之地！"孙传芳担心徐树铮不会和他合作。谋士们说："段合肥已是光杆司令了。总司令只需表示愿随他调遣，一切都好说。"所以徐树铮一跨进国门，孙传芳便匆匆来访。只是，听了谋士们的建议，孙传芳态度从容地含而不露。

徐树铮想过这件事，他在法国订军火是事实，但一时并未决定运回国内，想找好重整队伍的万全之策后再说。合肥执政之后，中国军情急剧变化。到他从国外归来时，孙传芳已据有五省，显然是举足轻重的人，他有心抓这支队伍。今天，孙传芳首先似露不露地提出此事，他不能不明白表示了。

"馨远将军雄踞中国之半，自然是国家兴亡之砥柱。又铮也想能够得到将军合作和支持。若将军有意，自然也是合肥所求。至于说欧洲之行，正如将军所说，我是办了件有关军事上的事。"徐树铮把在法国订军火一事简单而恳切地告诉孙传芳之后，便说："现在就看将军去从了。"

孙传芳挺胸站起，又惊又喜，说："俺就知道你不会只去观光。果然不出所料！只要合肥厚爱于俺，俺孙馨远绝不会背于他，生死都归他了！"

徐树铮得到孙传芳的应诺，心中平静了些。他感到必须立即赶到北京，同段祺瑞磋商恢复军力之大计。就在徐树铮准备动身北上的时候，妻子夏红筠病倒了。前天，还只是感到通身酸痛，双眸难睁，今天，已经有些神志昏迷了。佣妇为她调理的、她平时最喜欢吃的糯米红枣稀粥，送到口中，她却吐了出来。沈淑佩时刻不离床前，为她做着最细致的护理。

沈淑佩和夏红筠的关系甚为亲密。红筠从不曾小看于她，她也处处十分尊重红筠。无论在上海、在天津，还是欧洲旅游的途中，二人都能商商量量作好丈夫的内助，不使他为眷属分心分力。沈淑佩是个细心人，她窥视夏红筠这场病不轻，她偷个空儿走到徐树铮身边，对他说："又铮，这几天你无论如何别北上了，筠姐的病不轻……"

"事情这么不凑巧，"徐树铮叹息着说，"百事萦怀，千头万绪，上海又无法处理，不北上怎么办呢？"

　　沈淑佩见他去志甚坚，索性也壮着胆子多说几句："又铮，不是我责怪你，你在我们身上，就是不愿放点心思。我就罢了，年轻，体质好，我得处处为你想着做点什么；我乐意那样做。可是，筠姐呢？她不行。毕竟是快到五十岁的人，长期随你东奔西走。劳累、劳神不说，两个孩子失去了，她的创伤有多么大？现在，大孩子又久居海外，只有老三在她身边，她还不够孤独的？又铮，你得在精神上给筠姐安慰呀！她脆弱得很，经不住折腾了。"

　　徐树铮思索着，说："我也觉得很有愧于她。可是，有什么办法呢？总不能丢下许许多多的大事去卿卿我我地陷入柔情吧。原先我想能有个舒松的日子，和红筠、和你们一道，咱们找一个僻静处，过几天世外桃源的生活。谁知何时才有这样的机会？"

　　"筠姐也并不是这个意思。"沈淑佩说，"早几天在旅途中她还对我说，说你太累了，她要我们一定照顾好你。她说：'又铮生不逢时，心比天高，却总过着颠沛的日子，险风恶雨，坎坎坷坷，何时是个了？'昨天筠姐还说，她最近常做噩梦，尽梦见一些凄惨、悲伤的事情。醒来，总是泪水湿透了枕巾。"

　　徐树铮近来也常做噩梦，总是惊恐不宁。有一次，他梦见段祺瑞杀了他。头颅落地了，他还跟段祺瑞争辩。可是，段祺瑞却拂袖而去。他望着他远去的背影，不是段祺瑞，而是袁世凯，是黎元洪，是孙传芳……徐树铮对沈淑佩摇摇头，说："你也相信梦？梦总是梦，不可相信。什么噩梦美梦？中国人总以逆反心理对待梦，就是'噩梦醒来是早晨'那个话！"

　　谈话之间，人报"夏夫人请"。徐树铮和沈淑佩匆匆赶到病房。夏红筠精神还清楚。见他们进来，便想欠身，却欠不动。沈淑佩匆忙过去按住她，说："筠姐，你别动。你好好躺下。"夏红筠叹息着，示意他们坐下。

　　徐树铮坐在病床边，低声问："昨天取的药全服了？"一个侍候在身边的女佣代答："全服了，徐先生。""精神好些了？"

　　"好些了。"佣人说，"夫人听说先生又要北去，心情有些不安……"

　　"没有不安。"夏红筠低声对丈夫说，"我只是想，还有些事得对你说说。""是不是等精神好些再说？"徐树铮问。

　　"其实也不是什么要紧的事。"夏红筠说，"心里总觉得闷，又不知什么原因。闭起眼来，常常被乱七八糟的事惊恐得不知怎么好；好像有许多恐怖的事。"

"那是你心情不安的缘故。"徐树铮说，"病了许多天，身体弱了，神志是会恍惚的，别怕。有什么可怕的呢？"

夏红筠伸出手来，拉着徐树铮的手握得紧紧的。仿佛有许多话要说，但又说不出，不由地两颗泪珠滚下来。

沈淑佩拿出手绢为她拭泪，一边劝说："筠姐，你在病中，是不能过于伤感的。怎么又流起泪了？有什么话，你只管说；有什么事，你只管交代，我们是会按你交代的去办的。"

"没有什么事！"夏红筠说，"又铮太累了！我担心他。瞧我这个样子，我又不能照顾他的生活，还总得牵扯他。我真对不起又铮。"说着又流泪。

"怎么想这些事呢？"徐树铮焦急地说，"你在病中，我不能很好地照顾你，已经十分不安了。怎么会再去怪你呢！"

沈淑佩也说："筠姐，要说没有照顾好又铮，首先应该怪我。我在他身边时间多，我的身体又比你好，是我的责任。筠姐要觉得该批评，你只管批评我好了。"

"淑佩，"夏红筠又去拉淑佩的手，"你别误解我。我谁也不怪。有什么可怪的呢？夫妻之间还不都得以心换心，怎么能分分内分外事呢？我觉着又铮近来忙，心情不好，该为他分心，又不能。其实，你在他身边，我最放心。我感激你还怕感激不过来，怎么会怪你。""别说这些了，"徐树铮说，"自家人，怎么一时竟客套起来了？听起来，令人不舒服。不必再谈这些了，该干什么都会自己去干。你只管好好养病。"

夏红筠点点头："你们走吧，我想休息。"

徐树铮他们没有走，好像还等待她说些什么。夏红筠对他说："又铮，我劝你别北上了。北京的事不好办，老总（段祺瑞）现在有名无实，只能应付。你那个倔强的性子，去了也无法适应，怕是更得罪人。"

"等我想想再说吧。"徐树铮起身，又交代佣人些注意的事，然后退出来。

夏红筠拉住沈淑佩的手，说："淑佩，你慢走一步。"徐树铮走后，夏红筠握着沈淑佩的手，却又说不出话来……

自从沈淑佩遵照姐姐沈定兰的遗言嫁给徐树铮之后，她同夏红筠的关系一直十分融洽，像亲姐妹一般。怎奈徐树铮是个风流情种，娇妻美姜仍不满足，在纳淑佩的同时，又纳了名妓平芳春，再纳王慧瑄。如今，虽然平芳春已被遣走，王慧珵却在室，并且生了两个女儿。淑佩也是两个女儿的妈妈了。孩子多事也多，总不免有些家事不和。作为妻子的夏红筠，因同淑佩关系好，自然偏袒她。所以，她想把一些事只想同淑佩谈谈一些事，但又怕徐树铮不乐意。现在，室内只有她们二人了，夏红筠才吞吐着对沈淑佩说："淑佩，近些时来，我的心情总是不平静。咱们这个家，怕是有事要出来。能是什么事呢？果真应到我身上，该我归去了？那倒好，也免得别人有灾有难的。"

"筠姐，你怎么能说这些话？咱们家不是好好的么，怎么会出事呢？"

"我明白。能不出事更好，万一出了事，又出到我身上，我希望你能把这个家管好，把孩子管好……"

"筠姐，不许你这么说。"沈淑佩流泪了，她紧紧握着夏红筠的手。

"不出事更好。"夏红筠说，"其实，我也不过想想罢了，不一定是真的。只是，有一件事你得做到。"

"什么事我全能做到。你说吧，筠姐。"

"又铮的性子你我都明白，凡他想做的事，他一定做成。我看，他是一定要北上的。他有急事要向老总说。去就让他去吧，阻拦是拦不住的。只是，你务必随他去，时刻不要离开他。一旦事办完了，赶快回来。"

"好，我一定随他去。"

徐树铮没有被家事缠住，他终于于1925年12月19日只带几个随员便乘"顺天"轮匆匆北上。23日到达天津之后才电话告知段祺瑞。段祺瑞闻讯之后，万分着急。他在自己的卧室里急促地转着圈子，眉锁着，鼻子歪到一旁去了——

冯玉祥与段祺瑞的关系，随着徐树铮的返国，日益恶化了。冯控制着北京，有意排挤皖系，但段已是执政，排除又不可能，他还借故逮捕了皖系骨干曾毓隽等人。当冯玉祥得悉徐树铮一回到上海就扬言要恢复旧国会、拥护段为总统等情况，更为不满。以致后来知道徐树铮伙同孙传芳去了南通并且有了密谋，虽尚不知密谋内容，但却明白于己不利，便在北京掀起了一股不大不小的反皖之风。此时此刻，徐树铮要来北京，显然是凶多吉少，所以，段祺瑞立即让吴光新作为自己的代表，阻徐北上。

这位舅氏吴光新虽然与公子段宏业矛盾重重。但对皖系、对段祺瑞、徐树铮还是忠心耿耿的。他接到姐夫的电告，匆匆去见徐树铮。

这是一个很别致的会见，徐树铮在内室单独同他会面，连灯光都昏暗得有些儿阴森。室内的空气有点凝固，香茶散发出淡淡的雾气。置身此中，显得神奇莫测：似乎有一个魔影在盘旋、飘忽。

"又公，你到天津为止吧。"吴光新说，"老总的意思，无论有多大的事情，只需在电话上说说就行了。"

"北京能怎么样？"徐树铮很自信，"老总总还执着政，难道有人胆敢对一个特使下什么毒手？！"

"这倒不至于。"吴光新说，"不测的事情不一定是暗杀……"吴光新是个性情极为粗暴的人。1918年段祺瑞借口防御川黔两省靖国军北进而设立长江上游总司令部时，凭着裙带关系委吴为总司令。可是，这个吴光新却又是一个驭下无方的庸人，不仅毫无建树，而且段祺瑞交给他的两个师、两个混成旅兵力，几乎全叫他丢到长江里去了。最后，他的对手两湖巡阅使王占元只用了一张请帖便把他诱来关押入牢。若不是他的同乡、同学、两湖巡阅使公署少将参议刘文明相救，怕他永无出头之日了。一场教训之后，吴光新待人处事都有些谨慎了。段祺瑞作了执政之后，委他为陆军部总长。可是，冯玉祥不答应，他不得不暂避天津。此次吴光新是奉段祺瑞差遣。他虽然说不出多少缘由，他还是说："又铮，老总不让你去，你就暂缓去吧，他总会有原因才这样安排的。"

"不，事情等不得。"徐树铮说，"形势逼人呀！我们不动别人也动。与其等待别人就绪我们再动，倒不如我们动了之后以防不测。"停了片刻，他又说："请将军转告老总，不必担心我个人的安危，国事要紧。我明早即到京。还请告诉老总，到京后，我将以专使身份要郑重其事地向执政进行公开觐见仪式。""这……"

"很有必要！"徐树铮说，"这样，我就可以向各国进行政治、经济活动。"

吴光新知道徐树铮甚是刚愎，觉得无法说服他，只好屈从，并及时电话告诉段祺瑞。

徐树铮虽然没有听从吴光新的劝阻，但警惕性还是特别高的。他从天津动身去北京时，随员几乎全部乘火车，他自己却经过皖系将军宋子扬从英国领事馆借出汽车一部秘密北上。车子到北京开进无量大人胡同一个秘密的私宅。然后，他才秘密地去会见段祺瑞。

这是一次十分忧伤、悲惨的会见：没有随从，没有侍卫，连小客厅的招待也不用。段祺瑞呆呆地立在门外，徐树铮匆匆地走过来。相见时，二人只对视一下便并肩走入室内。

段祺瑞呆立着，徐树铮沉默着。好一段时间，他们才双双张开双臂，但不是握手，不是拥抱，而是抱头、跪倒，双双痛哭失声……

二十五年了，段徐相依为命，同甘共苦，早已结成生死之交：段祺瑞身边少了徐树铮，就像丢失了灵魂一般，遇到大小事情，都优柔寡断，进退维谷。临时执政的宝座给他了，他从在逃的落荒生活瞬间成为人王，他竟昏了，到哪里去执政？他作不了主。放着总统府不住，他却搬进铁狮子胡同原来的陆军部。真是不伦不类，不知是军府还是政府？堂堂的国家元首、执政府的执政，冯玉祥竟敢逮捕他的部下曾毓隽，赶走他的内弟吴光新，他却不采取丝毫报复办法！那些日子，做梦他都在嘀咕："又铮呀，你在哪里呢？你怎么还不回来？你何时才能回来呀？"现在，徐树铮回来了，段祺瑞"魂"附体了，他悬着的心终于复归原位。他激动，他舒畅，他轻松，他以哭代笑，抒发了心中的积郁。徐树铮流离颠沛，秘密归来，自然想起了济南的知遇，想起赶清廷、反洪宪、驱黎元洪的风流往事；同时想起直皖战争的惨败、柳箱中的遁逃、香港的离乡背井；尤其想到了在他将要远去欧美避难之际段祺瑞给他的一顶"特使"桂冠。然而，海外归来，一连串扫兴的消息、执政面临的种种困境、皖系人士的狼狈遭遇，都使他悲愤交集，怨恨不已！他怨皇天，怨命运，怨冯玉祥，怨这个纷乱的世界。

两人抱头痛哭一阵，段祺瑞才揉揉眼爬起来。"又铮，你也起来吧。事情这么难，哭也无用。还得从长计议，想个办法。"

徐树铮站起身，用手绢擦着泪眼，还是愤愤地说："我不相信，从此天就塌了？有朝一日，我要效法黄巢。大开杀戒！人，太老诚了不可取，姑息养奸，到头来害了自己。"

"国情乱呀！"段祺瑞说，"一切都得思虑周到，从长计议。你先好好休息一下，务必不要声张，改天再谈事情。"

"不必顾虑。"徐树铮说，"觐见仪式还是要隆重举行的。绝不让那些小子看我们软弱。我们——依然是沉浮的主宰者！"

隔日，按照徐树铮的要求，段祺瑞在执政府大厅里举行了一次隆重的觐见式。

这一天，执政府所在地铁狮子胡同，岗哨森严，行人绝迹，执政府中更是布置得密不通风。从大厅到正门，以仪仗队形式，布满了实弹荷枪的大兵；四周廊厢，军警齐列，整个院落似有临战之态。被通知来的政军要人，除持特制与会证件之外，还要查验身份。九时，觐见仪式开始，段祺瑞以政府首脑之尊立于正堂，被请来的各部总长两侧排列，乐队奏军乐，奏国乐。

徐树铮西装革履，手捧国书缓缓而入。到正厅，立正，双手将国书奉上，而后朝段祺瑞恭恭敬敬行鞠躬礼！

段祺瑞迎上去，双手紧握徐树铮的手，然后说了一通编好的欢迎词，诸如"旅途劳累""为国奔波"以及"功高劳苦、为民谋福"之类的话。徐树铮也答了一通"愿国家和平、百姓安乐"之类的话。然后，同各位同僚见面、握手、问候。仪式完了，各自落座，段祺瑞这才松弛了精神，说了一通话：

"咱们中国，长时期被外国人欺侮，吃了许多苦，遭了许多灾难，我们恨外国人呀！不过，外国人所以敢欺侮中国人，还不是因为中国落后不富强？中国人为什么落后？就是因为中国太乱了，只会打仗，争地盘。本人执政以来，痛下决心，争取有个和平建国的形势。怎么建国？建个什么样的国？这就得向先进国家学习。为此，我派了徐树铮为特使，到欧美各国考察一番。现在，徐特使回来了，带回许许多多宝贵经验，对中国，对中国老百姓，必有大大的益处……"

徐树铮也即席讲了一些考察情况，并且表明"改日将考察问题分门别类与各部、各位具体磋商"。

空洞而隆重的觐见仪式完了，段祺瑞猛然感到十分不安，他把徐树铮领到密室，二人又长谈起来。

段祺瑞对徐树铮总是怀有一种极其矛盾的心情：徐树铮为他出过许许多多非常正确的计谋，办成过惊天动地的大事，他器重徐树铮的才智，相信徐树铮对他的忠心，他视徐树铮为股肱，时刻不能离开他。然而，他又认为徐树铮太傲慢，树敌过多，总想统治所有的人，压倒所有的人，一不称心，便不择手段处置别人，甚至大开杀戒，弄得亲痛仇快，众叛亲离。最近，他常常获得消息，说某某人预谋杀害徐树铮，某某人要同徐树铮誓不两立。徐树铮刚回到上海，北京城就起谣言，说"只要徐待使进京，必有一场大的流血事件"。段祺瑞请吴光新劝止，徐树铮又拒不听劝。来京后又如此声张，这岂不是告诉他的政敌自己的行迹么？

徐树铮到北京的第二天，北京警备总司令部就接到警察厅的报告，说："在西直门车站发现形迹可疑者数十人，身穿便服，暗携武器，由张家口来京。"段祺瑞对这个情况十分惊慌，张家口是冯玉祥的大本营，冯玉祥是皖系当前的最大对手，而徐树铮又是冯玉祥的头号政敌。过去，徐树铮与冯玉祥不仅因为军饷、编调积怨过深，徐树铮还杀了冯玉祥的得力将领——老舅陆建章。"会不会是冯玉祥派来暗杀徐树铮的人？"

"又铮，"段祺瑞心事重重地说，"你这次来京，我总不放心。""我想，还不至于有人敢在执政面前杀了他的特使吧！"徐树铮说。

"明着是不敢。"段祺瑞没有把西直门车站发现可疑者事情直说，只暗示其意，"就怕有人采取非君子之举。"

"既是非君子，又何必当成君子对待呢！"徐树铮说，"老总的警戒布置得如此严密，我已完全可以高枕无忧了。""要知道，暗箭难防呀！"

"既是暗箭，就不必防！历史总会公正的，我不信，会有人以堂堂身份做出落得万代唾骂之事！"

"你太自信了。"段祺瑞说，"我看这样吧，你既来了，就暂别回上海了。我为你安排住处，住一段再说。"

"我的助手多在上海。"徐树铮说，"我还是早回上海去。"

"不必着急。回上海不是也没有多当紧的事情做么，晚点儿再说。"——徐树铮和段祺瑞都不会知道，一场杀机正在酝酿中。

那一天，警察厅把西直门车站的数十名可疑者抓捕，押送警备总司令部，经秘密讯问，原来是陆建章之子陆承武带人来京进行暗杀徐树铮的。陆承武在张家口闻讯徐树铮到了天津，即请冯玉祥助其为父报仇。冯玉祥从手下拨出士兵二十人，化装随同来京。可是，徐树铮行迹甚密，警备森严，一直无从下手。昨天，陆承武带的人从警备总司令部出来之后，又到北京警备总司令部鹿钟麟那里求援，想在徐树铮来警备总司令部拜访时预先通知他们，以便在门前予以狙击。鹿钟麟思索许久，恐招物议，没有答应帮他的忙。

徐树铮在京期间，闭门谢客，更不访友，只在密室中同段祺瑞磋商"恢复皖系军力"的事。

徐树铮没有听从段祺瑞的劝阻，他终于决定12月29日返回上海——他要和五省联军总司令孙传芳磋商扩大和武装军队问题。

第二十七章

廊坊——"小扇子"毕命之所

　　1925 年最后的两天，北京城像是患了严重的瘫痪病。云又低又厚，大
雾从早到晚弥漫不散，楼房树木都在浑浊沉睡之中。街巷中行走的汽车、马
车，慢慢悠悠，喇叭、铃声也闷闷沉沉的。西北方向吹来的风，不大，却像
刀般地刮着脸。12 月 29 日，徐树铮起得特别早。他推开窗户，发现庭院中
地面上白茫茫的，他以为是落雪了。当他走到庭院时，方才看清不是雪，而
是一场严霜。他对着浑浑浊浊的晨空望一眼，除了蒸汽般的雾幔之外，连房
顶上的花脊、寿头也分辨不清，他简单地伸伸腰、打几节不规则的太极拳，
然后匆匆回到屋里。

　　屋里，尚蒙着沉沉的夜幕，他想缓缓地踱步，以迎接良辰，但他又想利
用清晨的清晰的思绪来完成昨夜未竟的文稿——他决定今天返回上海，昨
天，段祺瑞和他促膝足足坐了五个小时，他要为执政府草拟一个"团结国
人，兴旺中华"的"诏书"。段祺瑞走后，他便提笔，稿虽出，但不尽如人
意，他想修饰它。他知道，这是要作为头等重要的文史存入"皇史宬"的，
不能让后人挑剔、评骂。他走到段祺瑞为他特设的八仙桌旁，伸手去扭开电
灯，"啪——"一道耀眼的白光，灯芯烧坏了，他再扭，灯也不亮。他找着
火柴，去点洋蜡，一根一根地去划。火柴干上的磷粉，总像萤火虫似的，一
闪即息。他足足划了五六根才将洋蜡点着。可是，那扔下的火柴干偏偏死
灰复燃，竟把桌上的文稿烧了五六个铜钱大小的洞，连墨迹都烧得面目全

非。一气之下，洋蜡、火柴、文稿被他一股脑儿推到地上。以致，原来商定的他要亲去执政面前定文稿的事也疏忽了，弄得段祺瑞心慌意乱，匆匆赶来问缘故。

徐树铮心情纷乱极了，他对段祺瑞态度坚决地说："我不走了！我要在北京住下去，你任职于我吧，干什么都行，我得轰轰烈烈地干一番事业！"段祺瑞听说徐树铮要留下，先是一惊："又铮为什么改变了主意？"他决定留下他，自己身边添了膀臂，倒也高兴。

"好，我也想让你留下了。只有个'特使'的身份总不是常法。办什么事，都需要名正言顺……"

段祺瑞的话尚未说完，徐树铮马上又改口，"不，还是不留下为好。"他仍然坚定而认真地说："我得回南方。北京是要来的，以后我得轰轰烈烈地来！"

"这番觐见仪式也够隆重的了！"段祺瑞急躁了，他猜不透徐树铮的心情"为什么这样飘忽不定？"

"老总，专车能不能午前就开出？"徐树铮表现得急不可待。"我想马上就走。"

"别这么着急呀！"段祺瑞说，"还有些事情未定局，要谈谈。再说，车站上昨夜才安排好专车行车计划，现在马上改变，人家也措手不及呀！"段祺瑞踱步转了个身，又说："又铮，你不能这样来去匆匆，否则，社会上还会认为北京又有异变呢！无论如何，按原先安排的计划行事。"

徐树铮迟疑地叹息一声，这才坐下。

塞北张家口，国民军总司令冯玉祥的居室里，连日来气氛十分紧张，人来人去，吵吵闹闹。总司令想闭门思考点什么事也不可能。四十三岁的冯玉祥，虽然半生戎马，却也知道枪杆子之外还有更重要的事情，那便是政治。过去他总认为枪可以左右一切，二十余年的亲身经历使他聪明了许多。他常想：为什么有时候占据了地盘，但又不能成为自己的，打倒的敌人，却还得优厚地对待他？冯玉祥算北洋系老人了，袁世凯、段祺瑞打出的废弃朝廷旗号，他是拥护和支持的，他拥护共和。可是共和成立了，中国出来了大总统，而小皇帝依然住在紫禁城，依然享受着人王地主的待遇，他很不赞成。曹锟当总统之后，冯玉祥力主赶走小皇帝，曹锟不愿干，北京政变之后，他又力主赶走小皇帝，八方掣肘，连段祺瑞也默不作声，弄得冯玉祥思想苦闷，精神不振。

一波未平，一波又起。徐树铮回到上海，回到上海干了些什么？徐树铮来到北京，来到北京又干了些什么？消息纷纷，源源而至！他预感到中国将又有一场大乱到来！

冯玉祥很了解徐树铮其人，他觉得此人成事有余，败事也有余。中国的战乱，多半由他挑起。此人不死，内乱难止——

往事，一件一件都随着"最新消息"涌到冯玉祥脑际。早在1916年秋，冯玉祥率十六混成旅由四川调驻河北廊坊时，就是徐树铮（时为陆军部次长）扣了他的军饷、棉衣不发，并要调他一个团去甘肃；冯玉祥不干，结果被撤去了旅长职。1917年孙中山宣言护法，北伐戡乱，福建督军李厚基为护法军败，徐树铮调冯玉祥援闽，冯不愿打孙中山，徐硬性改派他去援湘。冯一怒之下在武穴宣布独立，通电主和，又受到徐树铮撤职查办。虽经曹锟等人从中斡旋，冯玉祥还是被赶到湘西去了。冯玉祥和段祺瑞、徐树铮的关系，渐成水火。

在冯玉祥的军戎生涯中，有一个人起了颇大的作用，那就是陆建章。

陆建章做第六镇协统时，冯玉祥还是一个没有名气的小军官，多亏陆建章的奖掖和提拔，并将其内侄女许冯为妻（这便是冯玉祥称陆建章为老舅的缘故）。冯玉祥滦州起义失败被执，又是得到陆建章的多方掩护，始免于难。陆任陕西督军时，把冯带往陕西，提为旅长。可以说没有陆的提携，冯不会有今日。可是，这样一个大恩人，却被徐树铮于1918年夏在天津诱杀了。政治上的矛盾又增添了私人的仇恨，冯玉祥对徐树铮恨之入骨。

上海、北京的最新消息，证明徐树铮在法国订军火、要武装五省联军孙传芳。冯玉祥明白，那是对付他的，意在消灭他的国民军以壮大皖系军力……

旧恨新仇，桩桩件件，冯玉祥都归到徐树铮身上了。"这个人不能留！留下他，中国将永不得安宁！"

几天前，陆承武来找他，请他派些人随他进京，去暗杀徐树铮。冯玉祥当即说："胡闹！怎么能进行暗杀呢？"

陆承武说："他徐树铮对家父不也是暗杀的么？正是'以其人之道还治其人之身'，有什么不可？"

冯玉祥默不作声。沉思良久，觉得也是一种除害的办法，"明火执仗，固然光明正大，但又总得出师有名。以陆承武为父报仇，宣扬出去，也并不关大局，反正是除了一患。不然，日后也得采取他法。"结果，他从贴身的手枪队拨出二十名士兵。谁知这伙人到北京就露了马脚，气得他大骂："'癞狗托不上墙去'！亏他还带了这么多打手！"

现在，北京有了更新的消息，警备总司令鹿钟麟向他报告，徐树铮在北京已经办完了事情，29 日夜即乘专车返沪，问他应如何对待。

冯玉祥拿着电话，半天没说话——他心情十分烦躁："难道就拦劫暗杀他么？杀了之后怎样向国人交代？怎样向合肥交代呢？"他又想："放了徐树铮么？他一到南方，定会如虎添翼。孙传芳一旦被他拉去，一场大祸，更不知多少人头落地？"他犹豫不决，最后对鹿钟麟说："我知道了。你等我的话再决定怎么办吧。"

冯玉祥为人耿直，做事磊落，不愿意做出让人背后唾骂之事。放下鹿钟麟的电话，他便陷入了沉思……

长时期的军戎生活，厮厮杀杀、生生死死，他早已司空见惯了；对于自己的政敌应该采取什么措施，什么时候采取，那都不是值得费思索的事。只要能达到消灭对方这个目的，没有不可取的措施，没有不可用的时间。事情成功了，心愿实现了，说什么都可以心安理得！权力场合的大度、君子，常常就包括不择手段……但是，冯玉祥还是下不了决心。昔日的怨、恨、仇似乎都一时淡化了，而徐树铮的过人才智，又使他有所惋惜。"这样一个人，今后果然归了正果，还是能为国家、民族办些好事的，丧生在无名的刀下，太可惜了！"

太阳朝着无际的沙漠西边落去，总司令的居室昏暗下来。有人进来禀报事情，冯玉祥摆摆手，要他们出去；有人为他送来晚餐，他依然摆摆手，要他们撤下去；有人问他："今晚的会议还开不开？"他还是摆摆手，只是又加上摇摇头。冯玉祥无暇顾及那么多了，他面临着最大、最棘手的问题："杀一个国家特使，上将军，曾经做过陆军部次长、国务院秘书长、西北筹边使的徐树铮，可不是轻举妄动的事！国家、人民、历史，都将会无情地作出判断。"

历史是无情的，冯、徐、段毕竟结怨太深了，而国情又瞬息万变，兴亡只在一念之差呀！理智常常被冲动所代替，冯玉祥终于在鹿钟麟的电话放下两个小时之后又给他回了话："处置徐树铮的办法，就是逮捕枪决！"

鹿钟麟也想处置徐树铮，但他不敢杀他。冯玉祥决心杀他，鹿钟麟惊慌了。他失态地说："总司令，这个问题太大了！""天塌了有柱子接着！"

"是！"鹿钟麟软瘫瘫地放下电话，软瘫瘫地坐下，头涨目眩，额角渐渐沁出汗渍。

段祺瑞送别徐树铮的晚宴，菜肴丰盛，但显得冷清而凄惨，只有他们二人对坐；灯红酒绿，却闻不见一声欢声笑语。段祺瑞眉头锁着，不断叹息，鼻子又有些错位，额头上的皱纹，被渗出的汗水填平了又显露出来；那双终日深邃的目光也变得呆痴起来——段祺瑞没有想到会有今天这个局面。昔日，无论他做国务总理还是陆军部总长，那都是春风得意的！他可以敞开胸怀说话，可以无拘束地做事，谁也不敢轻蔑他一眼，谁也不敢顶他一句。当初，由他领衔的四十二将领"请立共和政体"的通电，是何等的威风，连清廷也不得不宣布退位！黎元洪怎么样？"他免了我的国务总理，我照样赶他总统下台！"江河日下，果真是"十年河东转河西"了。如今作了傀儡式的领袖，连自己的心腹也难拿心相伴，开怀畅谈，却还得过着风刀霜剑的日子！徐树铮要走了，段祺瑞心慌意乱，前程未卜，残局难收，明天是个什么天气？还说它不清。他无心劝酒，也无心叙谈。

徐树铮此番进京，虽然算是舒了胸中一股闷气，然而，京城悲凉的秋天，却令他平静不了。堂堂的国家执政，亲随多年的股肱曾毓隽被人抓起来了，他竟无力挽救，听说还是通过曾毓隽的姘妇陈文娣出了五万袁大头才放出来的。徐树铮看到皖系势力江河日下，看到段氏筋骨的软弱，想规劝段祺瑞不要"执政"这个头衔，同他一起到南方去，凭着法国订购的那批军火，拉着孙传芳的五省联军，"我不信不会东山再起！到那一天，我们才真的会扬眉吐气！"然而，他又下不了这个决心：不久前的流浪生活，合肥的光身闯荡，"那时候，连孙传芳不是也瞧不起么，否则，为什么敢赶走杭州的卢永祥呢？"树大荫大，丢了执政，只怕行步更难。徐树铮似乎也才尽了。现在，就在如此矛盾的心情中分别，他该向执政说什么呢？他又能向执政说什么呢？——想当初，北洋军初创时，他们是何等的团结，何等的威武。袁世凯打起旗，段祺瑞、曹锟紧紧跟上，连清廷也得惧之三分。那时候，北洋帮简直成了左右中国的旗手，段祺瑞谁敢不敬仰！段祺瑞在袁世凯死了之后，他自己和中国人都认为他可以登上总统的宝座了，谁知他和曹锟竟分道扬镳，誓不两立。从此，皖直两大北洋派系，各霸一方，争雄斗胜……段祺瑞才落得今天。

夜越来越深沉了，所有上来的菜肴都凉了。不知是沉默不下去了，还是相聚的时间无几了，段祺瑞终于把话引开，提出一个毫无牵连的问题。

"又铮，回到上海之后，生活可以轻松一点。"段祺瑞说，"写字，画点画。你对诗词颇有研究，作诗、填词也行。总之……"

"那都是需要极好兴致的。"徐树铮说，"心事重重，哪得诗情画意。"

"也不见得。"段祺瑞站起身，就地踱着缓缓的步子，说："你说过，李清照的词都是悲痛中出来的，南唐有个后主，不是国灭之后才写出好诗么。虽然说忧伤得怕人，那情却是很真的！"

徐树铮很少同段祺瑞谈文，他认为他"武有余而文不足"。不想今天他竟评说了一番对诗词的特殊见解。他不得不对这位平生"武"迷的人物刮目相看。徐树铮笑笑说："是的，'诗言志'，这是自古有论的。轻松愉悦，花容月貌，固是好诗；忧国忧民，悲愤沉郁，也是好诗。"

"又铮，你有许多旅途的诗作。记得有一句什么'残醉''红裙'之话，我是忘却了。你还记得么？那就是有真情实感的诗。"

徐树铮想了想，说："大约是《平乐除夕》中的一首吧。"说着，他找来一片纸，拿来笔，录在纸上。

段祺瑞接过一看，原来是这样几句：

> 船头暮雨已纷纷，一片笳声动水云。
> 莫笑空江烟波澜，也留残醉到红裙。

"好，多好的诗呀！"

徐树铮淡淡一笑，还是转换了话题。

"我要走了，心情总觉沉郁得很。前边的路艰难呀！老总应该分外保重！"

"我心里明白。"

"后会也许无期。"徐树铮伸手将那片新写诗句的纸头揉碎、扔在墙角，"战争暂时销匿了，你死我活的搏斗还不曾停息，令人忧心呀！"

"不要说那个话了。"段祺瑞说，"我不信天会塌下来！"

室内静下来了，也更黑暗下来。徐树铮从西装上衣袋里拿出在德国买的怀表，扣开金灿灿的盖壳，看了看，然后合上，说："时间到了，我要走了。"

段祺瑞一直把他送到庭院中汽车里，声音低沉地说声："保重！"这才转身对专门护送徐树铮南下的卫队长说："一路小心。务必安全地把专使送到上海。"

徐树铮的专车从北京前门车站开出的时候，正是鹿钟麟接到冯玉祥命令的时候。警备总司令立即赶到参谋处，急命与丰台车站联系。

车站答："徐专使专车已从本站开出！"

鹿钟麟犹豫了：专车飞行，一瞬即过，怎么好在途中拦截呢？于是，便急电张家口。冯玉祥接到报告，又动摇了。他一时未作答，心里在翻腾："是当作乱世之魁除掉，还是当作治世之才留下？"

鹿钟麟有些讨好似的说："总司令，小徐一走，从此事多。如决心干他，仍可用电话命令张之江执行。""专车行驶在何处？"冯玉祥问。

"以时间计算，尚未到廊坊。"鹿钟麟回答。"即向张之江传我命令：逮捕枪决！"

"是！"鹿钟麟将冯玉祥的命令立即转达给第五师师长张之江。张之江的第五师是冯玉祥的嫡系部队，奉命在京津线上的杨村地区与奉军李景林部作战。李景林败后，该师撤至廊坊休整，办理善后，待命回张家口原防区。张之江虽然效忠于冯玉祥，但他知道徐树铮不是一般人物，光是"特使"身份便惊天动地，所以，他还是对鹿钟麟说："此事重大，不宜鲁莽。"

鹿钟麟以强硬的口吻说："这是命令！"

张之江不敢不执行命令，他立即命令担任车站附近警戒任务的第七混成旅代旅长彭仲森："你亲自到车站，要站长打电话给万庄车站站长，说'这里的车道已经调度好了，可以让徐专使的专车通行。'务必看着他把电话打完。"一边派参谋长张钺率卫队把住车站守候，"务必就地逮捕枪决！"

彭仲森对自己执行的任务很怀疑。"徐树铮的专车通过与我们有什么相干呢？为什么要我守着站长打电话？"彭仲森守着站长打完电话走出来，仔细看看小站，廊坊车站只有三股道，三股道一股也未空出来。"通道不通，为什么说通呢？"彭问陪他去见站长的师部副官宋邦荣："徐专使的车子开来怎么让它开走呢？"宋说："不让它开走了！"

彭立即想到冯玉祥同徐树铮的关系，又问："是否要解决徐呢？""是的，把他干掉！"

廊坊车站，一片漆黑，轨道上的信号灯，阴沉沉地明灭着。手提着信号灯的值班员，迷惑地在自己的地盘上游动。弥漫了一天的大雾虽然消失了，厚厚的乌云，依然笼罩不散，时不时地还洒下来几片雪花。风由小到大，渐渐发出呼啸。呼啸声从纵横交织的电线和脱光叶儿的树梢传出。气候变得十分严寒，使那些隐藏在铁轨和列车间的大兵，个个颤抖着身子、嘘着手掌。

时间刚刚从12月29日进入12月30日。廊坊车站的西北方向隐隐出现一股光芒。随着光柱的加大，隆隆的响声也由远及近。终于，一道刺眼的亮光牵着一列专车开进站内。司机按照月台和信号旗杆上所发出的红色命令，将车停在月台的一侧。徐树铮的专车被扣在廊坊车站。

坐在特等包厢里的徐树铮，正想眯起眼来好好睡一觉，以迎来一个明媚的明天。车停下了——在极不该停的时刻停下了，他立即警觉起来。"为什么停车？"他大声询问他的随员和卫队。"为什么停车？"一随员大声问游晃在月台上的值班员。没有人回答。

"混蛋！为什么扣我的车？"徐树铮还是大声吼骂。依然没有人回答。

徐树铮甩掉他身披的皮领大衣，像是要冲下车去，找什么人训话。但他只站了片刻，又原地坐下，依然把大衣披在身上。车门推开了，张之江的参谋长张钺率领卫队走进车厢。

张钺拿着张之江的名片走到徐树铮面前，一边双手递上，一边说："张师长请专使下车，有事面谈。"

徐树铮接过名片，没有去看便放在一旁。他侧目望望来人，心中已明白几分，便说："请你转告张师长，这几日我在北京很累，此刻我头晕，行动又不方便，下次再来拜访吧。"张钺见徐树铮坚不下车，自觉不好在车上下手，便退出车厢。但徐树铮的随员，却都被控制在车厢的一端。

张之江得到徐树铮不愿下车的报告，知道事情已经被觉察，不能再迟疑了，便又派副官黄中汉去"请"，并命令他："不惜一切手段'请'他下车！"

黄中汉，五大的身材，一副凶煞的面孔，手枪提在手中，冲冲走上专车。"徐专使，请吧，张师长有要事，务必同专使面谈！"

徐树铮不得不下车了。他把大衣穿好，又将领带系好，从窗台下的茶几上拿起毡帽戴上，缓步走出车厢。

徐树铮很自信，他觉得不过为难为难而已，没有人敢对他下毒手。他是专使，是上将军，是北洋系军队的首领人物，是中国陆军部的次长、国务院秘书长。"谁敢冒天下之大不韪在我徐某头上开刀？"

徐树铮的步伐稳健不乱，他在黄中汉的挟持下，走出黑暗的车站。

廊坊车站，四周除布满兵士之外，车站出口处，已由张之江的手枪营密封起来，营长郭松立在墙边，握紧手枪，子弹上了膛，只待徐树铮出来。

张之江是个有心人，虽然是执行命令，他不得不想到后事。"徐树铮这样一个影响很大的人，平白杀掉，国人不能不追究。虽有命令，但到了舆论哗然时，说不定总司令会舍卒保车，杀了我以保自己，我得找一桩能掩人耳目的理由摆脱自己。"他立即打电话给鹿钟麟，要他"速令陆建章的儿子陆承武来廊坊，由他演一幕为父报仇的假戏"。

鹿钟麟询问执行命令情况，张之江说："一切按预定计划，即将完成。""有把握？""有把握！"

鹿钟麟立即派人找到陆承武，把他从熟睡中叫醒，送上专车。徐树铮从车站走出来，但见眼前一片漆黑。他刚一迟疑，早被两个大兵上前架起，另一个大兵用布堵住他的嘴巴，拥推着急促走下行道。郭松手疾眼快，举起手枪，"乒——乒"两声闷沉沉的响声，徐树铮倒下了！

一个在中国混战时期兴风作浪了二十余年、搅得周天寒彻的怪杰的生命结束了。

这一年，徐树铮四十五岁。廊坊之夜，还在紧张之中。

徐树铮被"请"出专车的同时，他的眷属和紧身随员也被张之江的副官"请"出来了。告诉他们的理由是："徐专使和张师长谈得很高兴，怕要到明天早晨才能开车。请各位下车休息。"

可是，当这些人走出车厢，被送进一个简陋的小学校中时，他们发现了严密封锁的哨兵，知道大事不妙！——其时，徐树铮已经永久安息了。

天亮了，从北京来的陆承武按照张之江的导演，匆匆来到小学校，郑重其事地宣布自己的声明：

> 我陆承武对不起各位，使各位在这里受冻。
> 徐树铮杀了我的父亲，我今天杀了徐树铮，为我父亲报了仇。
> 现在，各位回天津，或是去北京，悉听自便，我可以派车送你们。

就在陆承武发表口头声明的同时，北京各大报纸都刊登出"陆承武为父报仇，徐树铮廊坊被杀"的消息。

徐树铮被从乱尸中（杨村战斗的乱尸）找到的时候，大衣、西装已全被人剥去，只留下一身血污的白褂裤，被装进一个漆黑棺材里。

第二十八章
皇藏峪的尾声

徐树铮的死讯传到段祺瑞耳中，他还不曾细想，便晕倒在地上。医生和他的眷属足足抢救了他三四个小时，才算苏醒过来。

他神志恍惚了，仿佛是在梦中。他不相信徐树铮能死。"他不能死，他有足够的智谋和勇敢打退死神！"可是，当他清醒地知道徐树铮真的死了，他又昏沉沉地倒在床上。无论什么人、用什么方法，也唤醒不了他。他眯上双眼，四肢直伸，鼻子歪到一旁，连嘴也闭得紧紧的，除了心脏还在微微跳动。段祺瑞也"死"了。

第二天黎明，他醒了，他发怒了，从床上跳起来，一迭连声地大呼："来人！来人！"

人来了，他又一言不发，竟自去打电话。"给我要张家口，要冯玉祥！"

电话要通了，段祺瑞反而以平静的口吻说了话。

"总司令，廊坊是你的辖区，你的部队驻防那里，那里出了暗杀国家特使的事件，你看该怎么办？"

冯玉祥说："我知道了。我已经命令张之江立即查明事实，抓捕凶手。""那好吧，"段祺瑞说，"三天之内，把凶手交到北京来。""是！"冯祥故作坚决地说，"我一定尽力去办。""不是尽力，而是必须！""是！"冯玉祥放下了电话——段祺瑞还以为冯玉祥真的会逮捕凶手呢，而冯玉祥，电话放下，只淡淡一笑，便丢到脑后去了。

段祺瑞命人在自己家中设了灵堂，亲率在京的亲眷为徐树铮举行了隆重的悼唁仪式。他伏在灵牌前，抱头痛哭一场。然后，郑重其事地对儿孙们说："你们都听着，从今以后，每年摆供，祖宗牌位旁边，必须要摆徐爷爷的牌位，要给徐爷爷叩头，上香！"交代完了，他自己缓缓地退入居室。

段祺瑞太悲痛了，以致连如何处置这件事，他心中一时也拿不定主意。他想找来北京警备总司令鹿钟麟，要他务必处理此案。但他转而想，廊坊有张之江，鹿钟麟办不了。所以只好作罢。他想找张作霖，问问他是谁杀了徐树铮。但又不去找。他闷在屋里，心情怎么也不能平静。

悲愤之中，他忽然决定立即动手，为徐树铮写祭文！

他坐在八仙桌旁，铺开纸，拿起笔，不加思索地落笔写道：

陆军上将远威将军徐君之神道碑

他猛然放下笔，自言自语："不是写祭文么，怎么写起碑文来了？"他皱起眉来，思索半天，竟下了这样的决心："好吧，我要为又铮办理隆重的丧事，墓前竖一块大模大样的墓碑。现在，我就为他写碑。"

段祺瑞沉思之际，脑海又乱起来，乱得他一时不知该如何启承，该如何破题——徐树铮的过人才智，徐树铮的广阔胸怀，徐树铮的待人处事，徐树铮对他段祺瑞的忠心和支持，都不是用言语能够表达明白的。段祺瑞苦于他无能表达准确，思绪乱，手下更乱。写了几行悲痛的言语之后，笔下竟出了这样的字句：……领袖群僚，艰苦卓绝，志趣异人，其才气远出侪辈，相形不免见绌；收缩盘桓，议论宏能，皆经国大计，默审继起者将无其匹……

写到这里，再细品评，却又极不满意，随手又揉碎扔掉。但他再也写不下去了。最后，他想到如何厚葬又铮的事上去了。

——段祺瑞是"北洋三杰"中的"一虎"。直皖一战之后，这只虎基本上成了死虎；死虎又有机会做"国家元首"，那只是一次"回光返照"，再没有虎威了。

冯玉祥、张之江重兵在握，他虽执政却无可奈何于他们，只能以自己的余光，为他的军师购置厚棺，着上上将军戎装，腰佩指挥刀，刀柄饰以金线缠绕，举行隆重葬礼，停枢于北京。徐树铮的后人还算清醒，于次年（1926年）冬，将其安葬于故里——萧县的皇藏峪山下。

漫漫岁月，茫茫大地，春夏秋冬，周而复始；该刮风时刮风，该下雨时下雨，谁也主宰不了，谁也不敢去主宰。大自然，无私无畏，无情无意，朝朝岁岁，死死板板地留下它的足迹！

皇藏峪这片地方，默默地跟着宇宙回环，树叶从生到落，从青嫩到黄枯，天气由暖到凉，到冷，据此人们知道又是一年。一年又一年地匆匆过去，岁月如长江之水，一浪推着一浪滚滚向前，无休无止。转瞬间娃娃们变成了成年人，老年人进了坟墓，然后成年人生了娃娃又长大，渐渐老死。就这样一代一代地繁衍下去，生生死死，死死生生！有的人，留下了足迹，或彪炳史册，或遗臭万年；有的人，默默而来，默默而去，仿佛只是来这个世界上看一眼，就消失得无影无踪……

四十五年就这么一眨眼过去了！徐树铮做了些什么，皇藏峪的山山水水都不管，瑞云寺似乎也不管。山下多了一座远威将军墓，只有走在墓边的人，才会"啊？"一声——其实，坟墓朝朝都在增添，就跟世上添娃娃一样，惊不起人心。若是这样的事也令人惊讶不已，人们还不累死了？

说也奇怪，徐树铮死那年——有人说是徐树铮死前四个月，皇藏峪这片地方竟同四十五年前的年景一样：春夏之交，遭了一场罕见的冰雹。鸡蛋大小的冰球，从天空扯到地面，随着呼啸的狂风，只一袋烟工夫，便西风扫落叶般地使树木、稼禾一片凋零。房舍庵栅，遍体疮痍，连飞鸟走兽，也死的死，伤的伤！这次遭灾所不同的，是皇藏峪地区被冰雹砸死了一个人。此人不是别人，竟是瑞云寺中继性空法师之后的主持方丈妙悟。

那一天，有人亲眼看见一幅神奇的景象：乌云滚滚地从西北方向压过来，雷电交加，风雨相随：高大的树木都斜倒了身躯！妙悟师傅身披袈裟，手捧金钵，缓缓地走出瑞云寺，沿着曲曲的山径向山巅攀登。在皇藏洞外，他合掌闭目，口中念念有词。许久，又继续上攀。及至山顶，已是风吼雹狂；鸡蛋大小的冰球，砸在地上，发出"乒乒乓乓"的响声。妙悟先是仰天长笑，而后盘腿打坐，手合十、闭双目，任凭雨打冰砸……更奇的是，风雨雷雹停息之后，遍山却找不到妙悟法师的躯体。

这一年的夏秋之交，皇藏峪地方没有遭受蝗灾，竟然碰上七七四十九天滴水不落。从湖洼到山冈，无际干枯。地面一片澄澄黄土，土坡一片灰砾，连树木也脱光了绿叶。广阔田野，连一株草芽也不见。秋禾颗粒无收，庄稼人家家少吃无喝。

本来，徐树铮与故乡已无多大关系。二十岁离家去济南，三十五岁回家为祖母和父亲安葬，四十五岁死了，跟谁也没有关系。偏偏他的两个哥哥树衔、树簧一定要为他举行隆重的安葬仪式——要出大殡！徐树铮是做过大官的人，穷乡僻壤，天高皇帝远，地方人很少见到官，更少见大官，尤其没见过为大官出殡。于是，方圆数十里的男男女女都惊讶起来，能走动的便纷纷往醴泉村附近去凑热闹。

出大殡了不得呀！徐树铮的灵柩是用火车从北京运到徐州的，然后用人力从徐州抬到皇藏峪山下的墓地。徐州到墓地五十余里，道路重新修铺平坦。沿路高矮树木尽用白绫披挂，素球坠吊。逢村设祭台，遇镇开宴席。无论何处乡亲故朋、亲戚近族，凡来吊丧者，无分吊礼薄厚，哪怕只奉上铜板两枚，事主也是同样给白绢花一朵，请入八大件的丰盛宴席。荒年饥困，嗷嗷待哺，又加上如此热闹非凡，四邻八乡全惊动了。吊丧之众成群结队，男男女女、携老带幼，大宴昼夜不停，足足开了七日！

吊丧的人群中，有一条汉子，方脸膛，白面皮，高身条，那形貌举止，与徐树铮一模一样！他出现在灵棚下的时候，两手空空，两目呆呆，只直立着身子不动。管事人和孝眷无不目瞪口呆。主事将其请至小客房，献茶不受，献烟不接，让坐不理。"先生从何乡、何村来？"主事人问。"皇藏峪，醴泉村。"众人一惊！

"先生尊姓大名？""徐树铮，字又铮。"众人又一惊。"先生贵庚？"

"生于1880年11月11日。"众人更惊！

"先生可认识我们这个村庄？"

"我娘生我的时候，老和尚送来一枝灵芝草，所以，给我起了个小名叫灵。"乱了，人心乱了！不仅此人长相似死者，所答言语，一字不差。天下哪有这等奇巧之事？于是，人们认为死者不是徐树铮，而面前所立之人才是真正的徐树铮。孝眷又惊又喜，观者又惊又奇，消息如生双翼，人群纷纷围来……

有好事者挤入人群，观看仔细之后，狂笑着对人群说："别胡闹了，别胡闹了！他哪里是将军，他是山西边赵家村的憨子，没名没姓。十六七岁时连衣服也不知穿，除了到处抢吃抢喝之外，从不说一句话。看他又白又胖，是百家饭养活的他！原来他不憨，是来冒充将军的，千万别上当！"

又经多人辨认，确是赵家村憨子。管事人和孝眷一怒，塞给他两个馒头连推带拥赶走了。

憨子一边啃着馒头，一边唱：

> 惟有功名忘不了，荒冢一堆草没了；只有金钱忘不了，及到
> 多时眼闭了；只有娇妻忘不了，君死又随人去了；只有儿孙忘不
> 了，孝顺儿孙谁见了！

唱着、走着，直上皇藏峪，走进瑞云寺。据说，从此之后，皇藏峪再也无人见到过这个憨子。

一场闹剧之后，人们又恢复了平静，徐家的悼祭也完了。于是，请阴阳先生，挖掘洞穴，出殡埋藏，立碑筑坟。皇藏峪山脚又多了一座土疙瘩。不过只有走过这里的人，还得是识字的人才能知道，这原来是"陆军上将远威将军徐君"的坟墓。也该责怪段祺瑞，当初写碑文时，为什么不在"徐君"二字之下再加上"树铮"二字？也免得后人不知"徐君"为何许人。

正当作者想好好休息一下时，有人来访，告诉作者一件皇藏峪的旧事。因为就发生在徐树铮出殡的当年冬天，掐指算算，正是 11 月 11 日，有些瓜葛和巧合，故而录后——

那年冬天，皇藏峪雪雨连连，竟无晴日，上山之道，泥泞滑陡，再无人进山了。何况，自从妙悟法师被冰雹砸死之后，小和尚远走云游去了，瑞云寺便成了有庙无僧的空寺，谁进庙干啥？虽说有人见憨子进庙，可再也没有人见他出来觅食，怕是早饿死了。所以，谁也不进庙。

11 月 11 日这一天，天忽然晴了。一轮红日，照得半个山壁五彩缤纷！正是人们想舒心地喘口气时，皇藏峪的深山里，忽然冒出一片红光。起初，人们还疑为是红霞辉映呢！及至望见浓烟，方知是瑞云寺着火！

这瑞云寺，毕竟是一方名刹，许多人家是受过它的"佛光普照"的。于是，邀邻呼舍，齐齐上山救庙！怎奈山路难走，火势凶猛，及至人们来到山坡，那座上下两层的寺院，早已变成火海，狼烟冲天。再加上山坡缺水，人们只好望火兴叹！

忽然间，有人发现火层中有人在走动。仔细看看，却是一个和尚。人群中的年长者高喊："那是性空长老！是性空！"人们再看看，性空法师还

是当年模样：身穿袈裟，白发苍苍，胡须飘飘；他身后还随着一只恶狠狠的野狼。

风起了！风卷着火，火随着风，熊熊滚滚，数丈的火苗，东扑西伸，一个巨大的火柱直冲云霄！正是人们惊恐的时候，但见性空法师带着野狼，随着火柱扶摇直上，渐渐升空；火柱也腾腾上升。许久，法师和狼离开了火柱，飘飘升空，飘飘入云。瑞云寺变成了废墟，人们呆呆地走下山来。

从此，皇藏峪便寂寞了，瑞云寺也只剩下残垣断壁。唯有遍山的树木，却年复一年地长大、长粗了。而今，绿树成林、遍山葱郁。

不知哪年，瑞云寺也修复起来了……